Cour d'Honneur & Porte d'entrée de l'Abbaye.

HISTOIRE

DE

L'ABBAYE DE CERCAMP

ORDRE DE CITEAUX, AU DIOCÈSE D'AMIENS

PAR

Adolphe de CARDEVACQUE

Ouvrage couronné par la Société des Antiquaires de Picardie

ARRAS,
SUEUR-CHARRUEY, Libraire-Éditeur,
PETITE PLACE, 31.

1878.

AMIENS. TYPOGRAPHIE DE DELATTRE-LENOEL.

Benedictus montes,

Bernardus valles, Ignatius urbes.

JUSTIFICATION DU TIRAGE

250 *Exemplaires sur papier ordinaire*
50 *Exemplaires sur papier vergé et numérotés.*

AVANT-PROPOS.

Le XII° siècle, si fertile en événements mémorables, vit naître en Picardie un grand nombre de maisons religieuses. Beaucoup d'écrivains, nos maîtres en histoire locale, ont développé tous les avantages matériels et moraux qui résultèrent de l'existence des monastères. A cette époque, et pendant les deux siècles qui la suivirent, on voit la civilisation, l'instruction, les arts et la littérature, de même que l'agriculture, entrer dans une voie nouvelle, et acquérir en peu de temps une extension rapide. Bientôt la plupart de nos terres incultes sont transformées en de vastes jardins, les campagnes sillonnées de canaux et les rivages de la mer arrêtés par des digues. Les populations que les moines éclairent, renoncent à leurs instincts farouches, et peu à peu ils jettent au milieu d'elles les premiers germes de la liberté.

L'histoire des abbayes, d'ailleurs, est généralement palpitante d'intérêt, toute remplie d'évènements qui se rattachent à nos annales, et si l'étude de l'histoire nationale, qui a acquis dans ces derniers temps des proportions si étendues,

mérite à tous égards notre attention, il n'est pas inutile, croyons-nous, de répandre aussi quelque lumière sur ces communautés, parfois peu importantes en apparence, mais grandes surtout par leur influence civilisatrice et par leur intervention dans la politique du moyen-âge. Bien qu'il n'en soit pas de tous points ainsi pour le monastère dont nous allons entreprendre d'esquisser les annales, nous avons l'espoir, cependant, que notre modeste travail ne sera point perdu pour la science historique.

L'histoire de l'abbaye de Cercamp est curieuse par une foule d'actes et d'évènements qui la regardent directement ou qui s'y rattachent plus ou moins (1). Les faits que nous

---

(1) On a peu écrit sur l'abbaye de Cercamp : nous avons recueilli toutes les notions propres à la rédaction de notre travail dans nos historiens d'Artois et de Picardie et dans les actes imprimés ou manuscrits que nous avons pu découvrir. Nous avons puisé nos plus précieux documents dans le riche dépôt des archives départementales du Pas-de-Calais. On peut consulter, du reste, sur l'abbaye de Cercamp : *Chronique abrégée de Saint-Riquier*, par J. de la Chapelle, *Mém. Soc. d'Emulation d'Abbeville*, 1852-1857, p. 210 et suivantes. — *Mémorial du commencement et fondation de la maison de Cercamp*, rédigé en vers par un religieux, D. Pierre de Laderierre, en 1590. — *Mss. Titres de l'abbaye de Cercamp*, Arch. du département du Pas-de-Calais, voy. M. Roger. *Bibliothèque historique de la Picardie et de l'Artois*, p. 40. — M. Harbaville, *Mém. historique et archéologique du département du Pas-de-Calais*, 11, 284 et 285. — Turpin, *Comitum Sancti Pauli annales historici*, p. 60. — Petit Pagès, p. 78 et 117. — Piganiol, *Nouvelle description de la France*, Picardie, t. II, p. 45 et 52. — Ferry de Locre, *Chronicon Belgicum*. — Malbrancq, *de Morinis*. — Sauvage, *Histoire de Saint-Pol*. — *Gallia Christiana*, tome 10, Provincia Remensis, Carus-Campus. — Darsy, *Bénéfices de l'église d'Amiens*, t. I, p. 204, 216, 479. t. II, p. 76, 77, 78, 79, 81, 82, 257, 261, 368, 387, 392, etc., etc. — A. Labourt, *la Bête Canteraine*, légende Picarde. — *Extrait et Mémorial du*

présenterons dans l'intérêt des annales et de l'archéologie de notre pays, ne seront indifférents, nous l'espérons du moins, ni aux habitants des localités qu'ils concernent, ni aux honorables savants qui jugeront notre travail. Puissent les uns et les autres nous accorder une indulgence dont nous reconnaissons avoir grand besoin.

---

commencement de fondation de la maison de Cercamp, *ensemble les épitaphes de plusieurs fondateurs avec plusieurs autres choses notables ; copie de plusieurs écriteaux des anciennes peintures du cloistre comme aussi de chronicques de la librairie,* 1638. Manuscrit de Don Eloi Labbe, religieux de Cercamp. — *Archives du Nord de la France,* nouvelle série, t. II, p. 226.

ORIGINE

DE

L'ABBAYE DE CERCAMP.

Une maxime ecclésiastique, souvent reproduite par les nombreux auteurs qui ont écrit l'histoire monastique, assigne comme séjour les collines aux Bénédictins, les vallées aux enfants de saint Bernard, et les villes aux laborieux disciples de saint Ignace, *Benedictus montes, Bernardus valles, Ignatius urbes*. Nous voyons ce pieux axiome se vérifier en Picardie : Les Bénédictins occupèrent Saint-Riquier, Saint-Fuscien, Saint-Josse ; les Jésuites ont fondé dans la ville d'Amiens un collége célèbre et les moines de Citeaux s'établirent à Cercamp dans la vallée de la Canche.

En suivant le cours sinueux de cette rivière, au sortir du village de Bouret, on arrive au hameau de Cercamp dépendant de la ville de Frévent, dont il est distant d'un quart de lieue. Au milieu de cette fraîche et riante vallée, dominée par des bois d'une grande étendue et d'un aspect majestueux, l'œil du voyageur arrêté par les charmes d'un site aussi pittoresque, découvre d'importantes constructions, formant contraste avec les modestes maisons des habitants d'alentour. Ces murs sont ceux du magnifique établissement industriel de M. le baron de Fourment, dont le père a établi, en 1823, une filature de laine très-considérable sur les ruines de l'ancien couvent des moines de Citeaux.

Nous n'entrerons pas ici dans la discussion de l'origine et de l'étymologie du mot *Cercamp*, nous ne pouvons mieux faire que de renvoyer le lecteur à la savante dissertation de M. A. Labourt, insérée dans l'ouvrage intitulé : *La Bête Canteraine*, légende Picarde, Amiens, 1864. Nous citerons toutefois les diverses opinions des auteurs sur ce sujet. Plusieurs, et parmi eux M. Harbaville, prétendent que ce nom rappelle l'expiation du crime de son fondateur, *ker campi, quasi un camp qui coûte cher* (1). Selon eux, cette étymologie prouve que rien ne fut épargné pour assurer aux religieux une ample donation. D'autres pensent que l'étymologie du mot *Cercamp, Caruscampus, Cher-camp*, indique le bonheur que goûtèrent ces cénobites dans cet asile de la prière et de la vertu.

M. A. Labourt réfute ces diverses opinions et démontre que parmi les divinités gauloises, il en était une appelée *Camp*, que les monuments qui lui étaient consacrés étaient précisément de la nature de celui appelé *Clairfage*, dénomination de l'abbaye nommée à la fois *Claircamp* et *Clairfage*, et qu'à l'aide de ces monuments il est possible de remonter aux causes qui ont fait appeler *Cercamp* et *Ourscamp*, les deux autres abbayes fondées en même temps par Hugues de Campdavesne. Il voit dans *Cercamp* le *Champ du cerf*, devenu symbole de la localité, comme l'ours pour *Ourscamp*, alors que l'abbaye avait pour armes parlantes *un cerf placé dans un champ*, écusson qui avait été sculpté dans le siècle dernier sur le fronton du principal corps du bâtiment de l'abbaye (2).

---

(1) *Délices des Pays-Bas*, tome II, page 581.

(2) Nous avons retrouvé la pierre sur laquelle ont été gravées ces armoiries ; elle est enclavée dans un mur latéral de l'hôtel du *Grand Saint-Martin* à Frévent. Son bel état de conservation nous a permis de la reproduire.

Abbaye de Cercamp

ARMOIRIES: UN CERF PLACÉ DANS UN CHAMP

Ecusson sculpté au XVIIIe siècle sur le fronton du bâtiment principal de l'abbaye affecté au logement des religieux et des étrangers

Impr. Guenp-Charruey, Arras

La fondation de ce monastère de l'ordre de Citeaux, remonte au XII° siècle. Elle ne fut pas seulement due, comme un grand nombre de fondations religieuses de cette époque, à la piété fervente de nos ancêtres : elle fut surtout destinée à transmettre à la postérité la mémoire de l'expiation des crimes du plus puissant seigneur de la contrée. L'église voulut, par un châtiment exemplaire, maintenir le haut degré de puissance auquel elle était parvenue, et assurer à ses ministres la force morale et l'autorité nécessaire à l'entier accomplissement de leur mission civilisatrice.

Voici la légende de cette fondation dont nous avons emprunté le récit aux historiens Malbrancq, Turpin, Ferry de Locre, etc., etc., etc.

« Hugues de Campdavène, comte de Saint-Pol, était, dit
» Turpin (1), un seigneur violent et emporté et que dominait
» l'inclination martiale. Il ne pouvait se contenir, c'est
» pourquoi il se trouvait toujours aux prises avec ses voisins,
» d'où il arrivait souvent que ses états en payaient la folle
» enchère, mais ses excès montèrent jusqu'à la fureur : il
» n'épargna ni le fer ni le feu contre ceux qu'il haïssait, ou
» dont il croyait avoir reçu quelque mécontentement. Le
» sacré ne lui était pas plus respectable que le profane. »

C'était un puissant seigneur. Son alliance avec son suzerain le comte de Flandre, et l'étendue de son domaine, qui embrassait 365 villages à clocher (2), avaient enflé son

---

(1) Turpin, Histoire des comtes de Saint-Pol.
(2) Ferry de Locre, dans son *Histoire chronologique des comté, pays et ville de Saint-Pol*, page 6, nous a laissé la curieuse énumération de toutes les localités soumises au pouvoir du comte de Saint-Pol, Hugues de Campdavesne.

orgueil. Descendant de Charlemagne par les femmes, encore à la fleur de l'âge et avide de gloire, il fut l'un des premiers à se croiser, en 1096, avec son fils Engelrand. A son retour de Terre-Sainte, 1117, il trouva Gauthier, comte d'Hesdin, en révolte ouverte contre Baudoin VIIe, comte de Flandre. La vie des camps avait rendu son humeur farouche et belliqueuse ; il s'empressa d'unir ses forces à celles du révolté pour porter le fer et le feu sur les frontières du pays flamand.

Plus tard, en 1131, ne pouvant résister à l'attrait que toute occasion de guerroyer avait pour lui, et aidé du seigneur d'Auxi, des sires de Beauval et de Saulty, il conçut le hardi projet de faire le siége de Saint-Riquier, et, le 28 août, il arrivait sous les murs de cette ville. Ayant éprouvé une résistance acharnée de la part des habitants, la soif de la vengeance lui inspira l'odieuse résolution d'employer un mode de destruction jusqu'alors inouï dans les fastes militaires (1). Il fit lancer le feu grégeois dans la place assiégée, ces matières enflammées mirent le feu dans toute la ville, pénétrant dans l'église de l'abbaye où elles atteignirent un religieux qui fut brûlé sur l'autel même où il célébrait la messe (2). Il se produisit une telle panique et

---

(1) De Vérité, *Histoire du Comté de Ponthieu*.

(2) Sancti Richarii urbem cœnobiumque, nulli ætati, sexui, nec ordini parcens, igni ferroque grassatus, supremo abstulerat excidio. De quo *Anselmus Gemblacensis in suo chronico* meminit hisce verbis : « Hugo Candavena exortis inimiticiis contrà opidanos S. Richarii in pago Pontivo, totum opidum, cum ecclesiâ Sancti Richarii penitus combussit ; in quâ ecclesiâ aliquot monachi et inestimabilis multitudo promiscui sexûs, quod dictis nefas est, simul concremata periit. Sic ille ad annum 1131. »

Malbrancq, *De Morinis*, parlant du feu grégeois dit : « Quod sic interiora penetravit ut monachus summo sacro ad aras operans, eo corruptus arserit, factus que victima turbatis mysteriis occubuerit. »

un tel désordre parmi les habitants, que les confédérés purent entrer dans la ville embrasée. 2,700 personnes périrent dans cette journée, tant par le fer que par les flammes ; le monastère et la riche bibliothèque qu'il renfermait, furent incendiés (1).

Pendant que les sauvages fureurs du comte de Saint-Pol faisaient de Saint-Riquier et de son abbaye, un monceau de ruines fumantes, le Pape Innocent II présidait le concile de Reims, en présence du roi Louis-le-Gros, de son fils Louis-le-Jeune, de douze pairs de France et de tout ce que la cour possédait d'illustre. L'abbé de Saint-Riquier, Anscher, ami de saint Bernard, échappé comme par miracle au sac et à l'embrasement de la ville, prit la résolution de s'adresser au souverain Pontife pour obtenir vengeance de Hugues de Campdavesne ; il se rendit donc à Reims accompagné des évêques d'Amiens et de Thérouanne. Tous trois firent à Innocent II un tableau si émouvant des désastres de Saint-Riquier, que le concile crut devoir rendre immédiatement contre les incendiaires le canon que voici (2) :

« Pessimam si quidem et depopulatricem et horrendam
» incendiariorum maliciam, auctoritate Dei, et beatorum
» apostolorum Petri et Pauli omnino detestamus et inter-
» dicimus. Hæc etenim pestis, hæc hostilis vastitas, omnes
» alias deprædationes exsuperat : quæ quantum populi Dei
» sit damnosa quantumque detrimentum animabus et corpo-
» ribus inferat, nullus ignorat. Assurgendum est igitur, et

---

(1) Martyrologe de Saint-Riquier, fête de saint Jean-Baptiste 1131.
(2) Sismond, Acta conciliorum et epistolæ decretales ac constitutiones summorum Pontificum, tom VI, pars 2, col. 1187.

» omnimodis laborandum, ut tanta clades, tantaque pernicies,
» pro salute populi eradicetur et extirpetur. Si quis igitur
» post hujus nostræ prohibitionis promulgationem, malo
» studio, sive pro odio, sive pro vindictâ, ignes apposuerit,
» vel apponi fecerit, aut appositoribus consilium vel auxilium
» scienter tribuerit, *excommunicetur*. Et si mortuus fuerit
» incendiarius, christianâ careat sepulturâ : nec absol-
» vatur, etc. »

Le concile touché des désastres de Saint-Riquier, se montra généreux et compatissant envers son église ; plusieurs prélats proposèrent même de condamner le comte à reconstruire le monastère à ses frais. Mais Innocent II nomma une commission composée d'évêques pour instruire l'affaire et la juger ultérieurement (1).

Loin de s'effrayer des menaces que l'église, alors toute puissante, semblait accumuler sur sa tête, Hugues de Campdavesne parut prendre à tâche de la braver par de nouveaux forfaits. Après avoir été l'allié de Robert, comte de Ponthieu, dans l'expédition contre les *Caletois*, il éprouva une telle inimitié contre ce prince, qu'il résolut de s'en défaire par un assassinat. Il l'attaqua à l'improviste dans une partie de chasse au point de jonction de deux routes, et le massacra inhumainement (2).

A la nouvelle de ce nouveau crime, un cri d'horreur se fit entendre et se répandit dans toute l'étendue du comté

---

(1) Audiit Innocentius, ac primum istius comitis causam episcopis ac proceribus postmodùm ventilandam reliquens, cum iis convenit, etc. Malbrancq, *De Morinis*, tom. III, p. 161.

(2) De Vérité, *Histoire du Comté de Ponthieu*, tome I, p. 126. — Malbrancq, *De Morinis*, tom. III, page 182.

soumis à la puissance du meurtrier. Le curé de Beauval ne pouvant dissimuler ses sentiments, s'emporta contre l'intolérable domination du comte de Saint-Pol. Celui-ci devenu furieux, s'élança dans la maison du prêtre, et, ne l'ayant pas trouvé, se rendit droit au temple ; là, sa fureur méconnaissant la sainteté du lieu, il perça le ministre de l'autel à l'instant même où il célébrait le saint mystère (1).

L'indignation fut portée à son comble dans tout le pays en apprenant ce meurtre sacrilège. Les évêques d'Arras, d'Amiens, de Noyon, de Soissons, de Beauvais et de Thérouanne, qui composaient la commission d'enquête nommée par le concile de Reims, s'empressèrent de signaler ce nouvel attentat au pape Innocent II. Alvise, évêque d'Arras, écrivit de son côté au roi pour réclamer son intervention dans le cas où les anathèmes de l'église demeureraient impuissants. Louis VI répondit à l'évêque qu'il confiait à sa prudence le soin de remettre dans la bonne voie ce tyran et ce sacrilége et qu'il le trouverait disposé à l'aider de tout son pouvoir (2). Le souverain pontife lança donc contre le comte de Saint-Pol une bulle d'excommunication (3).

---

(1) Malbrancq, *De Morinis*, tome III.

Hugo campanensis, prisce campus avenæ, et Beatrix ejus conjux, amplissimi territorii Sancti Pauli (360 turriti pagi in eo numerantur) comites, Caricampense monasterium à fundamentis exædificant, variisque possessionibus locupletant. Liberalitatis hujusce causa, patratorum ab ipso Hugone flagitiorum magnitudo. Quippe, nescio quâ ductus simultate, Ponthivensem comitem, sanguine sibi vinctum interfecerat : Sacerdotem in Bellovacensi villâ, Dorlanâ arce mille passibus abjunctâ, sacris operantem, majore audaciâ gladio transfoderat (cujus tragædiæ historia in vitreâ quadam fenestrâ, et in pago etiamnum cernitur).

(2) Turpin. *Histoire des comtes de Saint-Pol*, page 62.

(3) Cette bulle a été reproduite par Malbrancq. — *De Morinis*, tome III, page 183.

Ce mode de répression exerçait sur l'esprit d'alors une impression telle qu'il est difficile de nos jours de s'en faire nne idée bien juste. A cette époque de foi religieuse, une pareille sentence jetait l'effroi parmi les populations. Aussi, dès que l'entrée de l'église et la fréquentation des sacrements furent interdites au comte de Saint-Pol, malgré sa puissance et sa bravoure, Hugues de Campdavesne resta seul ; ses serviteurs les plus intimes n'osèrent plus lui donner leurs soins : ses parents, ses amis se détournaient à son approche ; pour tous, enfin, il devint un objet d'horreur. En vain chercha-t-il à se raidir contre cette position désespérée ; livré à lui-même, sans puissance, sans moyen d'action, il se sentit touché de repentir et résolut de changer de vie.

Hugues s'humilia donc, avouant l'énormité de son crime et implora le pardon de l'autorité ecclésiastique. « On adressa
« de sa part à Rome un mémoire suppliant, *Libellus supplex.*
« La commission d'enquête, dit Malbrancq, y peignit le récit
« du changement opéré dans cet homme jadis si cruel,
« maintenant si doux et qui, comme le loup ravisseur de
« Benjamin, était devenu un agneau. » Les évêques terminaient en demandant ce qu'il fallait faire du comte de Saint-Pol (1).

Innocent II, charmé d'apprendre cette conversion, pensa

---

(1) Transmissus primùm Romam libellus ejus supplex, et descripta hominis truculentissimi in mansuetissimum conversio ; et cum *Benjamin lupus rapax* factus sit agnus, quid de sancti Paulli comite sit agendum ? lætus ad modum hâc animi conversione Innocentius, mandavit absolvi reum, modo insignem mulctam tot dispendiis consentaneam subeat. Non prætermisere hanc Pontificis legem Episcopi, quin ita implevere, ut planè quis censuerit *mensuram coagitatam et superfluentem*, sed ejus in animæ bonum eos prætlixisse. — (Turpin, *Histoire des comtes de Saint-Pol*, page 63.)

que puisque Dieu dont il était l'image sur la terre, avait proclamé que le repentir et la pénitence effaçaient tous les crimes, il convenait de ne pas refuser à Campdavesne la décharge qu'il sollicitait et dont canoniquement il se montrait digne ; mais il avait occasionné à l'église un préjudice considérable, il devait, à titre d'exemple et de restitution, une réparation proportionnée au mal qu'il avait fait. Le pape répondit donc que le coupable repentant rentrerait dans le giron de l'église, à la condition qu'il payerait une amende égale à toutes les dépenses qu'il avait occasionnées. Les évêques ne négligèrent pas le décret du souverain pontife et l'exécutèrent même si ponctuellement que, bien que l'amende put paraître fort élévée, elle semblait cependant être fixée pour la rédemption de l'âme du pécheur.

Les six prélats, *Garin* d'Amiens, *Josselin* de Soissons, *Milon* de Thérouanne, *Alvise* d'Arras, *Simon* de Noyon et *Odon* de Beauvais, condamnèrent le coupable à fonder trois monastères et à les doter convenablement de manière à réparer par cette œuvre expiatoire la destruction de Saint-Riquier, le meurtre du comte de Ponthieu et celui du malheureux curé de Beauval (1).

Trop heureux de renaître à la vie civile et religieuse en

---

(1) Equidem anno 1137, coactus episcoporum cœtus in quibus Ambianensis Guarinus, Suessionicus Joslenus, Tervanensis Milo, Atrebatensis Alvisius, Noviomensis Simon, Bellovacensis Odo, (hi porrò maximè ejus impios conatus persenserant), communi sententiarum Decreto statuerunt, ut Hugo Comes peccata sua, quò grandiora, eò grandioribus eleëmosynis redimeret. In primis sancti Richarii urbem antiquissimam, cœnobiumque nulli ætati, sexui, nec ordini parcens, vesano igne grassatus maximo domorum excidio, cœdibus hominum crudelissimis affecerat. (Turpin. *Histoire des comtes de Saint-Pol*, page 63.)

faisant le sacrifice d'une partie de son immense fortune, Hugues de Campdavesne s'empressa d'exécuter la sentence dont il avait été frappé. Il fit donc construire le monastère de Clairfay, entre Arras et Amiens, dota celui d'Ourscamps, au diocèse de Noyon et fonda l'abbaye de CERCAMPS dans le comté de Saint-Pol.

Hugues de Campdavesne possédait près de Frévent un vaste domaine composé de 1200 arpents de terres labourables qui s'étendaient depuis Bouret jusqu'aux territoires de Bonnières et de Canteleux, et un autre de 2000 mesures tant de bois (1) que de prairies, marais et jardins. Son heureuse situation dans une vallée fraîche et fertile, le poisson que la rivière de la Canche procurait aux religieux qui, en aucune saison de l'année, ne faisaient usage d'aliments gras, déterminèrent les évêques à choisir cette résidence pour y établir la plus riche des trois abbayes que le comte de Saint-Pol devait faire ériger (2).

---

(1) Par suite d'un procès-verbal d'arpentage de 1684, les divers bois appartenant à l'abbaye de Cercamps avaient une contenance de 995 arpents.

(2) « Il est assis, dit Ferry de Locre, sur le fleuve de Canche qui lui sert de très-grande commodité, remplissant ses très-larges viviers vers le midi, pour l'entretènement et rafréchissement des poissons, et comme par droit de passeport, lui donnant de ces délicieuses truites. Ses bois lui sont au diamètre vers le nord, desquels annuellement on tire très-ample provision. » (*Histoire chronologique des comté, pays et ville de Saint-Pol en Ternois*, p 27.

Turpin, dans son *Histoire des comtes de Saint-Pol*, s'exprime en ces termes: Delectus Quantiæ fluvius, qui præter cœterorum fluminum morem trutarum, (quos troctas à voracitate Greci appelant), est ferax : quod ea ferantur ad ortum contrà vim fluminis obnitentes, levibus pinnis remigando, non procul ab fluvii istius principio collocatum domicilium, neque etiam procùl a Ferventol Sampaulani comitatûs oppidulo, ubi piscinæ seu vivaria (quod cister-

L'empressement du comte de Saint-Pol à remplir les conditions qui lui avaient été imposées fut tel que, dès l'année 1137, il se rendit lui-même à Pontigny, abbaye de l'ordre de Citeaux située en Auxerrois, et obtint de saint Bernard, pour le monastère de Cercamp, un abbé du nom de Jordan et quelques disciples dont les vertus brillaient alors du plus vif éclat (1).

---

siensibus ad quorum regulam efformandam instutum commune est,) spatiosissimè exporrecta visuntur, piscatu non infacundo, uti ab alterà parte Sylvæ et nemora materiam ligandi et ædificandi suppeditant amplissimam.

(1) Ferry de Locre. — Turpin, etc, etc, etc.

Cum jam de Monastici ordinis genere ageretur, suasum à Præsulibus Hugoni, ut Antisiodorum se transferret, illicquè attentius viseret Cistertiensem quampiam familiam magni Bernardi institutis florentissimam, è quà haud dubiè nonnulos adsciceret sibi, qui cœptas ad Quantiam Morinorum cellas excolerent perlubenter, uti reverà evenit, nam præsulum istorum commendatitiis fretus, egregium indè sibi assumpsit manipulum, Duce Jordano Pontiniacensibus oriundo, qui primam Abbatici muneris obiit dignitatem.

Vers la fin du XIe siècle plusieurs moines bénédictins animés d'un puissant désir de perfectionnement, choisirent une retraite dans la forêt solitaire de Molesmes, aux confins de la Champagne et de la Bourgogne. De cette modeste et humble congrégation placée sous la rigide direction de saint Robert, est née la maison de Citeaux, dont le berceau fut un lieu agreste, presque inaccessible, entourée d'une nature âpre et sauvage.

Bientôt l'ordre de Citeaux avait vu accourir dans son sein un grand nombre de postulants, à la tête desquels se place naturellement saint Bernard, l'homme éminent de son siècle, et dont l'intervention se trouve mêlée à tous les grands évènements politiques et religieux qui marquèrent la période écoulée entre 1130 et 1153. L'accroissement de cette maison fut tellement rapide que, dès 1113, la nécessité de l'établissement d'une colonie se fit sentir à Étienne Harding ; et alors naquit la première fille de Citeaux, l'abbaye de La Ferté. Cette fondation fut suivie de plusieurs autres: *Pontigny*, Beatæ Mariæ de Pontiniaco, diocèse d'Auxerre (1114) ; *Clairvaux*, Beatæ Mariæ Clarovallis (1115) et *Morimond*, Beatæ Mariæ de Morimondo, diocèse de Langres (1115).

La date de 1137 est généralement attribuée à la fondation de l'abbaye de Cercamp. Les auteurs de *Gallia Christiana* la rapportent en ces termes (1) : fondationis hujus annus vulgo habetur (1137), sicque inscribitur adhuc claustro hujus abbatiæ vulgoque creditur. Cette inscription nous a été conservée par Ferry de Locre (2) ; elle se lisait non pas dans le cloître, mais dans le monastère ; la voici :

L'AN MIL CENT TRENTE QUATRE ET TROIS,
POUR AVOIR GLOIRE SOUVERAINE
REGNANT LOYS SUR LES FRANCHOIS
ET INNOCENT EN COURT ROMAINE,
LE NOBLE COMTE HUG CANDAVAINE
ALLA QUERIR EN AUXERROIS
ABBÉ COUVENT QU'IL AMAINE
CHY SERVIR DIEU LE ROY DES ROYS.

Mais ainsi que le constate Turpin, dans son *Histoire des comtes de Saint-Pol*, et selon la juste observation de M. Harbaville dans son *Mémorial historique*, les bâtiments de l'abbaye, commencés en 1137, ne furent terminés qu'en 1141 (3).

---

(1) *Gallia Christiana*, tome X. — Ecclesia Ambianensis : Abbatiæ ordinis cistersiensis virorum, Carus Campus.

(2) Ferry de Locre. *Histoire chronologique des comté, pays et ville de Saint-Pol*, page 24.

(3) Qui verò versus non sic intelligendi sunt quasi hoc anno Monasterium cœperit, cum quatuor adhuc annos sustinuisse testetur vetus ejusdem Domus Chronicon, quod in Ferreoli Locrii bibliothecâ vidisse se Mirœus perhibet ; concordantibus Pontigniaci tabulis, itemquè chronologiâ ecclesiarum cisterciensium. Hoc ergo anno ædificium cœptum est, forte et ascitus Guicardus ex Pontigniaco lustrando loco, exibendoquè exemplari ad cujus instar officinæ perficerentur. Nec aliud credo voluere Locrius et Mirœus, dum in hunc annum referunt initia Domus. Qualiter autem quadriennio perfectum opus, Monachos tandem abbatemque susceperit anno 1141 quo evenisse constat, refertur ab Angelo Maurique in annalibus prœdictis.

Dom Beaumier *Recueil des évêchés et des abbayes*, page 330, 417, 419.

Hugues de Campdavesne ne se contenta pas d'avoir donné le terrain, il construisit logement et église pour les moines ; il répandit dans tout ce monastère la magnificence, des bâtiments vastes, extérieurement beaux, riches à l'intérieur, attirant les regards d'un grand nombre de hauts personnages et excitant en eux le désir de dormir d'un sommeil éternel sous ce monument superbe.

Cercamp fut le Saint-Denis de cette puissante lignée ; les vers suivants (1) viennent le confirmer.

CLARA DOMUS MULTOS TELLURE SEPULTOS,
PAULINOS COMITES, VENDOMIOSQUE DUCES ;
ET LICET EXTREMIS PATRIÆ SITA FINIBUS EXTET,
TUTA TAMEN QUOVIS SEMPER AB HOSTE FUIT.
NUMINIS ID PIETAS FACIT ET CLEMENTIA REGUM,
PRO QUIBUS ASSIDUAS FUNDIT AGIT QUE PRECES.

Cette maison illustre renfermait les sépultures d'un grand nombre de comtes de Saint-Pol et de ducs de Vendôme ; et, bien que située sur les frontières du pays, l'ennemi, de quelque nation qu'il fût, la respecta toujours. C'est un effet de la bonté de Dieu et de la clémence des rois pour qui cette maison offre des prières continuelles (2).

Hugues de Campdavesne, pour compléter l'expiation et implorer plus efficacement le pardon de ses forfaits, s'adressa à la mère de Dieu et offrit l'abbaye de Cercamp à la sainte Vierge qui devint la patronne et l'avocate de cette maison (3).

---

(1) *Gallia christiana*, tome X, Provincia Remensis, Carus campus.

(2) Cette épitaphe, à ce qu'il paraît, aurait été faite longtemps après la mort de Hugues.

(3) Le monastère s'est toujours appelé dans la suite, *Notre-Dame de Cercamp*. Du reste, toutes les maisons de l'ordre de Citeaux étaient sous l'invocation de la Vierge. Le sceau de l'abbaye de Cercamp représentait la Vierge tenant l'enfant Jésus et étendant ses bras sur la tête des moines agenouillés à ses côtés.

Cette dédicace est ainsi rapportée par le moine Dom Laderrière, prieur de l'abbaye au XVI° siècle (1).

L'oraison du dit seigneur comte présentant l'abbaye, l'église et maison à la Vierge Marie, patronne et avocate d'icelle.

> *Royne des cieulx, vierge et mère,*
> *Ceste église je vous présente,*
> *Et vous faict très humble prière*
> *Qu'en soyez patronne et régente.*
> *Jaimais ne luy soyez absente*
> *De gloire dame et trésorière,*
> *Et m'octroyes tenir et sente*
> *Dont j'aye votre grâce plainière.*

RÉPONSE :

> *Ta prière m'est agréable,*
> *Noble conte, Scace de vray,*
> *Soys constant, ferme et stable*
> *Et ton désir accompliray* (2).

---

(1) Dom Pierre de Laderierre, prieur de Cercamp au XVI° siècle, nous a laissé un mémoire manuscrit qui traite de la fondation de ce monastère, des abbés qui l'ont gouverné et des nombeuses épitaphes dans l'église ou dans les cloitres. On conserve ce manuscrit aux archives départementales du Pas-de-Calais.

(2) Extrait et mémorial du commencement et fondation de la maison de Cercamp, ensemble les épitaphes de plusieurs fondateurs et les noms des abbés successivement régnant l'un après l'autre.

On lit sur le premier feuillet du manuscrit :

Damp Pierre de Laderierre, religieux demeurant à Cercamp et prêtre indigne — 1590, — de Laderierre.

Je prie celluy de mes confrères quy aura ce livret que en mémoire de mes. . . . . (s'il est prêtre), me dise une messe après mon trespas. — 1591. — de Laderierre,

INTÉRIEUR

DE

L'ABBAYE DE CERCAMP

Après avoir retracé l'origine de l'abbaye de Cercamp, et avant de parcourir les annales du monastère sous l'administration des 54 abbés qui l'ont gouverné pendant une période non interrompue de plus de six siècles, nous analyserons la constitution et les usages de Citeaux ; nous entrerons même dans certains développements sur les nombreux articles qui forment cette règle qui fut un chef-d'œuvre d'organisation et sur leur application dans l'abbaye de Cercamp.

C'est avec justice, dit le P. Helyot, que l'ordre de Citeaux, qui a été une très-florissante et très-illustre congrégation de l'ordre de saint Benoit, a mérité les louanges qui lui ont été données par tant de souverains pontifes, d'empereurs, de rois et de célèbres écrivains : et quoique cet ordre soit beaucoup déchu de son ancienne splendeur, il ne laisse pas encore de faire un des plus beaux ornements de l'état monastique (1). Fondé au XIᵉ siècle (1098), à quelques lieues de Dijon, dans le diocèse de Châlons-sur-Saône, cet ordre était l'un des plus illustres, des plus florissants de la congrégation Bénédictine ; de tout temps il reçut de justes éloges et les encouragements les mieux mérités de la part des premiers pontifes, des souverains et des seigneurs.

Au bout d'un siècle d'existence, le nombre des Cénobites Cisterciens commençait à diminuer, lorsque Bernard, suivi de trente compagnons comme lui inspirés, vint avec eux frapper à la porte de Citeaux, demander l'habit et embrasser

---

(1) *Histoire des ordres monastiques, religieux et militaires*, tom. V, p. 341.

la pénitence. En peu de temps, ces jeunes athlètes du Seigneur devinrent des modèles de vertu ; leur exemple attirait de si nombreux imitateurs que bientôt il fallut agrandir l'enceinte du cloître et chercher ailleurs de nouveaux déserts pour y établir de nouveaux disciples (1).

Le moment était venu de donner une constitution aux abbayes issues de la maison-mère de Citeaux. De concert avec saint Bernard, abbé de Pontigny, Hugues de Macon et les dix autres abbés de l'ordre réunis, en 1119, dans une assemblée qui prit le nom de premier chapitre général, l'abbé Etienne arrêta et fixa dans la grande *Charte de Charité* les usages et les devoirs que pratiqueraient rigoureusement les monastères de la filiation de Citeaux. La base des prescriptions nouvelles ne fut pas changée, ce fut toujours celle qui avait servi de fondement à la règle de saint Benoit. Le pape Calixte II l'approuva, et dans la suite ses successeurs la confirmèrent.

En parcourant ce vaste ensemble de prescriptions si judicieuses, si sagement coordonnées, où tout a été prévu avec une rare pénétration, on demeure étonné, confondu d'admiration. On se demande comment, à une époque aussi reculée, quelques-uns diraient aussi barbare, comment au commencement du douzième siècle, enfin, une constitution si forte a pu être conçue. Le lieu, la hiérarchie, la discipline, rien n'est omis ; ce que la règle ne contient pas se trouve dans le livre des usages de Citeaux. Les deux œuvres se complètent.

Malgré notre intention de ne point entrer dans de trop grands détails, il est pourtant quelques points de cette

---

(1) De la Plane. *Histoire de l'abbaye de Clairmarais*, page 99.

constitution monastique que nous ne pouvons passer sous silence (1).

La pauvreté, l'obéissance et la chasteté sous la sauve-garde de l'humilité, étaient les grandes vertus pratiquées par les moines de Cercamp. Le renoncement personnel à toute propriété étant une des conditions de la règle, la possession collective seule est admise. De là cette prescription : « *les moines ne doivent rien avoir en propre, sans la permission de l'abbé ; que tout soit commun à tous,* comme l'a dit l'apôtre. »

Dom Gabriel Jacques Grillot dans sa visite pastorale du 29 novembre 1733, recommande en ces termes aux religieux de Cercamp, l'observance du vœu de pauvreté. « Le vœu de pauvreté dont nous faisons une profession si solennelle et si précise, nous engage à un détachement que très-peu de personnes pénètrent et qu'aucun presque ne veut pratiquer ; on croirait que ce n'est plus qu'une formalité par la licence que se donnent la plupart des religieux de se procurer tout ce qui peut satisfaire leurs désirs, et on pousse si loin l'abus à cet égard qu'on ne se fait aucun scrupule de s'approprier tout ce qui ne doit être employé qu'en commun. Nous recommandons à nos confrères de réfléchir sérieusement au danger où ils s'exposent d'encourir les censures prononcées contre les propriétaires, et nous défendons cependant aux particuliers de prendre quoi que ce soit en meubles, en ustensiles ou en provisions qui appartiennent à la communauté, comme aussi d'avoir, sous quelque prétexte que ce soit, du vin ou de la bière dans des caves séparées : que, si quelqu'un est surpris

---

(1) Voir la carte de visite de Mgr Carron, abbé de Pontigny, en 1717, dans laquelle sont exposés les divers règlements d'intérieur de l'abbaye de Cercamp. (Archives du Pas-de-Calais).

ou convaincu d'avoir enlevé quelques-uns de ces effets, il sera puni exemplairement comme pour un vol fait à la communauté. »

Voici comment l'obéissance était recommandée : « Si par hasard quelque chose de difficile ou d'impossible est ordonné à un frère, qu'il reçoive en toute douceur et obéissance le commandement qui le lui ordonne, s'il voit que la chose passe tout-à-fait la mesure de ses forces, qu'il expose convenablement et patiemment la raison de l'impossibilité à celui qui est au-dessus de lui, ne s'enflant pas d'orgueil, ne résistant pas, ne contredisant pas. Que si après son observation le premier persiste dans son avis et dans son commandement, que le disciple sache qu'il en doit être ainsi, et que se confiant en l'aide de Dieu, il obéisse. »

« On gardera inviolablement le vœu de chasteté, et l'on évitera avec un soin extrême tout ce qui pourrait y donner la moindre atteinte, tels que sont les regards et les conversations avec les personnes du sexe, et pour éloigner tout ce qui pourrait faire obstacle à une vertu si convenable à notre état, nous défendons l'entrée des cloîtres et de tous les lieux réguliers à toute personne suspecte et non suspecte, nous interdisons avec la même sévérité l'entrée dans les jardins particuliers, et s'il arrivait que quelque religieux contrevînt à notre présente ordonnance, voulons qu'il soit privé pour toujours de son jardin, dont le supérieur disposera en faveur d'un autre (1). »

Outre ces trois vœux ordinaires, les bases principales de la vie cénobitique à Cercamp étaient :

La Fixité. — Le religieux profès ne pouvait quitter Cercamp

---

(1) Carte de visite du 25 juin 1728.

pour passer dans une autre maison, hors le cas d'une impérieuse nécessité, ni sans en avoir obtenu la double permission de son abbé et celle du chef de la communauté dans laquelle il aurait eu le projet d'entrer. Cette autorisation fut rarement accordée à Cercamp, où généralement les abbés et un grand nombre de religieux ont reçu la sépulture. La permission de l'abbé était également exigée pour s'éloigner momentanément de l'abbaye, même pour un intervalle très-court ; il y avait toujours de la gravité à enfreindre ce vœu capital de la profession ; on ne laissait cette faculté qu'à certains officiers de la maison à cause de leurs fonctions obligatoires, notamment aux préposés à la basse-cour, aux forêts, à la pêcherie, etc.

Les moines ne pouvaient pas sortir de la maison après Complies, ni quitter l'abbaye même temporairement, sans la permission de l'abbé. Ils ne devaient, en voyage, recevoir que l'hospitalité monastique, et s'ils pouvaient rentrer dans le couvent avant la chûte du jour, ils ne devaient accepter au dehors aucune nourriture. Si le voyage était long et qu'ils fussent obligés de prendre quelque repas hors des maisons conventuelles, ils ne devaient accepter ni vin, ni viande, à moins d'une nécessité particulière. Un frère ne devait pas sortir, ni voyager seul ; il devait toujours porter l'habit de son ordre, afin d'être rappelé sans cesse aux devoirs de son état.

Les recommandations du visiteur Pierre de Calvairac, abbé de Pontigny sont très-rigoureuses à l'égard des sorties des moines de Cercamp. « L'expérience que nous avons combien les religieux se relâchent de l'esprit de leur état par le commerce trop fréquent avec les personnes du monde, nous engage à renouveler les défenses qui ont été faites par nos prédecesseurs de sortir de l'enclos du monastère et même d'entrer dans les maisons qui sont hors de l'enceinte des cloîtres, sans la permission de Dom Prieur qui ne l'accordera que pour de justes raisons ; pourront néanmoins les religieux, lorsqu'ils seront au nombre de trois, se promener à quelque distance de la maison, sans qu'aucun d'eux puisse entrer dans les bois ni dans le marais de Frévent, et dans le cas que quelqu'un en abuse, Dom Prieur défendra absolument la sortie de l'enclos ; et, ordonnons au dit Dom Prieur de suspendre *à divinis* et même de mettre en prison ceux qui refuseront opiniâtrement de s'y soumettre, croyant que ce châtiment extraordinaire est nécessaire pour réparer le scandale qu'une conduite contraire a causé.

« Nous exhortons aussi Dom Prieur de ne point permettre aux religieux d'aller dans les villes et lieux éloignés ou voisins du monastère et surtout au bourg de Frévent, sans une vraie nécessité ou une utilité sensible excepté Dom Cellerier, lorsque, pour raison de sa charge, il sera obligé de sortir, ce qu'il ne fera point sans la permission du supérieur lequel ne souffrira point qu'aucun sorte de la maison s'il n'a des habits modestes et conformes à l'usage de notre ordre. »

LA RÉCITATION DE L'OFFICE DIVIN. — Les cérémonies de l'église, les prières, les chants, la psalmodie recommençaient presqu'à toutes les heures du jour et de la nuit.

« Nous recommandons aux religieux de se rendre exactement au service divin qui fait l'une des plus essentielles occupations de notre état, et personne, sous quelque prétexte que ce soit, n'en sera dispensé que par une expresse permission de Dom Prieur qui ne l'accordera même aux officiers du temporel que pour des besoins indispensables et jamais en général et pour toujours. On s'y trouvera dès le commencement et on aura soin d'observer dans la Psalmodie, les pauses que nous avons témoigné devoir se faire pour s'en acquitter avec décence et édification, et de prononcer assez lentement pour donner le temps de suivre à ceux qui n'ont pas une aussi grande facilité que les autres. On y gardera la modestie et le maintien qui convient à des religieux s'attachant tous à pratiquer les mêmes cérémonies marquées dans nos constitutions.

« Les messes de la Vierge et des morts qui se disent dans tout l'ordre, lorsque les communautés sont assez nombreuses pour y suffire, seront exactement acquittées et sonnées suivant l'usage avec des cloches différentes, pour faire connaître qu'on les dit ; et comme quelques religieux nous ont témoigné qu'ils avaient crû jusqu'ici pouvoir se dispenser d'une partie de ces messes, attendu le peu de prêtres qui se trouvent dans la maison, nous leur déclarons que leur conscience en demeure chargée devant Dieu, et qu'ils seront dans la suite obligés à ces messes, excepté dans le cas où le supérieur jugera à propos d'interrompre cet usage pour des raisons graves et importantes, ce qu'il ne fera que dans la dernière nécessité (1). »

Le Silence. — Au dortoir, au réfectoire, à la cuisine, la règle commandait un silence absolu, en sorte que, dans les occasions nécessaires, les moines s'étaient accoutumés à s'entendre par des signes. Les heures où il était permis de parler étaient soigneusement réglées.

« Le supérieur veillera avec beaucoup de soin sur la conduite des religieux et fera garder le silence aux heures et aux lieux marquez par le bref; il expliquera dans le chapitre les principaux points de la règle et fera des exhortations les

---

(1) Charte de visite du 29 novembre 1733.

veilles des fêtes solennelles, et aux autres festes il pourra commettre ce soin aux religieux qu'il en jugera capables, enfin il se fera tout à tous pour gagner les âmes qui luy sont commises et il aura soin que chacquun s'acquitte des devoirs de son employ et qu'on évite la perte du tems des conversations inutiles et surtout l'oisiveté qui est très-pernicieuse et pour l'ordinaire la source de tous les désordres.

« On observera le silence dans le réfectoire et l'on y fera la lecture pendant tout le repas, on y lira des livres de piété au choix du supérieur et nul ne pourra emporter ny pain, ny vin, ny viande sous quelque prétexte que ce puisse être, et enjoignons à Dom Prieur d'y tenir la main et de punir sévèrement les délinquans. On passera ensuite le tems de la récréation en communauté avec le supérieur qui ne permettra point que les religieux, surtout les jeunes, se séparent pour aller dans les endroits écartés et éloignez de la communauté (1). »

La Lecture spirituelle. — On faisait d'ordinaire deux lectures spirituelles par jour, ces lectures avaient lieu dans l'église ; la première, le matin entre l'office de la Vierge et l'office canonial, la seconde, avant les Complies ; chaque lecture était l'objet d'une méditation particulière ; après le chant des Nones et des Vêpres, chacun se retirait dans sa cellule jusqu'à l'heure du diner ou du souper pour se livrer à la lecture, à l'étude ou à tout autre travail. Pendant ce temps-là, il était permis d'écrire et de consulter les livres de la bibliothèque commune. On faisait encore plusieurs lectures pendant les divers repas ; elles étaient généralement puisées

---

(1) Charte de visite du 25 juin 1728.

dans le Ménologe de l'ordre, dans la Bible ou dans les auteurs ecclésiastiques.

« On assistera tous les jours à l'oraison mentale dans l'intervalle des Laudes de la sainte Vierge et de Matines canonialles environ pendant une demie-heure et autant après Complies conformément à nos constitutions. En outre cela, chaque religieux s'appliquera à quelque lecture spirituelle dans ses heures de loisir à quoy le supérieur tiendra la main et en fera même rendre compte aux jeunes religieux qu'il privera de vin lorsqu'ils auront négligé ce devoir. Nous ordonnons aussy tant à Dom Prieur qu'aux religieux de ne pas manquer aux exercices des dix jours une fois l'année, suivant la louable coutume de notre ordre (1). »

Le Jeune. — Hors le temps du Carême, outre les jours de jeûne recommandés par l'Eglise, on jeûnait pendant toute la durée de l'Avent, ainsi que la 4e et la 6e féries ou le jeudi et le samedi de chaque semaine ; hors le temps pascal, depuis l'Exaltation de la sainte Croix jusqu'au Carême.

« On observera exactement les jeûnes de l'ordre et l'on aura soin de ne servir le soir pendant ce jour que ce qu'il est marqué dans nos statuts pour les collations, laissant à la prudence de Dom Prieur d'accorder les adoucissements qu'il jugera convenable en ajoutant à la collation ordinaire quelque portion de légumes cuits. On servira les religieux dans le réfectoire de façon qu'ils n'aient aucun sujet légitime de plainte et de murmure et que cependant tout se ressente de la modestie et de la frugalité religieuses. On ne changera jamais les portions qu'on aura une fois reçues et tous généralement se contenteront

---

(1) Charte de visite du 25 juin 1728.

de ce qui leur sera présenté. Si le Supérieur, pour des raisons particulières, ne juge à propos de le permettre à quelqu'un. Que s'il s'en trouve qui, au mépris d'un ordre si juste, font du bruit dans le réfectoire et inquiètent ou le dispensier ou le cuisinier, on en avertira le supérieur qui punira sévèrement ces religieux difficiles et indiscrets. Nous deffendons aussy à tous les religieux d'emporter quoy que ce soit du réfectoire, soit en portions, soit en meubles (1). »

L'Abstinence. — La nourriture quotidienne, dans les premiers temps, se composait de fèves et d'herbes; les œufs et le fromage étaient permis seulement à certaines époques de l'année ; on ajoutait quelquefois du poisson et des fruits. Mais en 1634, une partie des congrégations ayant obtenu l'autorisation de manger de la viande plusieurs jours de la semaine, Cercamp fut de ce nombre et profita de la permission. On restreignit alors l'abstinence à quatre jours, excepté pendant l'Avent et le Carême. La viande était également interdite dans les principales fêtes et les jours de vigiles ; le jeûne était obligatoire la veille du jour de l'Assomption de la sainte Vierge. — Pendant le Carême, l'usage des œufs et du beurre était défendu ; il était remplacé par celui de l'huile deux fois par semaine les IV° et VI° féries, ainsi que les jours de Noël, de l'Assomption, etc., le reste du temps pendant lequel l'abstinence n'était plus exigée, c'est-à-dire les III° et V° féries, les religieux se nourrissaient de viande de boucherie et de volaille (Ex quadrupedis etiam ac vollilibus). La boisson ordinaire était la bière (cervisia) et une demi-pinte de vin pour les prêtres à chaque repas. « Cette dernière quantité sera inva-

---

(1) Charte de visite du 29 novembre 1733.

riable sauf les cas extraordinaires, tels qu'une chaleur excessive, des travaux plus grands, plus pénibles, exécutés par les moines, et encore faudra-t-il l'agrément du Prieur pour avoir droit à ce supplément. » L'abus du vin, à ce qu'il paraît, était le sujet d'un juste effroi pour les rédacteurs de la règle de Cîteaux. En effet, à l'endroit où il était question de cette addition aléonine, nous lisons : « en ayant soin d'éviter l'ivrognerie, car il est écrit : *Vinum omnino monacorum non esse.* »

LE VESTIAIRE COMMUN. — Chaque religieux de Cercamp avait une robe blanche avec un scapulaire et un capuce noir : leur robe était serrée d'une ceinture de laine noire : au chœur ils mettaient une coule blanche et pardessus un capuce avec une mozette qui se terminait en rond par-devant jusqu'à la ceinture et par-derrière en pointe jusqu'au gras de la jambe ; et quand ils sortaient, ils avaient une coule et un grand capuce noir, qui était aussi l'habit de chœur dans les maisons où il y avait collége. Les frères convers étaient habillés de couleur tannée ; leur scapulaire tombait à la longueur d'un pied au-dessous de la ceinture et se terminait en rond. Le capuce était semblable à celui que les prêtres mettent par-dessus leur coule, excepté la couleur. Au chœur ils portaient un manteau qui tombait jusqu'à terre et qui était de la même couleur que l'habit. Les novices clercs avaient le même habit au chœur ; mais il était tout blanc, leur scapulaire n'était pas partout également long, car il y avait des endroits où il n'allait que jusqu'à la moitié des cuisses, en d'autres, jusqu'à mi-jambes et en quelqu'autres, jusqu'au bas de la robe.

Les vêtements devaient être proportionnés aux saisons et aux pays. L'Abbé était juge dans ces circonstances. Pour tout vêtement, un frère recevait de l'Abbé deux tuniques et deux cuculles pour le jour et pour la nuit et un scapulaire pour le travail. La couleur était blanche et l'étoffe très-simple. Les serviteurs de l'abbaye ne devaient pas porter des habits d'une étoffe plus recherchée ; car, disaient les statuts, ils doivent savoir que ceux qui sont vêtus mollement ont coutume d'habiter dans la maison des rois et non dans la maison des moines.

Les convers avaient droit à deux vêtements d'un même drap épais, brun ou couleur de fer, avec un ceinturon noir.

Les novices n'avaient qu'un seul costume complet de couleur blanche. Tous les religieux recevaient une double culotte et une double chaussure.

Le lit se composait d'une natte, d'un drap de serge, d'une couverture ; mais point de toile ou de chemises de lin. Frères et abbé, tous devaient coucher dans un dortoir commun, autant qu'il était possible, chacun dans son lit, et non dans des cellules séparées, les jeunes mêlés avec les vieux, afin que ceux-ci inspirassent du respect aux plus jeunes et veillassent sur eux. Ils dormaient tout habillés afin d'être prêts à se lever au premier signal pour aller travailler à l'œuvre du Seigneur. C'est pourquoi une lampe brûlait toute la nuit dans le dortoir. Les conciles et les chapitres généraux apportèrent plusieurs modifications à ces différents règlements.

« On se retirera dans les chambres du dortoir immédiatement après Complies et les clefs des portes, tant du dortoir que des entrées de la maison, seront déposées dans la chambre de Dom Prieur par l'ordre duquel seulement elles seront ouvertes dans les cas et les occasions où la nécessité l'exigera. Tous dormiront dans le même lieu comme il est marqué dans la règle et il ne sera permis à aucun d'avoir des lits dans les chambres basses. Nous recommandons l'exécution de cet article à Dom Prieur avec d'autant plus d'empressement qu'il n'y a ni nécessité ni décence de permettre ou de tolérer par exemple qu'il y ait un lit dans le bureau de la celererie qui, étant un lieu où il entre à toute heure et à tout moment du monde pour les affaires de la maison, ne doit contenir que des titres, des registres et autres papiers. Il y aura dans le dortoir une lampe toujours allumée pendant la nuit pour la commodité des religieux et s'il est possible d'y pratiquer un chauffoir qui soit commode et hors de danger, nous prions Dom Cellerier, du consentement de Dom Prieur, d'y faire travailler l'année prochaine, à condition qu'on supprimera la cheminée du réfectoire (1). »

La Bourse publique. — Le renoncement personnel à toute propriété étant une des conditions fondamentales de la règle, la possession collective seule était admise. De là cette prescription : « les moines ne doivent rien avoir en propre sans la permission de l'Abbé ; que tout soit commun à tous, comme l'a dit l'apôtre.

Le vice de la propriété était combattu par toutes sortes de moyens. Un frère ne pouvait rien donner ni recevoir sans la permission de l'Abbé : comme un bon père, il distribuait à chacun une tunique, une cuculle, des bottines, un couteau, un poinçon et des tablettes pour écrire, une aiguille, un mouchoir ; il faisait en sorte que le frère ne put dire qu'il manquait de quelque chose : tout était commun dans le monastère, conformément à ce qu'on lit des premiers chrétiens. Personne

---

(1) Charte de visite du 29 novembre 1733.

n'avait rien en propre : Ceux qui violaient le précepte étaient soumis à une sévère pénitence. Lorsqu'un frère mourait, on lui faisait baiser un crucifix de bois pour le faire ressouvenir de la pauvreté et de l'humilité chrétienne.

Le Noviciat régulier. — Chaque province devait avoir sa maison pour le noviciat. Pontigny recevait les novices destinés à l'Isle-de-France et à Cercamp. Conformément à la règle de Citeaux, il y avait un quartier à part pour les novices ; là tout était combiné de manière à rencontrer ce qui était nécessaire au noviciat, sans avoir besoin de sortir ni de communiquer avec les autres, chose défendue ; une grande cour, un chauffoir, un dortoir commun, la chambre du directeur attenante ; rien n'était oublié, afin que les novices n'eussent pas même occasion de se promener inutilement (*vagandi*). L'entrée du noviciat était interdite à ceux qui n'étaient pas novices ; le maître seul pouvait pénétrer au milieu d'eux pour les instruire, leur enseigner la règle, les statuts et prendre part à leur conversation pendant tout le cours de l'année que duraient les épreuves.

Voici quelques usages qui avaient lieu à Cercamp et qui faisaient partie de la règle de Citeaux ; ils aideront à apprécier les hommes dont nous écrivons l'histoire.

Pour éprouver la vocation de celui qui se présentait pour être reçu au nombre des frères, on lui refusait l'entrée de la maison pendant quatre à cinq jours, durant lesquels il demeurait dans l'appartement des hôtes. S'il persistait à être reçu dans le monastère, on l'admettait parmi les novices et on envoyait auprès de lui un des anciens de la maison qui l'interrogeait soigneusement sur les motifs qui le portaient à entrer dans un monastère, si c'était Dieu qu'il cherchait véritablement; alors il lui exposait tout ce que la règle avait de gênant pour la volonté propre, il lui rappelait l'obéissance, les humiliations, les travaux de la pénitence par où les moines s'efforçaient de se rendre agréables à Dieu. Si le postulant se déclarait prêt à embrasser tout ce que commandait la règle de la maison, on l'éprouvait encore pendant deux mois, au bout desquels on lui faisait la lecture du règlement. Ensuite on lui disait : Voici la loi sous laquelle vous demandez à vivre, si vous croyez pouvoir l'observer, avec la grâce de Dieu, entrez ; si, au contraire, vous pensez qu'elle passe vos forces, vous êtes libre de vous retirer. Le novice faisait encore six mois d'épreuves, après quoi on lui lisait de nouveau la règle de la maison ; s'il demeurait ferme dans sa vocation on le recevait au nombre des frères.

L'entrée des novices dans le monastère était dans le principe entièrement gratuite ; par la suite et vu les ressources insuffisantes de la maison pour le rétablissement de l'Eglise, il fut décidé qu'en entrant, ils feraient un don variant de six à sept cents francs et spécialement destiné aux embellissements du sanctuaire.

La réception avait lieu dans la chapelle du couvent. Le novice, en présence de toute la communauté, faisait vœu de stabilité et d'obéissance, prenant Dieu et ses saints pour témoins de son engagement. Il déclarait aussi qu'il allait mener une vie plus parfaite que jamais ; ensuite il écrivait sa promesse de sa propre main, y consignant le nom de l'abbé et invoquant les saints dont les reliques étaient présentes. S'il ne savait pas écrire, il priait un frère d'écrire pour lui, ajoutant seulement une croix, ensuite il posait cet écrit sur l'autel en disant ces paroles du psalmiste : *Agréez-moi, Seigneur, selon votre parole, et je vivrai. Que mon espérance ne soit point trompée.* Alors il se prosternait aux pieds de chacun des frères en demandant le secours de ses prières. Enfin, il se dépouillait de ses habits séculiers et prenait l'habit de religion. Les vêtements qu'il venait de quitter étaient gardés au vestiaire pour lui être rendus, dans le cas où il aurait démérité au point d'être chassé du monastère. Son écrit, au contraire était conservé dans les archives.

Les novices assistaient régulièrement à l'office divin la nuit et le jour ; ils avaient soin d'y arriver toujours un demi-quart d'heure à l'avance ; ils devaient marcher modestement, lentement, en silence, et saluer en passant dans le cloître. A l'église, décemment placés au chœur, dans leurs formes ou stalles, ils écoutaient les pieuses instructions qui leur étaient faites ; du reste ils se conformaient à toutes les cérémonies en usage. Après l'office du matin ils servaient la messe ; à huit heures, ils prenaient une leçon de chant jusqu'à neuf. Après le chant ils faisaient une lecture spirituelle qui durait jusqu'au moment où le son de la grande cloche se faisait entendre pour l'office de Tierces ; il en était de même de deux à trois heures ; en outre les novices avaient la mission de sonner les cloches pour appeler à l'office. Ils apprenaient l'invitatoire, l'office de Marie (*Marianum officium*), qu'ils récitaient en entier tout le temps de leur noviciat, comme les invitateurs profès. Ils mangeaient au milieu du réfectoire, et aussitôt après les grâces, ils suivaient leur Directeur auquel ils allaient se confesser. Lui seul était leur maître chargé de pourvoir à tout ce qui concernait le temporel et le spirituel. Il avait soin d'eux, veillait sur leur conduite, sur leurs progrès et étudiant à l'avance quelle pouvait être leur spécialité et leur utilité dans la maison, il leur faisait les exhortations convenables ; au besoin même, il leur imposait des corrections et des peines.

L'Étude. — Afin de maintenir et d'accroître le goût de l'étude chez les religieux, le matin, au son de la cloche, chacun d'eux entrait en classe de huit à neuf heures, et l'après-dîner de midi à trois heures pour y écouter la voix du maître, excepté les mercredis et les vendredis, jours où les plus jeunes avaient congé de midi jusqu'au soir. Ces derniers, pour s'appliquer davantage à l'étude, avaient la permission, lorsqu'ils n'étaient pas invitateurs, de s'abstenir alternativement de douze leçons, depuis l'office du matin jusqu'au dîner, et depuis les vêpres jusqu'au souper ; ils se retiraient alors dans leurs cellules pour s'adonner au travail et ajouter chaque jour de plus en plus à leur instruction.

L'Aumône. — La charité toujours inépuisable envers les pauvres, ne se refroidit jamais à Cercamp, même dans les temps les plus difficiles et lorsque les récoltes étaient presque nulles ; en tout temps, à chaque heure, la main bienfaisante de l'humble enfant de saint Bernard se tendait pour donner du pain à celui qui avait faim, un breuvage à ceux qui avaient soif, des vêtements et du bois pendant les rigueurs de l'hiver, des médicaments et des soins aux malades ainsi que la sépulture aux morts,

L'Hospitalité. — L'Hospitalité se plaçait au nombre des devoirs imposés aux monastères. A cette époque reculée, une pareille obligation était un grand bienfait. Car vainement alors on eut cherché un gîte, un abri quelconque au milieu des campagnes immenses, à peu près incultes et où de faibles et rares populations se montraient à peine. L'abbaye devint donc le lieu qui reçut le voyageur, qui lui offrait des aliments, un lit et quelquefois des vêtements. Un chapitre, le 53º, traite de la bonne réception à faire aux étrangers. La table de l'abbé devait être la leur et celle des pèlerins ; et, les jours où aucun voyageur ne s'était présenté, l'Abbé, afin de ne jamais laisser se perdre l'esprit de communauté, était tenu d'admettre au moins deux moines à sa table.

Voici comment les étrangers et les pèlerins étaient accueillis dans le monastère, lorsque ces maisons servaient d'hôtellerie, où les voyageurs étaient logés et nourris gratuitement pendant plusieurs jours : Il n'est pas de prévenances et d'attentions que l'on ne prodiguât à ces étrangers dans la personne duquel on révérait Jésus-Christ même. Aussitôt que le portier annonçait l'arrivée d'un hôte, l'abbé, le prieur ou l'un des frères préposé en leur absence à ces réceptions, accourait à sa rencontre, le saluait profondément, l'invitait à faire ensemble une courte prière après laquelle il lui donnait le baiser de paix. Ensuite il le conduisait dans un oratoire, le faisait asseoir, et lisait en sa présence quelque passage de l'Ecriture sainte. Aussitôt après, on lui prodiguait tout ce qu'une ingénieuse charité peut suggérer envers un étranger, souvent épuisé de fatigue et dans le besoin. Si c'était un jour de jeûne, l'abbé le rompait devant lui, pour l'engager à accepter sans crainte les secours que réclamait son état de fatigue ; ensuite on lui offrait une chambre et un lit pour passer la nuit. Se trouvait-il malade ? il pouvait compter sur tous les secours que l'on prodiguait aux frères. Le cuisinier de la maison devait toujours avoir quelque chose de prêt pour recevoir les étrangers qui arrivaient à toute heure.

Durant plusieurs siècles, ces saintes hôtelleries étaient les seules que l'on rencontrât dans certains pays ; hôtelleries admirables, dans lesquelles l'étranger était accueilli avec la plus cordiale amitié, avec un désintéressement sans pareil, et secouru dans tous ses besoins. Il se retirait, édifié de la vertu des frères, et confondu des bontés et des attentions dont il avait été l'objet.

« Les parents des religieux seront reçus avec honesteté et politesse et on évitera avec soin les visites des femmes, si ce n'est des mères et sœurs des religieux que l'on recevra néanmoins rarement. Les hôtes seront traitez avec propreté, mais avec la modération convenable à l'état religieux et l'on se comportera pendant le repas avec modestie et sans excez, de crainte que sous prétexte de s'acquitter des devoirs de l'hospitalité on ne manque contre les loix de la tempérance. Dom Prieur fera compagnie aux hostes, lorsqu'il le jugera à propos, et poura apeler un religieux à son choix, seulement eu égard au petit nombre de la communauté, faisons deffence de venir à la table des hostes sous prétexte de déjeuner ou autrement, ni d'entrer dans la cuisine et office sans la permission du supérieur, attendu que le réfectoire est le lieu destiné pour les repas et d'emporter aucuns ustencilles dans les chambres (1). »

LE TRAVAIL. — La vie contemplative qui n'est que la paresse déguisée et l'inutilité poétisée n'était pas le but de l'institution, il s'en faut bien. Les belles intelligences qui avaient voulu que leur œuvre devint féconde pour ne pas mourir, comprirent que le travail devait être la première condition de l'existence des religieux appelés par eux à peupler les monastères. Et c'est à ces vues, si pleines de sens et d'avenir, que la mise en culture d'une portion notable du sol national est devenue le premier titre de gloire des ordres monastiques.

---

(1) Charte de visite, 29 novembre 1733.

Dans le chapitre 48, où il est traité des travaux journaliers manuels, on voit qu'à partir de Pâques jusqu'aux kalendes d'octobre, les moines sortiront le matin depuis Prime jusqu'à Quarte, travailleront à ce qui sera convenable, puis, après indication du temps à consacrer à la lecture, au repas et au repos, il est dit qu'ils travailleront jusqu'au soir. Et, comme pour relever à leurs yeux de pareilles occupations manuelles, nous lisons : « *Si la pauvreté ou le besoin exige qu'ils récoltent eux-mêmes les produits de la terre, qu'ils n'en soient pas fachés,* car ils seront vraiment moines quand ils vivront du travail de leurs mains comme nos pères et les apôtres. »

L'emploi du temps des moines est déterminé avec une telle précision, qu'aucun instant de leur vie ne saurait échapper à l'œil vigilant de la règle. Elle les suit partout même dans leur sommeil. Dans leur dortoir elle veut qu'il y ait de la lumière jusqu'au jour, qu'ils dorment vêtus et ceints de leur cordon jusqu'à l'heure de se relever pour prier.

Il est pourvu par la règle à la gestion extérieure, à l'emploi des aliments. C'est l'officier du monastère, désigné par le nom de Cellerier, qui garde les biens sous les ordres de l'Abbé, et c'est à lui spécialement qu'est confiée la distribution de la nourriture des moines.

La communauté faisait deux repas par jour, et un seul le jour de jeûne. On servait deux plats, afin que si un frère ne pouvait manger du premier, il mangeât au moins du second. S'il se trouvait des fruits à la maison, on ajoutait du dessert. La portion de chacun était d'une bonne livre de pain et d'une *hémine* de vin. Si le travail ou la santé d'un frère exigeait davantage, l'Abbé pouvait étendre la quantité des aliments. La viande n'était permise qu'aux malades.

La sollicitude des législateurs de Citeaux ne se borne pas seulement à tracer avec inflexibilité des devoirs rigoureux ; elle est bienveillante, pleine de douceur pour l'enfance, pour la vieillesse, la maladie : aussi est-il ordonné, « que les malades seront soignés avant et sur toutes choses. » Les malades trouvaient à l'infirmerie des frères pleins de charité et de prudence, qui leur prodiguaient tous les soins d'une tendre mère ; on leur permettait l'usage de la viande et tous les adoucissements que demandait leur état présent (1).

L'usage des bains leur était permis chaque jour, mais rarement à ceux qui étaient bien portant et aux jeunes gens.

« L'administration générale de tous les biens du monastère se fera par le Cellerier qui exercera les fonctions de la charge indépendamment et par les ordres de Dom Prieur, et il rendra compte de toutes les mises et recettes toutes les fois que le dit Dom Prieur le jugera à propos, ou au moins quatre fois l'année en présence des officiers et des anciens de la communauté qui y seront appelez ; mais nous deffendons expressément à tous les religieux de s'entretenir avec les personnes du dehors de ce qu'ils auront appris par les comptes ou autrement touchant l'état spirituel ou temporel de la maison, sous peine d'être privez à l'avenir d'assister aux comptes et même de plus grande punition, lesquels comptes seront dressés suivant et conformément au modelle que nous avons laissé à Dom Prieur pour le communiquer à Dom Cellerier, sçavoir que la page de l'état du revenu sera partagée en deux colonnes dans l'une desquelles sera mis la recepte exigible bien circonstanciée et les termes des payemens, et quand les

---

(1) Les honoraires du médecin de l'abbaye de Cercamp, du 4 avril 1725 au 2 décembre 1726, s'élevaient à la somme de 182 fr. 16.

baux ont commencé et qu'ils expireront, et le nom du notaire qui a reçu les dits marchers. Dans l'autre colonne sera mis la reprise de l'année et dans l'autre page à côté seront mis les reçus jour par jour pour que l'on voye clairement à la fin de l'année ce qui sera deubt et par qui, pareillement la mise sera faite précisément et seulement de ce qui aura été payé, affin que l'on sçache ce que l'on devra et à qui il sera deubt, et ce pour éviter tous inconvéniens, soubçons et abus qui pouraient naître (1). »

L'administration, ou pour parler plus exactement, la manière dont on devait exploiter les biens, était l'objet de réglements qui méritent de fixer l'attention. On trouve un vif et docte intérêt à voir jusqu'à quel degré remarquable de précision les auteurs de la constitution de Citeaux avaient su s'élever dans l'exécution de leur pensée organisatrice, embrassant les détails et jusqu'aux moindres faits inhérents au vaste ensemble de l'institution. Parcourons cette institution prévoyante.

Des granges ou métairies étaient réparties sur le sol possédé par l'abbaye. Leur culture était confiée aux frères convers aidés par des valets de ferme. « les animaux domestiques devront être propagés ; mais il est défendu d'avoir des animaux plus curieux qu'utiles. » Les biens du monastère ne pouvaient être accordés (affermés) à vie que du consentement du chapitre général de l'ordre. Il fallait l'agrément des anciens de l'abbaye, avant de donner des terres à cultiver. L'intention formelle d'éviter aux religieux tout contact avec les gens du monde et les étrangers, avait conduit à défendre, tant aux moines qu'aux frères convers, d'habiter jamais

---

(1) Charte de visite du 25 juin 1728.

les maisons que le monastère possédait dans les villes et les villages (1).

---

(1) *Noms des lieux où étaient situés les biens de l'abbaye de Cercamp :*

    Cercamp, l'abbaye.
    Beauvois, ferme.
    Bouquemaison, village.
    Montjoye, ferme.
    Montvignaud, ferme.
    Rogessart, ferme.
    Sibauville, seigneurie.
    Castel, fief.
    Sibiville, village.
    Blezièves, fief dans Frévent.
    Frohen, village.
    Canettemont, village.
    Estrun, abbaye des filles bénédictines.
    Ternas, village.
    Douai, ville.
    Arras, ville,
    Bouret, village.
    Rebreuves, village.
    Boulogne, ville épiscopale.
    Riminy, village.
    Melliers, village.
    Croisette, ferme.
    Eaucourt, village.
    Houvigneul, village.
    Bonnières, village.
    Willancourt, village.
    Doullens, ville,
    Canteleu, ferme.
    Blanche Notre-Dame, ferme dans Frévent.
    Lannoy, village.
    Auxi-le-Château, bourg.
    Bernâtre, village.

L'entrée de l'abbaye était sévèrement interdite aux femmes.

D'autres dispositions de la règle pieuse et pleine d'austérité de Cercamp, nous restent à connaître, celles, par exemple, qui déterminaient les fonctions et la hiérarchie.

Bernaville, village.
Frévent, bourg.
Sericourt, village.
Cressonnière, fief en Frévent.
Fief de la Motte, à Frévent.
Ancien fief Saint-Riquier, à Frévent.
Hautecôte, village.
Ligny, village.
Cercamville, seigneurie à Frévent.
Rollepot, village.
Houpy, village.
Baudricourt, village.
Largeux, village.
Ponthieu, comté du domaine du roy.
Amiens, ville.
Boisbergues, village.
Sailly, village.
Anchin, abbaye.
Abbeville, ville.
Auchy, abbaye.
Fliscourt, village.
Saint-George, prieuré.
Biancourt, prieuré.
Saint-Martin des champs.
Nuncq, village.
Saint-Hilaire, paroisse de Frévent.
Houvin, village.
Mont Saint-Eloy, abbaye
Gamache, village.
Framecourt, village.
Thieulloy.
Morcencamp.

Le chapitre relatif aux officiers du monastère comprend :

L'abbé, qui occupe la première place dans le chœur, punit, absout les frères dans le chapitre, les élève et les abaisse. Les fonctions de l'abbé, ses devoirs, ses prérogatives motivent quelques développements afin de se rendre un compte exact du pouvoir, de l'influence qu'il exerçait. Il devait être élu par la communauté. Ce principe fut constamment respecté jusqu'à l'époque où nous verrons ce titre devenir une sinécure conférée par les souverains à des abbés commendataires, abus qui contribua puissamment à dénaturer l'institution et à précipiter sa ruine.

« L'abbé, y est-il dit, représente Jésus-Christ dans le monastère. Il ne cachera pas les fautes, les péchés des coupables, mais il les punira aussitôt qu'ils seront connus. Il devra, au jour du jugement rendre compte des âmes de ses frères dont il a la garde.

« Qnand quelque affaire grave se présentera, il convoquera la communauté pour avoir l'avis de ses frères ; puis, ayant réfléchi à part soi, il fera ce qu'il jugera le plus utile. Mais qu'il ait toujours devant les yeux la crainte de Dieu et l'observance de la règle ! »

Rien n'égale la charité, la bonté, la tendresse que l'abbé déployait envers ses religieux, et ceux-ci les uns envers les autres. Un frère avait-il commis une faute grave, il était exclus de la table commune au réfectoire, de sa place accoutumée dans l'église ; défense était faite à tous les frères de lui adresser la parole : il se livrait seul aux occupations qui lui étaient imposées. Cependant, pour qu'il ne se livrât pas à la tristesse, la règle commandait à l'abbé de l'environner de toute sa sollicitude paternelle, selon ces paroles du fils de Dieu, *que ceux qui se portent bien n'ont pas besoin de médecin, mais seulement ceux qui sont malades.* Alors quelques-uns des anciens, qu'on appelait *senipetes*, s'approchaient de lui comme en secret, le consolaient, l'exhortaient à réparer sa faute, et lui indiquaient les moyens de rentrer en grâce : toute la communauté priait pour lui. La règle commandait aussi à l'abbé d'avoir de l'indulgence pour les faibles, et de ne pas exercer d'empire sur ceux qui étaient réguliers.

Le gouvernement intérieur de l'abbaye était fondé tout entier sur la charité. Les abbés vraiment dignes de ce nom, étaient comme autant de pères au milieu de leurs enfants. Le chapitre III de la règle leur défendait même de rien entreprendre sans avoir pris auparavant l'avis des frères. « Toutes les fois, y est-il dit, que quelque chose d'important doit avoir lieu dans le monastère, que l'abbé convoque toute la congrégation et dise de quoi il s'agit, et qu'après avoir entendu l'avis des frères il y pense en son particulier et fasse ce qu'il jugera le plus convenable. » Il appellera tous les frères au conseil, parceque Dieu révèle souvent au plus jeune ce qui est le plus avantageux. Que les frères donnent leur avis en toute soumission et qu'ils ne se hasardent pas à le défendre avec opiniâtreté : Après cela que la chose dépende de la volonté de l'abbé et que tous obéissent à ce qu'il a jugé salutaire. S'il convient au disciple d'obéir au maître, il convient de même à celui-ci de régler toutes choses avec prudence et justice. Que tout le monde suive la règle et que personne ne s'en écarte témérairement ; que personne ne suive sa volonté propre. Que l'abbé agisse en tout avec la crainte de Dieu et dans l'intention d'observer la règle. Si de petites choses sont à faire dans l'intérieur du monastère, que l'abbé prenne seulement l'avis des anciens selon ce qui est écrit : « *Fais toutes choses avec conseil et tu ne te repentiras pas de les avoir faites.* »

La répression était forte et sévère. Le pouvoir disciplinaire de l'abbé était très-étendu, néanmoins quand il se présentait des faits graves qui appelaient un châtiment éclatant, il devait en déférer au chapitre général de l'ordre. Il existait des cas pour lesquels les coupables étaient séparés de la communauté, dépouillés de leur capuce ; quelque fois même ils étaient excommuniés. Un châtiment très-sévère avait été réservé aux criminels ; ils subissaient la réclusion dans une étroite prison toute leur vie. On entendait par criminels, les voleurs, les faussaires, les incendiaires et les homicides. C'était l'abbé qui prononçait les condamnations dans les différents cas qui viennent d'être indiqués. Quant à lui, s'il se rendait coupable du crime de faux, il était déposé.

Lorsqu'un monastère se trouvait sans abbé, le supérieur de la maison-mère était chargé d'en désigner un provisoire. Le choix pouvait s'étendre sur tous les religieux des autres monastères de l'Ordre. Le cérémonial qu'on exerçait à Citeaux au moment du départ d'une nouvelle colonie était simple et touchant. « L'abbé de la maison-mère remettait solennellement une croix entre les mains de celui qui devait être revêtu de la dignité abbatiale, puis ce nouvel abbé sortait de l'église avec la croix et suivi de ses douze religieux (1), il prenait congé de ses frères et entonnait en partant une grave psalmodie.

---

(1) Il nous a été impossible de constater le nombre de religieux dont se composait primitivement la communauté de Cercamp ; mais dans les derniers temps, il n'y avait que douze moines, non compris l'abbé qui avait son quartier séparé.

Les revenus de l'abbé de Cercamp étaient de 30,000 livres en 1772. Il siégeait aux états d'Artois ; l'abbaye ne payait que 24 florins de taxe à la cour de Rome.

Le Prieur qui a la première place à gauche dans le chœur, appelle les moines au travail et les y conduit, etc. Il est l'exécuteur des ordres de l'abbé et le supplée dans plusieurs de ses fonctions.

Le Sous-Prieur.

Le Maître des novices.

Le Sacristain chargé de l'entretien des objets nécessaires au culte.

Les Chantres et les Sous-Chantres, qui doivent diriger le chant des frères, etc, etc.

L'Infirmier ;

Le Cellerier et son aide le Dépensier. « Le Dépensier sera chargé de tout ce qui concerne la bouche, des meubles du réfectoire, de la cuisine, du logis des hôtes, et il écrira sur un livre particulier tout ce qu'il reçoit en exprimant la qualité, la quantité et le poids de chaque chose, et Dom Cellerier aura soin de lui faire fournir tout ce qui est nécessaire pour la dépense dont le dit dépensier rendra compte tous les mois à Dom Prieur. Il veillera à ce que les domestiques se comportent dans la cuisine comme il convient, empêchera la dissipation, règlera les repas soit du réfectoire, soit des hôtes sous les ordres de Dom Prieur ; fera donner pour les infirmes ce qui leur est nécessaire, tiendra le linge et autres meubles en bon état, fera souvent balayer et nettoyer les lieux réguliers. Il recevra en entrant dans la dépense un inventaire signé de Dom Prieur et de luy qu'il aura soin de vérifier tous les ans en y ajoutant les augmentations qu'on y aura faites. En un mot, il procurera tellement le nécessaire aux religieux, qu'il ne se rende pas facile à leur donner ce qu'ils demanderont d'extraordinaire sans l'aveu du supérieur ; et comme on nous a averty qu'on différoit toujours à accorder du feu aux religieux jusqu'à la Toussaint, quelque froid qu'il survint avant ce tems, nous ordonnons que dans le cas où il arriveroit des tems un peu rudes soit avant la Toussaint, soit même après Pâques, on ouvrira le chauffoir dès lors, le tout cependant suivant les ordres de Dom Prieur (1). »

Le Grainetier. — « On donnera à une seule personne le soin de recevoir et de conserver les grains de toute espèce qui se recueilleront soit des fermes soit de la basse-cour, et ce religieux écrira dans un registre les uns et les autres par différens articles, aussy bien que la consommation et l'employ qui s'en fera pour en rendre compte quand Dom Prieur le jugera à propos devant la communauté. Et, pour obvier aux difficultés qu'on fait ordinairement pour les déchets du bled, on règlera par l'avis de gens connoisseurs ce qui doit se passer annuellement au comptable pour cela (2). »

Le Réfectorier disposait les objets et les ustensiles du réfectoire.

Le moine Hospitalier chargé de présider à la réception des étrangers, de s'assurer des soins qu'on leur rendait.

Le Semainier, pour les hôtes, qui devait aider l'hospitalier.

Le prêtre Semainier *(hebdomadarius)* était celui qui commençait toutes les cérémonies dans l'église, au chapitre, etc.

Le Lecteur de semaine,

Enfin le Portier qui devait être un vieillard.

---

(1) Charte de visite du 29 novembre 1733.
(2)   id.   id.

Malgré notre désir de borner à une analyse très sommaire la *constitution* et les *usages* de Cîteaux, nous n'avons pu reculer devant certains développements ; notre excuse, s'il en est besoin, se trouvera dans la nécessité. Nous devions faire comprendre comment l'abbaye de Cercamp était parvenue à ce degré de splendeur et de prospérité qu'elle atteignit peu de temps après sa fondation.

CATALOGUE

des Abbés qui ont gouverné l'Abbaye de Cercamp
de 1140 à 1789.

La série des abbés de Cercamp n'est parvenue jusqu'à nous que tronquée et bien incomplète, comme le reconnaissent les auteurs de la *Gallia christiana : Seriem abbatum undequaque imperfectam hic repræsentamus post Locrium tamen, Jongelinum et Sammarthanos qui secuti sunt Locrium ; aliam autem dare non possumus.* Jongelin et les frères de sainte Marthe ont manqué sans doute de documents. Nous serons donc obligés de nous en tenir aux renseignements qui nous ont été transmis, malgré les lacunes qu'ils présentent, et encore, dans la succession des abbés connus, il en est sur lesquels les détails font complètement défaut, ou sont tout à fait insignifiants. Pendant toute la durée des XIIIe et XIVe siècles les auteurs de la *Gallia christiana* sont continuellement en désaccord avec Ferry de Locre, Turpin et les diverses chroniques du monastère relativement à la suite des abbés de Cercamp. Quant à nous, nous avons suivi la série donnée par le religieux Dom Laderrière de préférence et d'autant plus volontiers qu'elle est souvent en concordance avec les noms et les dates mentionnés dans un grand nombre de chartes et de titres que nous ont fournis les Archives départementales du Pas-de-Calais.

1er abbé. — Jourdain administra le monastère 1140-1141.

2e abbé. — Hugues Ier gouverna pendant douze ans, 1142-1154.

3e abbé. — Urbain Ier dirigea l'abbaye pendant treize ans, 1154-1166.

4e abbé. — Hesselin se démit en 1172 après six années d'administration, 1166-1172.

5e abbé. — Alban gouverna à peine un an, 1172-1173.

6e abbé. — Pierre Ier administra pendant sept ans, 1173-1179.

7e abbé. — Artaud abdiqua en 1188, après 9 ans de gouvernement, 1179-1188.

8e abbé. — Hugues II, après avoir gouverné 15 ans cette abbaye, fut envoyé en Hongrie pour administrer le monastère de Hègre, 1189-1203.

9e abbé. — Urbain II ne fit que paraître sur le trône abbatial, 1203-1204.

10e abbé. — Robert Ier administra la maison pendant cinq ans, 1204-1209.

11e abbé. — Alard ou Arnould, élu pour lui succéder, gouverna l'abbaye pendant 14 ans, 1209-1223.

12e abbé. — Adam se démit très-peu de temps après son élection, 1223.

13e abbé. — Robert II administra la maison pendant 17 ans, 1224-1240.

14e abbé. — Vaast occupa la prélature à peine pendant un an.

15e abbé. — Jean Ier dirigea la maison pendant 22 ans, 1240-1261.

16ᵉ abbé. — WILLARD administra l'abbaye pendant 19 ans, 1261-1280.
17ᵉ abbé. — GÉRARD, nommé en 1280, mourut en 1287, après une administration de 7 ans, 1280-87.
18ᵉ abbé. — MARTIN, religieux de Longpont, gouverna 2 ans, 1287-1289.
19ᵉ abbé. — JEAN II administra la maison de 1289-1303.
20ᵉ abbé. — NICOLAS gouverna à peine un an, 1303.
21ᵉ abbé. — JEAN administra le monastère pendant 10 ans, 1303-1312.
22ᵉ abbé. — JEAN IV gouverna l'abbaye de 1312-1318.
23ᵉ abbé. — GUILLAUME, natif de Neuvillette, mourut subitement peu de temps après son élection, 1318-1319.
24ᵉ abbé. — ENGUERRAND Iᵉʳ administra 16 ans, 1319-1335.
25ᵉ abbé. — JEAN V devint abbé en 1335 et gouverna pendant 4 ans, 1335-1339.
26ᵉ abbé. — ROBERT III gouverna 11 ans, 1339-1350.
27ᵉ abbé. — ALBAN, aussi appelé Thomas, abdiqua après 9 ans d'exercice, 1350-1359.
28ᵉ abbé. — JEAN VI administra la maison jusqu'en 1369, 1359-1369.
29ᵉ abbé. — JEAN VII mourut à Paris après 3 ans de prélature, 1369-1372.
30ᵉ abbé. — JEAN VIII succéda à Jean VII ; son administration dura 44 ans, 1372-1416.
31ᵉ abbé. — ROBERT IV, ou PIERRE, quitta le fauteuil abbatial pour se rendre à Rome où il mourut, 1416-1447.
32ᵉ abbé. — JEAN IX gouverna le monastère 9 ans, 1447-1456.

33ᵉ abbé. — ENGUERRAND, élu en 1456, dirigea l'abbaye pendant 28 ans et mourut le 14 décembre 1484, 1456-1484.

34ᵉ abbé. — JEAN X, ou LAURENT LEFRANC, administra 19 ans et mourut le 23 août 1503, 1484-1503.

35ᵉ abbé. — LOUIS VIGNON administra dix ans et mourut le 10 janvier 1512, 1503-1512.

36ᵉ abbé. — PIERRE de BACHIMONT, bachelier en théologie, fut confirmé à Paris en 1512 par le prélat de Citeaux et mourut en 1550, après 38 ans d'exercice, 1512-1550.

37ᵉ abbé. — JEAN ROUGET devint abbé en 1550 et mourut à Arras le 1ᵉʳ mai 1569, 1550-1569.

38ᵉ abbé. — PHILIPPE de SAULTY, nommé en 1570, gouverna 5 ans et mourut en 1575, 1570-1575.

39ᵉ abbé. — GERMAIN PECQUEUR, élu en 1575, mourut le 15 août 1578, après avoir administré trois ans 1575-1578.

40ᵉ abbé. — EUSTACHE de BAYARD de GANTAU gouverna pendant 36 ans et mourut le 8 août 1613, 1578-1613.

41ᵉ abbé. — PHILIPPE DELAHAYE, coadjuteur d'Eustache de Bayard, prit possession à sa mort et mourut le 17 septembre 1618, après avoir gouverné 4 ans et 9 mois 1613-1618.

42ᵉ abbé. — FRANÇOIS MONCHIET administra 7 ans et 6 mois et mourut le 12 décembre 1626, 1618-1626.

43ᵉ abbé. — JACQUES LEMAIRE, fut sacré à Douai en 1626 et mourut vers l'année 1650, 1626-1650.

44ᵉ abbé. — Antoine Géry dut se retirer à Saint-Omer pendant la guerre et y mourut le 10 février 1658, 1650-1658.

45ᵉ abbé. — Louis le Lièvre, dernier abbé régulier de Cercamp, mourut le 22 mars 1663, après avoir gouverné l'abbaye simultanément avec un prélat nommé par la France.

46ᵉ abbé. — Le Cardinal Mazarin, nommé en 1659, mourut en 1661, 1659-1661;

47ᵉ abbé. — De Lyonne Jules-Paul, nommé par le souverain Pontife, prit possession et mourut le 5 juin 1721.

48ᵉ abbé. — Le Cardinal Dubois, nommé par le duc d'Orléans, conserva l'abbaye de 1721-1723.

49ᵉ abbé. — Louis de Bourbon succéda au cardinal Dubois de 1723 à 1758.

50ᵉ abbé. — Théodore de Potocky, primat de Pologne et archevêque de Guesnes, gouverna l'abbaye pendant un an, 1738.

51ᵉ abbé. — Claude-Roger-François de Montboissier-Beaufort de Canillac prit possession de l'abbaye en 1739 et la conserva jusqu'en 1761, 1739-1761.

52ᵉ abbé. — Le Cardinal de Colonna-Sciarra succéda à l'abbé de Canillac, de 1761 à 1765.

53ᵉ abbé. — Le Cardinal Charles-Antoine de Laroche-Aymon fut abbé de Cercamp de 1765 à 1777.

54ᵉ abbé. — Alexandre-Angélique de Talleyrand-Périgord fut le dernier abbé.

LES

ABBÉS DE CERCAMP.

JOURDAIN, 1ᵉʳ Abbé.

(1140-1141.)

> En grant labeur et pénitence
> Premier Prélat je gouvernay ;
> Mais pour mourir en ma naissance,
> A Pontigny m'en retournay.
> *(Tiltre d'honneur des abbés,*
> *D. Laderrière, mss. précité. Arch. dép.)*

D'illustres personnages furent appelés à la direction du monastère de Cercamp. Dans les premiers temps ils furent envoyés par la maison-mère. Plusieurs d'entr'eux se retirèrent à Pontigny pour y finir leur carrière ; mais dans la suite, ils conservèrent la prélature jusqu'à la fin.

Nous avons vu au chapitre de l'origine de l'abbaye que le moine Jourdain avait été désigné par l'abbé de Pontigny, Guichard, pour installer les religieux de Cercamp en **1137**. Cette date est celle de la charte des évêques d'Amiens et de Thérouanne, et elle est trop formelle pour qu'on puisse hésiter à lui donner créance. Il y est fait mention d'un abbé de Cercamp du nom de Hugues (1), ce qui porte à croire qu'un

---

(1) « Nous Théodore et nous Milon, par la grâce de Dieu, évêques d'Amiens et de Thérouanne, à tous les fidèles chrétiens présents et à venir.

« Souvent il arrive que le souvenir des évènements s'efface avec le temps. Telle est la condition de la nature fragile et périssable de l'homme : une génération passe et ne transmet à celle qui la suit qu'une opinion fausse.

prélat autre que Jourdain présida à l'établissement des religieux que le comte de Saint-Pol était allé chercher. Toutefois, comme nous n'avons retrouvé aucune autre trace de cet abbé, nous nous conformerons à l'opinion des Bénédictins de Saint-Maur, de Ferry de Locre et de M. Harbaville qui considèrent Jourdain comme le premier abbé de Cercamp. Ce ne fut toutefois que le 10 novembre 1140, que les douze religieux de Pontigny entrèrent dans cette maison.

Hugues de Campdavesne, entraîné par sa nature belliqueuse, avait repris les armes en 1140, à la suite d'Etienne, roi d'Angleterrre, et de Baudoin, comte de Hainaut, contre Thierry d'Alsace, comte de Flandre. Ce dernier ayant triomphé de ses adversaires, *la rébellion et témérité dudit Campdavesne*, dit Ferry de Locre, *ne gaigna sinon rien qu'un dégast général de son* comté (2). Il mourut en 1141.

Les différents auteurs qui ont retracé l'histoire des comtes de Saint-Pol, varient sur la fin de Hugues de Campdavesne ; Turpin, Ferry-de-Locre, Sauvage, Harbaville rapportent qu'il se retira à Cercamp avec Béatrix son épouse, et qu'il y fut enterré. D'un autre côté, MM. Louandre, dans son *Histoire d'Abbeville*, Gilbert, *dans celle de Saint-Riquier*, Labourt *dans la Bête Canteraine*, s'associent aux chroniqueurs

---

C'est cette considération, cher fils *Hugues*, digne abbé de Cercamp, qui nous a engagé à rappeler à la postérité les aumônes que des hommes ont fait à votre monastère pour que vous le possédiez à perpétuité. Afin que dans le présent, comme dans l'avenir, chacun sache que le comte Hugues de Campdavesne, après qu'il eut longtemps vécu sous le poids de l'anathème pour avoir incendié la ville de Saint-Riquier, a obtenu enfin du pape Innocent de faire pénitence sans quitter les limites de son domaine et d'ériger un monastère en le dotant convenablement, etc., etc., etc. »

(2) Ferry-de-Locre, *Histoire chronologique des comtes de Saint-Pol*, p. 25.

du temps qui nous montrent le comte coupable *condamné à visiter les lieux qu'il avait désolés. On le voyait*, disent-ils, *pendant la nuit, chargé de chaînes et transformé en loup, parcourir les rues en poussant d'affreux hurlements*, et c'est, ajoutent les bonnes gens du pays, ce *fantôme redoutable qu'à une époque récente encore, on désignait à Abbeville sous le nom de* Bête Canteraine.

Toujours est-il qu'aucun auteur n'a jamais pu montrer sa tombe, lorsqu'il est avéré que cette abbaye devint la sépulture des comtes de Saint-Pol.

La chronique du monastère nous dépeint l'abbé Jourdain se consacrant tout entier à la vie claustrale, qui alors n'était remplie que par la prière, le travail et la répression incessante des passions. Du reste, le succès et le respect qui entourent le berceau des établissements monastiques sont dus à ces fortes et libres vocations. Une prise d'habit n'était pas alors dictée par des vues ambitieuses ou cupides ; une conviction sérieuse la déterminait toujours.

L'acte le plus important qui signala les commencements de la maison de Cercamp fut la charte des évêques de Thérouanne et d'Amiens. Cet acte est de la plus haute importance pour l'abbaye ; c'est un véritable dénombrement de ses biens (1).

---

(1) *Diploma fundationis abbatiæ* Cari-Campi *ordinis cisterciencis vulgo* Cercamp *in artesiâ propè Dullendium.*
In nomine patris et filii et spiritus sancti amen. Ego, *Theodoricus ambianensium*, et *Ego, Milo morinorum* (c'est de *Thérouanne* ancien évesché supprimé depuis environ 130 années, de l'extinction duquel on a composé les eveschez de *Boulogne*, d'*Ypres et de Saint-Omer*), Dei gratiâ Episcopi, tam præsentibus quàm futuris in Christo fidelibus in perpetuum. Sæpe longiturnitas temporum auferre solet notitiam rerum, labilis enim et caduca naturæ humanæ conditio dum juxta morem deperit, subsequentem nimirum

C'est comme un titre suprême de ses nouveaux propriétaires. Du jour où la cour de Rome et ses représentants dans les

---

se à certitudine transducit. Ea propter, fili *Hugo abba* venerabilis *Caricampi*, collatas à denotis viris elemosinas tibi monasterioque tuo in perpetuum possidendas scripto et memoriæ commendare curavimus, quarum elemosinarum nomina condonatoribus suis subscripsimus. Noverint igitur omnes homines tàm præsentes quàm futuri, quod cum diu *Hugo Candavene* propter combustionem *villæ Sancti-Richarii* sub anathemate mansisset, tandem concedente Domino Papa Innocentio meruit ut penitentiam in terrâ suâ ageret et de suis possessionibus abbatiam quandam construeret. Ecclesiam itaque Cistercium, quæ de *Caro-Campo* dicitur, constituit, quam terris et possessionibus dotavit. Hæc sunt nomina possessionum : tertia pars haiæ atque *Cari-Campi* terra ad duas Carrucas et quidquid juris in eodem territorio habebat. Hoc laudaverunt filii ejus *Engelrandus* et *Hugo*, *Anselmus Radulphus* et *Wido*. Hujus rei testes sunt Balduinus sacerdos Sti-Hilarii, Arnulphus Clericus de Sto-Paulo, Andreas de Baldemento, et bona fides Monachi Adam Chareth, et Hugo de Hestruz et multi alii. *Anselmus* de Pas dedit B. Mariæ medietatem *Cari-Campi* : hoc laudaverunt Helfridus frater ejus et sorores Aelidis, Gisla et Emma ; huic rej interfuerunt hugo Comes Candavene et Balduinus sacerdos Sti-Hilarii, Arnulphus Clericus de Sto-Paulo, Andreas de Baldemento, et bona fides Monachi, Balduinus et Goscelinus de Orrevilla, Hugo de Hestrux et Adam Chareth. Mainardus de Maritania dedit se B. Mariæ et quidquid habebat in territorio *Cari-Campi*. Hoc concessit Miriadoil et uxor ejus Clemens et filii eorum Engelrandus Balduinus, Miriadoil et Arnulphus et filia Clemens. Radulphus Lunel dedit B. Mariæ meditatem terræ *Cari-Campi* et nemus : hujus rei testes sunt hugo Comes Candavene et Engelrandus filius ejus, Andreas de Baldemento, et Bona fides monachi, Balduinus sacerdos Sti-Hilarii, Arnulphus Clericus de Sto-Paulo, Balduinus et Goscelinus de Orrevilla, Robertus de Duriez et Hibertus frater ejus, Robertus Wastavene et Odo frater ejus, et Hugo de Hestruz, Nicolaus de Erin, Adam Chareth, Robertus de Alli, Bacheler de Hesecbe, et multi alii. Engelrandus de Vaccariæ et Rogerus dederunt quidquid habebant in territorio *Cari-Campi*, quod laudaverunt filii eorum Petrus Mainardus, Balduinus, Engelrandus, Radulphus et frater ejus : hujus rei testes fuerunt Radulphus Lunel, Rogerus Spinse, *Vivianus de Pas*. Lambertus de Albruviis dedit B. Mariæ quidquid

divers diocèses ont enregistré ces actes de cession, il y a comme un acte de consécration définitif.

Nous ferons observer cependant, que cette dotation colossale ne fut pas prise entièrement sur le domaine particulier du comte ; plusieurs seigneurs s'empressèrent d'y contribuer en abandonnant les héritages qu'ils possédaient dans le périmètre assigné au monastère et s'étendant de Bouret à Bonnières et Canteleux. Ce furent principalement Anselme de Pas, Baudoin d'Orville, Robert de Durles, Raoul Louvel, Enguerrand et Roger de Vacquerie, etc., etc., etc.

Après avoir gouverné saintement son abbaye, Jourdain retourna dans sa première maison de profession et y mourut en simple religieux en 1142.

---

habebat in territorio Cari-Campi. Burnel et filii ejus Vivianus de Pas et Landricus, frater ejus, Rainelmus concesserunt B. Mariæ quidquid habuerunt in territorio *Cari-Campi*. Hujus rei testes sunt Anselmus de Pas, Balduinus. sacerdos Sti-Hilarii, Radulphus Lunel, Hibertus de Salteus, Rogerus Spinse, et Balduinus filius ejus ; Galterus Gohart, et Hubertus de Vaux, et uxores eorum : filii et filiæ eorum concesserunt B. Mariæ quidquid habebant in territorio Cari-Campi : hujus rei testes sunt Rogerus Spinse, et Balduinus filius ejus, Girardus sacerdos de Balli, Amisardus, Odo et Joannes filius ejus. Hoc factum est anno ab Incarnatione Domini millesimo centesimo trigesimo septimo. 1137.

Hoc Diploma ex ipso Archetypo in membranâ perquam venuste exarato et etiamnum integerrimo, et cum suo sigillo extante de verbo ad verbum, imo de litterâ ad litteram hic transcriptum est.

HUGUES Ier, 2e abbé.

(1142-1154.)

> Douze ans fus abbé en ce lieu,
> Quant on commencha ceste église ;
> Puis je rendis mon âme à Dieu,
> Car mort me frappa de main mise.
> D. *Laderrière, mss. précité.*)

Jourdain eut pour successeur Hugues Ier. Sous son administration, Béatrix, épouse du comte de Saint-Pol, voulut être enterrée dans l'abbaye dont les religieux adressaient chaque jour au ciel des prières pour le salut de leurs fondateurs : ses dépouilles mortelles y furent déposées en 1148, au milieu de la nef de l'église. Ferry de Locre rapporte que le marbre qui recouvrait sa tombe n'avait *que trois à quatre pieds de longueur, et de largeur quasi autant de pouces.* L'épitaphe se composait de cette simple inscription :

Hic jacet Beatrix, uxor Domini Hugonis campus avenœ. Orate pro eâ, requiescat in pace.

Pour mettre le monastère à l'abri des déprédations si communes à cette époque, Hugues demanda au pape Eugène III de vouloir prendre la communauté et ses dépendances sous sa protection. C'est ce que le souverain Pontife fit par une lettre datée de 1147, dans laquelle il s'exprime en ces termes :

« Nous satisfaisons sans délai à votre désir qui tend à la gloire de Dieu et au salut des âmes. Nous accédons à votre juste demande et nous prenons sous notre protection et sous celle de saint Pierre, le monastère de Sainte-Marie de Cercamp. Si un laïque ou un ecclésiastique ne respecte point vos propriétés, avertissez-le de son injustice, et, s'il ne se corrige pas au second avertissement, qu'il soit dépouillé de sa dignité ; et qu'il soit privé de sa participation au corps et au sang de Notre-Seigneur Jésus-Christ, etc., etc. »

L'existence des pieux solitaires de Cercamp fut d'abord pénible et précaire, et leurs ressources restèrent encore au-dessous de leurs modestes besoins. D'ailleurs leur nombre s'était rapidement accru ; de plus, le couvent était alors l'unique espoir de toutes les infortunes, et ses revenus quoiqu'importants, n'auraient pu suffire à leur soulagement sans les nombreuses donations qui lui arrivèrent de toutes parts ; elles l'aidèrent, le soutinrent, et le travail persévérant des religieux triompha des épreuves inséparables d'un établissement où tout était à créer, puisque le sol lui-même restait à défricher (1).

Hugues d'Auchi et Mathilde sa femme, ayant abandonné aux religieux la moitié de leur terre de Cercamp et la neuvième partie de l'autre moitié, moyennant 50 marcs d'argent et à la charge d'une rente annuelle de six muids de froment, le comte de Flandre et l'évêque d'Amiens, Thierry, s'empressèrent de confirmer cet acte.

A l'époque où fut fondé Cercamp, le sol se trouvait subdivisé en petits fiefs qui dépendaient des possesseurs des principaux châteaux, selon l'axiome, *nulle terre sans seigneur.*

---

(1) Dans un titre concernant plusieurs terres situées sur Sibiville et données par Hugues de Campdavesne, comte de Saint-Pol, aux religieux de Cercamp avec l'abandon de toutes les dixmes à la réserve du terrage, il est fait mention que *toutes les terres étaient en friche.*

Nous verrons, par suite de ce principe que, lorsqu'un simple écuyer, ou homme d'armes, fera un don à l'abbaye, son seigneur féodal confirmera la donation ; souvent même le suzerain sera appelé à ratifier le don de ses seigneurs.

En 1150, l'abbé Hugues fit un traité avec l'abbé d'Anchin dans lequel ce dernier abandonnait à Cercamp la dîme et autres revenus que son monastère prélevait à Croisettes et autres lieux. Il en fut de même avec les religieux de Saint-Pierre d'Abbeville dont le Prieur accorda de larges concessions aux moines de Cercamp. Une nouvelle bulle du pape Eugène III, datée du 22 février 1153, vint confirmer cet accord (1). Enfin, la même année, Milon, évêque de Thérouanne confirma à l'abbaye la donation des fiefs de Saint-Hilaire à Frévent et de ses revenus, faite par les religieux de Saint-Martin-des-Champs à Paris, moyennant un marc d'or et vingt-une livres de rente.

L'une des premières pensées de Hugues fut la construction d'une église. Elle s'éleva sous la protection de la Vierge vers l'an 1150. En relatant cette date, nous ferons remarquer que si les premiers travaux commencèrent à cette époque, ils ne se terminèrent pas immédiatement et qu'ils exigèrent un certain nombre d'années. Hugues mourut assassiné le 13 mai 1154 (2).

---

(1) Arch. départ., abbaye de Cercamp, 5º et 10º liasses.
(2) Mss. de l'abbaye de Cercamp, *Ecriteau trouvé dans la librairie* (lisez) : la bibliothèque.

URBAIN Ier, 3e abbé.

(1154-1166.)

> Quinze (a) ans d'abbé portant le titre,
> Cestuy regit courtoisement;
> Puis fut inhumé en chapitre
> Querant le jour du jugement.
> (*D. Laderrière, mss. précité*).

Nous voyons l'abbé Urbain souscrire comme témoin à plusieurs chartes, l'une concernant l'abbaye de Pontigny, en 1157, et une autre l'abbaye de Corbie, en 1161. Il est encore fait mention de lui dans un diplôme de l'évêque d'Amiens, Thierry, en faveur des frères de Saint-Nicolas-de-Remy (1). Ce même prélat confirma dans une charte de 1158, toutes les possessions et dépendances du monastère ainsi que tous les priviléges accordés par ses prédécesseurs (2).

(a) L'annaliste de Cercamp parait s'être trompé en donnant une durée de quinze ans à la prélature d'Urbain Ier. En effet la mort de son prédécesseur, 1154, et son propre trépas, 1166, n'offrent qu'un intervalle de treize ans.

(1) *Gallia Christiania*, T. X. page 1338.

(2) *Confirmation d'un evesque d'Amiens en 1158 des priviléges possessions et dépendances de ladite abbaye.*

In nomine patris et filii et spiritus sancti, Amen. Ego Theodoricus. Dei gratiâ Ambianensium episcopus, tam presentibus quam futuris in christo fidelibus in perpetuum. Effectum postulantibus indulgere et justitiæ vigor et ordo exigit equitatis prosertim cum postulantium vota, et pietas adjuvat et veritas non relinquit. Inde est quod petitioni dilecti filii nostri Urbani venerabilis abbatis de Circampo et fratrum suorum benignè annuentes contra multiformam filiorum hominum versutiam quare ecclesie dicti pacem et quietem indesinenter perturbare non desistit abbatiam de Circampo cum omnibus ad eam pertinentibus jura si quidem et possessiones ejusdem

L'intervention des souverains pontifes se manifesta en faveur de Cercamp, dans les bulles d'Adrien IV, 1158, et d'Alexandre III, 1161, 1164.

---

ecclesie pontificali auctoritate et presentis scripti munimine confirmamus. Et sicut, in antiquis ecclesie privilegiis continentur nomina possessionum tam in terris quam decimis et terragiis cum donatoribus eorum subscripsimus. Locum videlicet et situm abbatie et tertiam partem haie de Frevent sicut fossato distinguitur et clauditur a loco abbatie usque ad territorium Caricampi ex dono et elemosina Hugonis Candavene, assensu et concessione filiorum et filiarum suarum. Totum etiam territorium de Circampo tam in plano quam in nemore et totum terragium tam ex dono predicti Hugonis quam aliorum qui vel ibi tenebant, vel de quibus tenebatur, scilicet Hugoni de Alchi, Anselmi de Pas, Symonis Gatuas, Viviani de Pas, Brunelli de Alchot, Radulfi Lunel, Mainardi de Mauritania, Hauwildis de Avernis, Bertranni de Noviomo et monachorum de Abbatisvilla. Altare etiam cum omnibus appenditûs et tota decima, graneam de Canteleu cum appendiciis suis tam in plano quam in nemore, terram de Buconmaisons et partem decime, terram de Novilete, terram Vacharie, graneam de Croisetes cum appendiciis suis tam in plano quam in nemore et sextam partem decime, graneam de Morchencamp cum appendiciis suis tam in plano quam in nemore, altare de Morchencamp et medietatem decime quare ad casam pertinet et totam decimam unius carruce. Hec igitur singulis distincta capitulis confirmamus et ne ab aliquo hec nostra confirmatio ausu temerario impetatur, sub anathemate prohibemus adicientes ut curtes ejusdem ecclesie ac domus ab omni consuetudine et exactione seculari libere sint, ita ut nulli unquam liceat curtes ecclesie violatus intrare, furem inde extrahere vel aliquod jus in quolibet et forisfacto habere sive decimam de laboribus fratrum vel de nutricaturis eorum exigere. Seu villam de novo infra simidiam leucam edificare, que quidem omnia universis monasteriis cisterciencis ordinis romana indulgentia condonavit. Hec quidem anno millesimo centesimo quinto decimo octavo m° c. l. VIII Dominice incarnationis a nobis confirmata sunt. Sed à tempore predecessoris nostri domini Gaurini episcopi per annos viginti unum ab ecclesia de Circampo ante confirmationem nostram possessa hujus confirmationis testes sunt Radulfus decanus, Guarinus Symon archidiaconius, Fulco cantor. Ego Symon cancellanus relegi data per manum Roberti Gigantis notarii.

En 1165, 6° année du Pontificat de ce dernier, nous trouvons une bulle, signée le premier des nones d'août, par laquelle l'ordre de Citeaux obtenait un important privilége : celui d'être affranchi de la juridiction épiscopale.

Urbain signala encore les bienfaits de son administration par un accord passé avec les religieux d'Arrouaise au sujet de la possession de la terre de Beauvoir. (1163-1165) (1).

Il mourut le 31 août 1166, après une prélature de treize ans, et fut enterré dans la salle du chapitre, sous un tombeau de marbre, devant la chaire du Président.

---

(1) Fulbert n'eut pas à souffrir seulement de l'insurrection des abbés de son ordre, il eut encore de très grands démêlés avec l'abbaye de Cercamp, les moines de Lihons, et beaucoup d'autres personnes au sujet des concessions faites à son abbaye. Les termes vagues dans lesquels sont conçues les chartes, et l'étendue souvent indéterminée des terrains incultes que l'on donnait à défricher, faisaient souvent naître ces sortes de difficultés. (Dom Gosse — *Histoire de l'abbaye d'Arrouaise.*)

HESSELIN, 4° abbé.

(1166-1172.)

> Ce lieu aulcuns temps gouvernay
> En vertueuse discipline,
> Puis à Pontigny retournay
> Où j'avais pris mon origine.
> (*D. Laderrière, Mss. précité.*)

Semblable à ses prédécesseurs, Hesselm ou Hesselin, sut se concilier l'amitié des seigneurs dont il obtint à son tour des donations importantes pour la maison qu'il était appelé à diriger. Par ses soins, l'abbaye reçut en 1170 plusieurs héritages à Frévent et sur son territoire. L'année suivante Oger, doyen de Lucheux, lui donna plusieurs terres et quelques fiefs qu'il possédait en ce lieu.

En 1173, Jean, comte de Ponthieu, fit don au monastère de ses domaines de Cercamp, Croisettes, Morchencamp, Bouquemaison et Neuvillette. Enfin le comte de Saint-Pol ajouta de nouvelles donations à celles de ses ancêtres sur le territoire de Cercamp.

L'abbé Hesselin fatigué de toutes les peines qu'il lui fallait se donner pour les affaires spirituelles et temporelles de la maison, se décida à en abandonner la direction ; il abdiqua le fardeau de la prélature et se retira à Pontigny, où il avait fait profession.

ALBAN, 5ᵉ abbé.

(1172-1173.)

> Quand j'eus aulcuns temps milité
> Selon ma fragile nature
> En la fin je fus invité,
> En terre prendre sépulture.
> (*D. Laderrière, Mss. précité.*)

Alban (1) ne fit qu'apparaître à la tête du monastère de Cercamp. Une santé débile ne lui permit pas de conserver la dignité à laquelle ses frères l'avaient appelé. La chronique du monastère ne fait aucune mention de cet abbé ; nous savons seulement qu'il était d'une faible santé et qu'il mourut en 1181.

---

(1) Les auteurs de *Gallia Christiana*, donnent pour successeur à l'abbé Hesselin, Pierre Iᵉʳ. Ils sont en désaccord avec le religieux D. Laderrière, Ferry-de-Locre et Turpin qui font passer avant lui l'abbé Alban.

PIERRE Ier, 6e abbé.

(1173-1179.)

> Sept ans fut ce lieu en mes mains,
> En prouffiter je désirois ;
> Mais de la mort je fus attainct,
> Beaucoup plus tost que ne pensoye.
> (*D. Laderrière, Mss. précité.*)

Pierre Ier ne négligea aucune occasion favorable d'agrandir les possessions de l'abbaye : le nombre s'en accrut considérablement sous son administration. En 1176, Adam, écuyer, seigneur de Frévent, céda au monastère de Cercamp tous ses droits sur la ville, et l'évêque de Thérouanne, Didier, s'empressa de confirmer cette donation (1). Cet exemple fut suivi par Gauthier de Châlons, prieur de Saint-Martin-des-Champs, en 1178. Hugues de Campdavesne ajouta aux libéralités de ses prédécesseurs la donation à l'abbaye de ses terres de Frévent, Séricourt et Sibiville.

Une contestation s'éleva, vers cette époque, entre les moines de Cercamp et l'abbaye d'Arrouaise au sujet de la possession des droits, dîmes et revenus de Beauvoir et de Bouquemaison (2) ; elle fut terminée en 1177, par l'inter-

---

(1) Arch. départem. *abbaye de Cercamp*, 17e liasse.

(2) Bouquemaison, *villa Bucci*, dont l'origine remonte au-delà du XIIe siècle, était située dans la banlieue de Doulens ; l'échevinage de la ville y avait toute justice et [seigneurie, avec le droit d'ordonner la fête du lieu et d'y connaître des crimes de larcin, d'effusion de sang et des actions pour

vention des abbés de Choques et du Mont-Saint-Eloi (1).

Pierre souscrivit avec Gérard, abbé de Valloires, deux chartes : l'une de Laurent, abbé de Saint-Riquier, l'autre d'Evrard, évêque de Tournay, concernant le monastère de Thosan. Suivant les auteurs de *Gallia Christiana*, Turpin, Ferry de Locre, Pierre mourut le 4 mai 1188 ; mais à cette époque, il avait quitté l'administration de Cercamp, car dès 1179 nous voyons le nom de son successeur Artaud figurer dans une charte de Philippe, comte de Flandre, en faveur de l'abbaye.

---

les épaves et forfaitures. L'abbaye de Cercamp avait, pour le reste, des droits seigneuriaux pareils à ceux des seigneurs vicomtiers. Nous verrons la commune de Doulens se rencontrer plusieurs fois devant les tribunaux avec les seigneurs fonciers de Bouquemaison. L'abbaye de Cercamp, celle de Saint-Michel de Doulens et le seigneur partageaient les dîmes avec la fabrique qui n'avait guères que 100 livres de revenus. Le curé, en 1507, s'appelait Berrogny, et en 1690 Antoine du Clay.

(1) Composition sur accord fait entre l'abbaye de Cercamp et les chanoines d'Arrouaise au sujet de leurs prétentions et droits réciproques terminés par ce présent acte. — Confirmation faite par l'abbaye de Citeaux du traité fait avec les abbés et religieux d'Arrouaise de l'année 1177. — Confirmation du chapitre de Citeaux faite avec les religieux d'Arrouaise de l'année 1177. — Extrait général des titres, baux, aveux et déclarations, saisines de la terre et seigneurie de Bouquemaison, appartenant à Messieurs les prieur et religieux de l'abbaye de Cercamp et de leur manse conventuelle.

(Arch. départem., abb. de Cercamp, 1re et 2e liasses.)

ARTAUD, 7ᵉ abbé.

(1179-1188.)

> Cestuy-cy l'abbaye résigna
> Que avoit très-bien gouvernée,
> Puis à Pontigny retrourna,
> Notre mère église nommée.
> (*D. Laderrière, Mss. précité*).

L'abbaye de Cercamp continuait à grandir ; elle avait vaincu les difficultés et les entraves qui font obstacle à tout établissement nouveau ; elle atteignait la période de force et de durée. Les souverains témoignèrent leur intérêt pour le monastère. Artaud mit à profit ces bonnes dispositions, soit pour obtenir des chartes protectrices contre les seigneurs voisins qui auraient conçu la pensée de troubler l'abbaye dans la jouissance de ses propriétés déjà acquises, soit afin de faire naître de nouvelles libéralités de leur part. En 1180 (1),

---

(1) In nomine patris et filii et spiritus sancti amen.

Ego Philippus Dei gratiâ comes flandrie et Viromandie, notum fieri volo omnibus presentibus et futuris, quod Hugo, comes de sancto Paulo, pro redemptione anime sue et antecessorum suorum dedit, per manum meam, in perpetuam eleemosinam Deo et Beate marie de Caricampo, omnibus ibidem Deo servientibus, omnem dominatum et omne jus quod ipse habebat et habere debebat in maresco quod est in villa et circa villam de Borrez ad faciendum vivarium, ad omnes usus monachorum et a quod ascensus aque decem pedem sit usque ad caleciam comitis. Et si calecia ejus rupta fuerit, aquam et pisces suos monachi sequi possunt quosque comes caleciam suam refecerit omni exactione et reclamatione tam sui quam suorum sublata in perpetuum antecessorum etiam suorum, scilicet, Hugonis campi avene Ingelranni filii ejus et Anselmi patris sui eleemosinas et donationes nec non omnium, hominum ad jurisdictionem suam pertinentium in pre-

Philippe, comte de Flandre gratifia le monastère de bénéfices considérables : il lui accorda le droit de péage et de pontage pour toutes les denrées qui arriveraient à l'abbaye par quelque moyen de transport que ce fut. Une charte du roi de France, Philippe-Auguste, datée du mois de septembre

---

sentia mea recognovit et eidem ecclesie quas hactenus possederat libere et quiete habendas et tenendas concessit que in territorio veteris ville Caricampi et Belvoir et nemore quod haya vocatur, et infra abbatiam et circà, et de Feverens, de Borrez et Sancti Hilarii de Sibivile, de Syricourt, de Vemy, de Anframacurt, de Sains, de Buin, de Buneville ac feodum predicti comitis pertinentes tam in nemoribus quam in planis et aquis et pratis continentur, hanc donationum et eleemosinarum cognitionem prenominatus comes in presentia mea concessit et juramenti interpositione firmavit. Yolendis etiam comitissa huic dono bonum assensum prebuit: hoc totum tali factum est conditione quod predicte ecclesie abbas et fratres nichil in terra comitis predicti ulterus absque ejus consensu vel heredum suorum post ipsum acquiravit. De his etiam omnibus firmiter observandis prefatus comes me plegium et obsedem constituit. Ut autem hec omnia in perpetuum firma et inconcussa permaneant, sigilli mei impressione presentem paginam munivi et testium subvotatione roboravi quorum nomina hæc sunt : Dominus Hugo abbas de Ballantiis, Dominus Everardus abbas de Claromareso, Dominus Artaudus abbas de Carocampo, Petrus ejusdem ecclesie cellerarius. Guardus de messines, Balduinus cantor Attrebatensis, Ogerus decanus de Luceio, Guillelmus castellanus de sancto Audomaro, Gillebertus de Area, Rainaldus de Area, Balduinus de Area, Guido campus avene, Robertus Fretel, Eustachius de Canteleu, Balduinus de Capella, et Robertus frater ejus, Flagellus de moncels. Actum est hoc anno ab incarnatione Domini millesimo centesimo octogesimo.

Collation faicte de la copie cy-dessus transcripte aux lettres originales estans en parchemin saines et entières, ou pend a laiz de soye ung grand seel de cire verde auquel est emprainte d'ung coste et d'aultre l'effigie d'ung homme à cheval. Et trouvé concorder par nous notaires royaulx subzsignez fait en la ville d'Arras le vingt-sixième jour de janvier mil cinq-cens-soixante-dix-neuf.

J. RENANT.   BOSQUET.

1185, commit les causes de l'abbaye de Cercamp au bailliage d'Amiens.

Le comte de Saint-Pol, Hugues IV de Campdavesne, donna, en 1183, aux religieux de Cercamp tout le marais compris entre Bouret et le chemin de Frévent, pour y établir des étangs avec droit de pêche. Cette donation souleva des réclamations de la part de l'abbaye de Montmajor ; l'affaire s'arrangea en 1184 dans une entrevue des deux abbés au prieuré de Byencourt. La même année, l'évêque d'Amiens Théobald, confirma la donation faite à l'abbaye par Vivien de Pas, d'un fief situé sur cette commune et Adam de Kéret concéda à Cercamp toutes ses propriétés situées sur Séricourt et Sibiville. Un accord eut lieu aussi, en 1184, entre l'abbaye de Cercamp et l'église d'Anchin au sujet de leurs droits respectifs sur Bouret et Bouquemaison. Enfin les bulles du souverain pontife Alexandre III (1179), et Lucius (1185), vinrent confirmer tous ces dons et priviléges

L'abbé Artaud jouissait de toute la faveur du comte de Saint-Pol, avec lequel il avait de fréquentes relations. C'est ainsi que nous le voyons souscrire, en 1186, la charte de Hugues de Campdavesne restituant à l'église de Saint-Léger, à Lucheux, la dîme dont il l'avait dépouillée.

Après avoir sagement gouverné son monastère pendant neuf ans, Artaud abandonna la prélature et se retira à Pontigny, pour s'occuper plus tranquillement du salut de son âme jusqu'à la fin de ses jours.

Parmi les religieux contemporains, nous avons retrouvé les noms de Sibold, prieur, Pierre, cellerier, Jean Grangez, Raoul Louels, Enguerrand, Hugues, religieux, Guillaume, grand-chantre.

HUGUES II, 8ᵉ abbé.

(1189-1203.)

> Quant j'eus régy ceste abbaye,
> A Pontigny fis mon retour ;
> Puis fus abbé en Honguerie,
> Où j'attendys mon dernier jour.
> (*D. Laderrière, Mss. précité.*)

L'avènement de Hugues II à l'abbaye de Cercamp fut signalé par de nouvelles donations confirmées par le comte de Saint-Pol. Désirant agrandir les possessions de la maison, le nouvel abbé fit, en 1190, l'acquisition de la ferme de la Montjoye. Hugues d'Auxi et sa femme Mathilde abandonnèrent au monastère toutes les terres labourables et les bois qu'ils possédaient à Cercamp, moyennant 40 marcs d'argent. Cette transaction fut confirmée en 1197 par Hugues, comte de Saint-Pol, Théobald, évêque d'Amiens et l'Evêque d'Arras, avec la remise de cinq muids de blé de rente que cette donation avait précédemment entraînée. Ce rachat coûta 500 fr. à l'abbaye.

En 1191, Hugues fit un accord avec les moines de Saint-Martin-des-Champs concernant la dîme de la paroisse de Saint-Hilaire à Frévent. Pris pour arbitre, en 1195, avec Jean, abbé de Saint-Martin d'Amiens, il assigna à Jean, premier abbé de Saint-Barthélemy de Noyon, les dîmes novales de Rebreuviette. Il fut appelé, la même année, à terminer un différend entre Simon, abbé d'Anchin, et Bernard, prélat de Hames.

En 1196 et 1199, l'abbé Hugues, jaloux du maintien des priviléges de sa maison, obtint par l'intermédiaire du comte de Saint-Pol, une éclatante réparation de la part des fils d'Adam de Frévent, qui avaient méconnu les droits de l'abbaye.

Ce fut en 1197 que l'abbaye d'Arrouaise aliéna la terre de Beaulieu avec ses dépendances, Berchoffles, etc., etc. C'était une belle habitation qui ne devait sa prospérité qu'au travail des frères. Située sous les murs des religieux de Cercamp, elle était à leur bienséance ; elle leur fut adjugée après avoir été exposée en vente pendant quarante jours. Ce fut une de leurs plus belles possessions. Il est probable que le prix d'acquisition ne fut pas très-élevé, et c'est sans doute en cette considération que Hugues remit pour toujours à l'abbaye d'Arrouaise, par acte de la même année (1197), un cens annuel de huit setiers de blé. Les religieux obtinrent de l'évêque d'Amiens, Thierry, l'autorisation d'y construire une chapelle avec cimetière et l'exemption de tout droit de dîme (1).

De nouvelles bulles du pape Innocent III, de 1198 et 1201, vinrent confirmer toutes les acquisitions et priviléges qui se rattachaient à l'abbaye de Cercamp.

Nous retrouvons le nom de Hugues II dans les chartes

---

(1) *Histoire de l'abbaye d'Arrouaise*, par D. Gosse, p. 145. Arch. départ. Abbaye de Cercamp, 7ᵉ liasse.

Titulus acquisitionis Belli-Loci, anno domini 1197, inter abbates Arroaziæ et de Carocampo compositæ. — Confirmatio Atrebatensis episcopi anno 1177 de venditione Belli-Loci inter abbates de Arroasia et de Carocampo.— Lettre de confirmation du chapitre d'Arrouaise pour la vente par aliénation des biens appartenant à Arrouaise, 1197. — Confirmatio Hugonis comitis sancti Pauli de venditione Belli-Loci, 1197.— Titre de l'an 1199 par lequel il paraît que les religieux d'Arrouaise abandonnent à ceux de Cercamp tous les droits et redevances qu'ils avaient à Beauvoir, après la dite vente.

octroyées par le comte de Saint-Pol, (1198-1201). Vers la même époque il fut pris pour arbitre dans un différend, entre les églises de Clairmarais et de Longvillers. Il assista à une transaction passée entre l'abbaye de Luxeuil et celle de Clairmarais. Il fut encore appelé, en 1203, à terminer un procès qui divisait les églises de Longvillers et de Saint-André-au-Bois.

Le bruit des vertus religieuses qui brillaient dans l'ordre de Citeaux s'était répandu dans toute l'Europe. Bela, roi de Hongrie, écrivit à Pontigny pour obtenir une colonie de religieux dans ses états ; l'abbé Germond se rendit à sa demande et fonda le monastère de Hègre. Hugues fut rappelé à Pontigny en 1203, et envoyé en Hongrie pour gouverner cette maison.

Une charte de donation de 1197, fait mention des religieux Gérard et Barthélemy.

URBAIN II, 9ᵉ abbé.

(1203-1204).

> Aux religieux d'Arouaise,
> Beaulieu, Berchofles, Vacquerye,
> Acheptaye, dont j'eus du malaise ;
> La bourse en fut fort desgarnye.
> (*D. Laderrière, Mss. précité*).

Urbain II fut appelé à succéder à l'abbé Hugues II. Pendant sa courte administration, nous voyons une donation faite en 1204, par Guy de Chatillon, de 100 sols de rente par an en reconnaissance d'un obit chanté par les religieux, à la mémoire de sa mère. Cet abbé fit ratifier l'achat des domaines aliénés par l'abbaye d'Arrouaise. Toutes ces acquisitions épuisaient les ressources du monastère qui, au dire du religieux D. Laderrière, se trouva momentanément dans la gêne, et eut *la bourse fort desgarnie*.

Urbain mourut le 28 novembre 1204.

ROBERT Ier, 10e abbé.

(1204-1209.)

> Cil decora très-fort l'église,
> Grand docteur en Théologie,
> Vingt ans dura en bonne guise ;
> Puis après termina sa vie,
> (D. *Laderrière, Mss. précité.*)

Le successeur d'Urbain II, Robert Ier, était docteur en théologie. Il s'empressa de continuer l'œuvre de ses prédécesseurs, et sa première pensée fut de reprendre les travaux de l'église commencée par Hugues II. Il y fit faire de grands embellissements ; c'est la seule mention que la chronique du monastère fasse de ce prélat (1).

---

(1) La mention de vingt ans ne peut s'appliquer à la durée de la prélature de cet abbé. En effet, son successeur est désigné comme ayant régné 14 ans ; sa mort remontant à 1223, il a du nécessairement abandonner la direction de la maison en 1209.

ALARD ou ARNAULD, 11° abbé.

(1209-1223.)

> Quatorze ans en bonne simplesse
> Cestuy esleut devotion,
> A Dieu fist tout son adresse,
> Mort en fist séparation.
> (*D. Laderrière, Mss. précité.*)

La chronique de Cercamp nous dépeint l'abbé Alard comme simple de mœurs et d'une très-grande dévotion. Toutefois son administration ne laissa pas que d'être très-prospère. Les principaux actes qui signalèrent l'heureuse gestion de ce prélat furent :

1° La donation faite à l'abbaye de Cercamp de plusieurs pièces de terres sises à Sibiville avec tous les droits de propriété et seigneurerie, moyennant et à la charge de dix septiers de blé et d'avoine à la mesure de Saint-Pol, à prélever sur la grange de la Montjoye (1209).

2° Une autre comprenant une maison située à Doullens.

3° Celle du moulin de Graincourt.

4° La donation faite en 1213 par un comte de Ponthieu et Montreuil de 10 muids de sel, d'une maison et 6 journaux de terre avec 20 journaux de bois à Rue.

5° La confirmation faite à l'abbaye de Cercamp par un légat du Saint-Siége des dîmes de Frohen, Dampierre et Chaumont.

6° L'accord de l'an 1214 entre l'abbaye de Cercamp et le curé de Saint-Hilaire pour la dîme.

7° Les lettres de confirmation d'Adam, évêque de Thérouanne, de la donation faite à ce monastère par Henri d'Herlincourt, du quart de la 3º gerbe sur tout le territoire d'Houvigneul (Juillet 1214).

Nous voyons l'abbé d'Anchin, Guillaume, ratifier la vente d'une maison faite par le prieur de Saint-Sulpice de Doullens à l'abbaye de Cercamp en 1220 (1). Ce fut vers cette époque que l'abbé Alard acheta 80 journaux de terre situés entre Séricourt et la ferme de la Montjoye (2).

L'abbé de Pontigny et celui de Clairvaux avaient été obligés de porter leurs plaintes au pied du trône pour faire cesser les rapines des nobles. Le roi Philippe-Auguste leur répondit par une charte datée de Saint-Germain-en-Laye, en 1221 : « Considérant, dit ce prince, qu'il entre dans mes

---

(1) L'*Hôtel de Cercamp* auquel on donnait, au XIIIe siècle, le nom de refuge des religieux de cette communauté, et qui, d'après une puissante tradition, se trouvait entre la porte Notre-Dame, la rue Saint-Ladre, celle des Poulies et le Marché aux Bestiaux, formant un quadrilatère sur lequel on voit maintenant quatre habitations particulières se touchant par leur intérieur. Les caves de deux de ces maisons portent un cachet d'antiquité bien remarquable par les restes d'une chapelle que la vapeur des cierges qui y ont été placés, a marqués à la voûte, très-peu élevée dans cette petite chapelle.

Le refuge dont nous parlons, date vraisemblablement des premières années du XIIIe siècle, et nous nous appuyons, pour exprimer cette opinion, sur une donation faite en l'année 1207, par Arnould, abbé de Cercamp, qui reconnaissait devoir, à l'époque que nous venons de citer, au prieur de Saint-Sulpice de Dourlens, deux mesures de froment et une mesure d'avoine. Alors le prieuré de Saint-Sulpice relevait encore de l'abbaye de Cercamp.

Histoire de la ville de Doullens, par A. J. Warmé).

(2) Confirmation de l'évêque de Thérouanne de la vente faite à l'abbaye de Cercamp par Bartolomé de Séricourt, de tout ce qu'il avait à Séricourt, entre ledit terroir et la grange de la Montjoye (1222).

fonctions royales, de prendre sous ma protection les églises et les monastères, pour les soustraire à la rage des loups, je rends les baillis, les prévôts, les barons, les soldats, les écuyers ou vavasseurs, responsables des délits qui se commettraient sur les terres de leur juridiction ou de leur dépendance. Il nous a été rapporté que des grands et des nobles, sous prétexte qu'ils ont pris un monastère sous leur sauvegarde, se croient en droit de prélever sur lui, le blé, le vin, l'argent, le bétail et ce qui leur est nécessaire pour fortifier leurs châteaux et leurs villages, même pour les expéditions guerrières qu'ils entreprennent ; ce qui est plus déplorable, c'est qu'on entre de vive force dans les monastères, et qu'on ne craint pas de répandre le sang ; ce qui est si expressément défendu par la règle de Citeaux : la paix intérieure, si essentielle aux maisons religieuses, est troublée, et ce contre-coup apporte le plus grand dommage aux établissements. » Cercamp se trouve parmi les monastères dépendant de Clairvaux et de Pontigny, sur lesquels le monarque étendit la même protection.

On trouve parmi les religieux contemporains : Enguerrand, prieur, Gérard, sous-prieur, Jean, sacristain, Gérard, chapelain, Jean, chantre, Henri, Alulphe, Ernould, Baudouin, Raoul, religieux, Allard, Arnould, sous-diacres, Thomas, frère converse.

ADAM, 12ᵉ abbé.

(1223.)

> La guere en mon temps fust bien dure,
> Besoing fust d'avoir patience ;
> A résigner je mis ma cure
> Pour descharger ma conscience.
> (*D. Laderrière, Mss. précité.*)

Adam, religieux de Clairmarais, avait à peine pris possession de sa nouvelle dignité que la guerre, sévissant de nouveau entre la France et l'Angleterre, vint accroître les calamités qui pesaient sur l'abbaye. Ne se sentant pas la force de supporter le fardeau des affaires de la maison dans des conditions aussi désastreuses, il se décida à en abandonner la direction et revint à Clairmarais où il finit ses jours.

ROBERT II, 13ᵉ abbé.

(1224-1240.)

> Quant j'eus regy dix-sept ans,
> En tristesse et adversité,
> Je vis revenir le bon temps,
> Mais subit la mort m'a cité.
> (*D. Laderrière Mss. précité.*)

Robert II, appelé à remplacer Adam, s'empressa de rétablir les finances de la maison. Les malheurs du temps apportèrent bien des entraves à ses projets. Toutefois, une sage administration lui permit d'augmenter les possessions et les revenus du monastère. En 1224, le seigneur de Mellers donna à l'abbaye 72 journaux de terre auxquels il en ajouta 16 en 1232, (1) et 26 en 1239. Hugues de Rollepot en donna 19 sur Ligny en 1234. Gérard de Rebreuviette, abandonna en faveur des moines de Cercamp tous ses droits et seigneuries sur Beauvoir. Hugues de Rebreuve leur donna la dime de Vacquerie en 1224, et Roger, seigneur de Rollancourt, s'empressa de confirmer cette donation. Berthe de Sibiville suivit ce noble exemple, et la cession de la 6ᵉ partie de la dime d'Houvigneul vint combler cette suite de libéralités en faveur de l'abbaye.

En 1234, l'abbé Robert II trouva assez de fonds dans la caisse de Cercamp pour faire une nouvelle acquisition de terres situées sur la commune de Bouret. Semblable à ses

---

(1) 1232. — Lettres d'Adam de Meslers par lesquelles il abandonne à l'église de Cercamp seize mesures de terre situées au territoire de Meslers en se réservant le droit de terrage. Cette donation eut lieu pour terminer de nombreux différents qu'il avait eus avec l'abbaye au sujet de ces terres.

prédécesseurs, il sut se concilier également l'amitié des seigneurs contemporains. Elisabeth, comtesse de Saint-Pol, donna aux religieux, en 1227, le bois dit *La Haye-le-Comte* et 50 livres parisis à prendre sur son revenu de Frévent. Cette donation fut confirmée par l'archevêque de Reims (1).

---

(1) *Titre de la donation faite par les comtes de Saint-Pol à l'abbaye de Cercamp du bois de La Haye-le-Comte avec la Hayeure, deux journeux de terre a Bourré et cent sols parisis sur Frévent, confirmé par l'archevêque de Reims et l'évêque de Terouanne en 1227.*

Quoniam, sicut sacra scriptura prestatur, eleemosinis credo redimi peccata delinquentiam mihi reddere cupiens redemptorem et Judicem meum dominum Deum salvatorem cunctorum verè fidelium, et presertim quod ei vovi sub mortis discrimine volens fideliter et efficaciter exequi, Ego, Elisabeth Dei gratia comitissa sancti Pauli, omnibus notum facio præsentibus et futuris litteras istas inspecturis, quod ego pro salute et remedio animæ meæ, nec non et animarum Galcheri de Castellione mariti mei, Guidonis primogeniti filii mei, patris etiam mei et matris meæ et omnium antecessorum meorum, Dedi Deo et Beatæ Mariæ Caricampi et fratribus ibidem Deo servientibus totum nemus cum fundo terræ quod vocatur Haia comitis. situm supra villam quod Borrais appelatur et contiguum dictorum fratrum reliquo nemori in perpetuam eleemosinam jure hereditario pacificè possidendum. Dedi nihilominus eisdem fratribus portiunculam terræ sitam super Ripariam inter mansum conversorum et curtile Johannis Violete, scilicet duo Jornalia terræ plus minuere et centum solidos Parisienses in pedagis de Feverens, in festo Beati Remigii, cum aliis centum solidos quos dicti fratres ad ecclesiæ luminare ex dono piæ memoriæ Galcheri mariti mei et meo, in eodem pedagio anuatim recepiunt post meum decessum per annos singulos jure perpetuo recipiendos. In eadem etiam domo mihi elegi et statui locum sepulturæ cum majoribus meis ; fratres vero præfati monasterii pro anima mea et anima Galcheri mariti mei et animabus tam heredium quam omnium antecessorum meorum decem pauperes in hospicium recipient, quos vestient et cibis reficient per annos singulos anniversaria die obitus mei, totique fiet conventui pitentia piscuum et vini quicquid præter ea dicti fratres in plantis et nemoribus, in aquis et pratis, in terris cultis vel incultis, in decimis et terragiis, in hospitibus, in redditibus et in quibuslibet dominiis,

En 1228, Hugues de Chatillon, second fils d'Elisabeth, confirma toutes les largesses faites par sa mère sur les terri-

---

hominiis et libertatibus collatum sibi in elemosinam a meis predecessoribus vel etiam à meis ligiis hominibus seu quibuslibet aliis christi fidelibus vel emptionis titulo jam possident acquisitum in toto comitatu de sancto Paulo nunc et in perpetuum pacifice tenendum eisdem fratribus libere concessi simul et confirmavi. Ut autem hæc omnia rata permaneant, Sigilli mei appensione paginam istam communivi. Actum anno Dominicæ incarnationis anno millesimo centesimo-vigesimo-sexto-mense Januario.

In nomine patris et filii et spiritus sancti, amen.

Henricus, Dei gratia Remensis archiepiscopus, omnibus presentes litteras inspecturis Salutem in Domino. Noverit universitas vestra quod Elisabeth comitissa sancti Pauli consanguinea nostra, constituta in presentia nostra recognovit quia volens quod noverat fideliter adimplere, dedit pro salute et remedio animæ suæ et animarum Galcheri de Castellione mariti sui, Guidonis primogeniti filii sui, Patris sui, et matris suæ nec non et omnium antecessorum suorum Deo et Beatæ Mariæ Caricampi et fratribus ibidem Deo servientibus totum nemus cum fundo terræ quod vocatur Haïa comitis situm super villam quæ Borrais appelatur et contiguum dictorum fratrum reliquo nemori in perpetuum elemosinam jure plane pacifice possidendam. Dedit nihilominus eisdem fratribus quamdam portionculam terræ sitam super Ripariam super mansum conversorum et Curtile Johannis Violete, scilicet duo Jornalia terræ plus minusve et centum solidos parisienses in pedagio de Feverens, in festo Beati Remigii cum aliis centum solidis quos dicti fratres ad ecclesiæ luminare ex dono piæ memoriæ Galcheri mariti ipsius Elisabeth et suo in eodem pedagio annuatim recipiunt post ejus decessum per annos singulos jure perpetuo recipiendos. In eadem etiam domo elegit sibi et statuit, dita Elisabeth, locum sepulturæ, cum majoribus suis; fratres vero præfati monasterii pro animâ ipsius Elisabeth et animâ Galcheri mariti sui et animabus tam heredium quam antecessorum suorum decem pauperes in hospicium recipient quos vestient et cibis reficient per annos singulos anniversaria die obitus ipsius Elisabeth totique fiet conventui pitantia piscium et vini. Quicquid preterea jam dicti fratres in plantis et nemoribus in aquis et pratis, in terris cultis vel incultis, in decimis et terragiis, in hospitibus, in redditibus et aliis quibuslibet Dominiis hominiis et liberta-

toires de Bouret, Séricourt et Sibiville et y ajouta 100 livres de rentes à prendre sur Frévent. Un accord de 1230, entre les religieux de Saint-Eloy et ceux de Cercamp, régla les droits et possessions des deux abbayes sur le territoire de cette commune.

Les grands progrès que faisait l'abbaye de Pontigny et les maisons de sa filiation, excitèrent la jalousie de quelques évêques et autres supérieurs ecclésiastiques, qui, sans avoir égard à leur règle, approuvée par le Saint-Siége, voulurent se les assujettir entièrement et profiter de ce qui leur venait de la dévotion des peuples. Les prélats voulaient encore obliger les religieux à venir à leurs synodes et à se soumettre à leurs ordonnances. Ils menaçaient d'aller tenir chez eux des chapitres pour les corriger ; Ils exigeaient serment de fidélité de leurs abbés. Ils prétendaient avoir la dime des fruits de leurs biens : Ils mettaient une taxe sur les ordinations et sur les autres services qu'ils leur rendaient, ou bien, pour des causes légères, ils prononçaient des excommunications contre eux ou contre leurs serviteurs. Ceux-ci portèrent leurs plaintes au pape pour le prier de faire cesser ces vexations.

C'est pourquoi le 9 mai 1225, le pape Honoré III accorda à l'abbaye une longue suite de priviléges. Après avoir rappelé

---

tibus collatum sibi in Elemosinam ab ipsius Elisabeth prædecessoribus vel etiam ab ejus ligiis hominibus seu quibuslibet aliis Christi fidelibus vel emptionis titulo possident acquisitum. In toto comitatu de Sancto Paulo nunc et in perpetuum pacifice tenendum eisdem fratribus libere concessit et confirmavit. Ut autem hæc omnia rata permaneant sicut juste et rationabiliter dictis fratribus sunt collata auctoritate metropolitana confirmamus. Et in hujus testimonium ad præces dictæ comitissæ præsentem paginam nostri impressione sigilli duximus roborandam. Actum anno Domini millesimo centesimo vigesimo sexto mense januario.

en peu de mots, le nom de ses principales possessions, il permet à l'abbé de recevoir les clercs ou les laïques qui abandonnent le monde pour se renfermer dans le monastère, pourvu qu'ils soient libres et qu'ils ne soient retenus par aucun engagement dans le siècle. Il déclare nulles toutes les aliénations de biens qui se feraient sans la permission de tout le chapitre, ou au moins de la plus grande et de la plus saine partie. Il défend à un religieux d'être caution pour qui que ce soit et d'emprunter de l'argent sans la permission de l'abbé et du chapitre, et encore il faudra que ce soit pour des affaires urgentes de l'abbaye. Si un religieux s'avisait d'agir ainsi de son chef, le chapitre ne serait pas tenu de remplir les engagements qu'il aurait contractés. « Cependant, ajoute le pape, dans une affaire civile ou criminelle, un religieux pourra être témoin, de peur qu'on ne profite de votre silence pour vous condamner. Nous défendons aussi, en vertu de notre autorité apostolique, aux évêques comme à toute autre personne, *de vous obliger à assister aux synodes, aux audiences des tribunaux, et de soumettre vos affaires particulières aux juges séculiers. Il n'est pas permis aux évêques de se rendre dans vos maisons ni pour faire des ordinations, ni pour plaider des causes, ni pour y tenir des assemblées, ni pour empêcher l'élection régulière de l'abbé ou enfin pour détourner de le suspendre, s'il avait agi contre les statuts de l'ordre ; car c'est une affaire dont il ne doit point se mêler.* S'il arrivait que l'évêque de votre diocèse, après avoir été prié avec tout le respect et la révérence dus à son cractère, refusât de bénir votre abbé ou de faire dans votre monastère les fonctions qui appartiennent aux évêques, votre abbé, s'il est prêtre, pourra bénir ses novices, et faire tout ce qui est du ressort de sa charge ; ensuite vous pourrez demander à tout autre évêque ce que le votre vous aura refusé injustement. N'oubliez pas que dans les professions religieuses, l'évêque doit se servir de la forme et des expressions usitées jusqu'ici dans votre ordre, et les abbés doivent faire leurs vœux en conservant les priviléges de l'ordre ; on ne peut vous obliger à rien contre vos statuts.

» Si vous réclamez le ministère de l'évêque diocésain soit pour la consécration des autels, des églises, de l'huile sainte, soit pour tout autre sacrement, vous ne lui devez aucune rétribution ; s'il exigeait quelque chose, adressez-vous à tout autre évêque catholique en communion avec nous. S'il arrivait que des évêques ou d'autres, lançassent sur votre monastère ou sur les laïques qui s'y trouvent des sentences de suspense, d'excommunication ou d'interdit, lors même que ces sentences ne porteraient que sur les serviteurs de la maison, soit parce que vous ne paieriez pas les dimes, soit pour vous contraindre à agir contre les exemptions que vous avez obtenues de la bonté du Saint-Siége, soit enfin parce que des personnes bienfaisantes vous auraient rendu des services ou auraient travaillé pour vous certains jours où les autres célèbrent des fêtes, nous déclarons leurs sentences nulles comme étant en opposition avec les indults du Saint-Siége. S'il arrivait que votre monastère se trouvât compris dans un interdit général, vous pourrez néanmoins célébrer les divins mystères, après avoir chassé de votre monastère les excommuniés et les interdits. Enfin désirant, avec notre sollicitude paternelle pourvoir à l'avenir, à la paix et à la tranquillité de votre maison, nous vous renouvelons toutes les libertés et les faveurs accordées par les pontifes romains nos prédécesseurs. »

Robert mourut en 1240.

VAAST, 14ᵉ abbé.

(1240.)

> Fol est qui se donne louenge ;
> Mais en mes jours bien prosperay,
> Grâces à Dieu, qui maulx venge,
> Subject aluy suis et seray.
> (*D. Laderrière, Mss. précité*).

La chronique du monastère de Cercamp ne fournit aucun détail sur la courte prélature de cet abbé. Nous n'avons même retrouvé dans les archives aucun acte qui en fît mention.

JEAN Ier, 15e abbé.

(1240-1261.)

> Vingt et deulx ans fus en l'office,
> Désirant faire mon débvoir,
> Ne sçaye sestoye asses propice,
> La mort enfin me vœult avoir.
> (*D. Laderrière, Mss. précité.*)

Une activité incessante, un zèle infatigable pour soutenir l'honneur et les intérêts de sa maison furent les caractères distinctifs de l'abbé Jean Ier ; son administration tendit à accroître les possessions et les priviléges de la communauté. Rien de plus admirable que les rapports de l'abbaye de Cercamp avec le Souverain Pontife ; Jean reçut cinq bulles des papes Innocent IV, Honoré III et Alexandre IV (1). Plusieurs d'entr'elles concernent les visites des évêques dans le monastère de Cercamp, l'exemptent de dîmes novales, le protègent contre certaines vexations de la part des seigneurs et confirment enfin tous les droits et possessions qui lui ont été donnés. En 1260, le pape Alexandre IV accorda aux abbés de Cercamp, le pouvoir de conférer tous les ordres mineurs aux religieux de leur monastère, ainsi que de bénir les divers ornements ecclésiastiques, pouvu que l'on se servit d'eau bénite par un évêque.

En mars 1242, paraissent des lettres de l'évêque d'Amiens dans lesquelles il déclare que Hugues-Garbe de Frohens a donné en aumône à l'église de Cercamp pour le repos de son

---

(1) Les originaux de ces bulles sont conservés aux archives départementales du Pas-de-Calais.

âme et de celle de ses ancêtres, toute la dîme qu'il avait dans ce lieu au *Mont-Renaud*. Deux mois après, l'official d'Amiens reconnut cette donation. A la même époque, Enguerrand de Landas, seigneur de Frohens, approuva la donation faite par Hugues-Garbe, et y ajouta tous les droits et priviléges qu'il avait sur cette dîme.

Ce fut encore par les soins de l'abbé Jean que le domaine de Mellers fut augmenté, en 1247, de 24 journaux de terre auxquels vint se joindre la donation de la dîme de Frohens, 1248. L'official d'Amiens déclara, par lettre du mois d'Août 1249, reconnaître la donation faite par la veuve de Candas à l'abbaye de Cercamp, des droits que lui donnait son douaire sur le domaine de Mont-Renaud à Frohens. De plus, en 1258, Théobald d'Hiéreviliiers vendit à l'abbaye un domaine de 4 journaux situés sur Ligny (1).

Malgré toutes ces richesses que l'abbaye accumulait dans son sein, elle dut subir les malheurs des temps qu'elle traversait. La famine et la guerre vinrent tour à tour s'abattre sur cet asile consacré à la pénitence et à la prière. En 1256, la misère fut si grande, et les ressources du monastère se trouvèrent tellement épuisées, que les religieux furent obligés de se séparer pendant quelques mois et de se disperser dans les monastères des Dunes, de Clairmarais et de Longvilliers (2). Cette séparation fut de courte durée, car nous voyons en

---

(1) Lettres de l'official d'Amiens par lesquelles Théobald d'Hyrevilliers et Isabelle de Bonnard, sa femme ont vendu à Cercamp 4 journaux de terre ou environ à Ligny, situés au lieu appelé Vauchel et leur terrage à 32 livres parisis, moyennant 4ᵈ et 19 chapons de revenu, en 1258. (Arch. départ., 5ᵉ liasse).

(2) Malbrancq. — *De Morinis*, Tom. 3.

1258, l'abbé Jean acquérir pour sa maison 15 nouveaux journaux de terre au territoire de Mellers.

Un titre de 1260 porte la vente de 162 journaux et demi, tant de terres que de bois, et composant le fief de *Castel* à Sibiville, ainsi que tous les droits et toutes les dîmes, faites par le sieur Bauduin de Monchaux à l'abbaye de Cercamp.

Jean venait de passer un accord avec les religieux d'Anchin, et du Mont-Saint-Eloy, réglant les droits réciproques de leurs monastères concernant la dîme, lorsque la mort le surprit en 1261.

WILLARD, 16⁰ abbé,

(1261-1280.)

> L'an mil deulx cent soixante deulx
> Fust ceste église consacrée ;
> Je m'en reputaye bien heureux,
> Car elle en fust moult honorée.
> (*D. Laderrière, Mss. précité*).

Willard, 16⁰ abbé de Cercamp, se montra, comme ses prédécesseurs, jaloux d'augmenter les revenus de sa maison. En 1262 et 1265 (février), il acquit le fief de Ransart (1), et ses dépendances moyennant 1600 livres. Le roi de France, saint Louis, s'empressa de ratifier cette acquisition (2). En

---

(1) Ransart, *Roimnsart*, dans la bulle d'Alexandre III confirmative de l'abbaye de Saint-Michel de Doullens, ailleurs, *Roiensart, Ramsart*, est un hameau voisin de Neuvillette et de sa paroisse, mais appartenant à la commune de Doullens, et ayant été de sa banlieue. Les quatre fermes qui le composent, servirent originairement à l'exploitation du vaste domaine que la riche abbaye de Cercamp possédait en ce lieu, avec des droits seigneuriaux semblables aux droits vicomtiers.

Robert de Camp d'Avesnes, donna en 1265 à l'abbaye de Cercamp sa part de la terre de Ransart. L'abbaye, par décision judiciaire basée sur la charte de commune de Doullens, devait tenir sa cour dans la ville pour le jugement des délits commis sur la terre de Ransart et de Bouquemaison.

(2) 1262. — ROANSSART. *Acquisition faite de la terre de Roanssart et de ses dépendances par l'abbaye de Cercamp.*

Ludovicus, Dei gratia, francorum Rex. Noverint universi presentes pariter et futuri quod nos litteras Petri de Ambianis Domini de Canaples et de Outrebais, et Ymaine ejus uxoris in gallico scriptas vidimus in hæc verba: Nous Pierres de Amiens, Sire de Canaples et de Outrebais et Ymaine sa

1275, le domaine de Croisette s'accrut encore de 10 mesures. L'official d'Amiens déclara que Pierre Faians et sa femme avaient vendu à l'abbaye *un fief situé à Croisette, comprenant 18 mesures de terre.* L'abbé Willard revendiqua avec succès la rente de 12 l. 10 sols que lui devait l'échevinage de Doullens.

---

fame faisons savoir à tous cheus qui ces lettres verront, et orront que nous avons vendu bien loiaument par l'assentement de nos hoirs et de noseigneurs a l'abbé et au couvent de Chiercamp de l'ordre de Citiaux toute la terre de Roiensart que nons i avions, le manoir et les edifices et les apartenances en quoi que elles soient, en terre, en bos, en cens, en tierages, en rentes, en houmages, en joustices, et toutes autres choses por douze cens livres parisis dont nous sommes paie aplain en bone monaie loial. La quelle terre et les autres choses devant dites nos aviesnes aquis loiaument par loial acat de Gotran de Savie et le teniemes en pais par assentement doirs et de seigneur, et prometons as devant dis abbé et le couvent loial Warandise comme vendeur et cuitons iretaulement, por nous et por nos hoirs a l'abbé et au couvent devant dis le droit et toutes les escanches que nous aviens et poiens avoir en quel maniere que ce faist, esdevant dites choses, et prometons par nos sairement loiaument que nous ne no hoir ne venrons par nous ne par autrui contre ceste vente. Ne ferons ne porcacherons chose par quoi il nen puissent joir iretaulement en pais. Et ce par no fait ou par no défaute il en avoient paine ne coust ne damage no somes tenu de restaulir au simple dit l'abbé sans autre provenes, par abandon de tous nos biens envers toute joustices ou il en vourraient, traire. Et promet je Ymaine par mon serement que par raison de douaire ne par autre james ne reclamerai riens en le terre et es choses devant dites. Et por ce que ce soit ferm et estaule, nos avons ces presentes lettres scelées et conferrmées de nos sciaux. Ce fu fait en l'an de l'incarnation notre Seigneur mil anz deus cens et soissante deus et mois daoust.

Vos autem dictam venditionem prout superius continctur quantum in nobis est volumus et concedimus salvo jure in omnibus alieno. Quod ut ratum et stabile permaneat in futurum, presentes sigilli nostri fecimus impressione muniri. Actum Parisiis, anno domini M° CC° Sexagesimo secundo, mense Augusto.

Parmi les personnages qui se montrèrent bienfaisants à l'égard de l'abbaye de Cercamp, nous citerons tout particulièrement Robert, comte d'Artois. En juillet 1268, ce prince confirma la donation faite par Raoul, dit le Roux, bourgeois de Hesdin, à l'abbaye de Cercamp, d'une maison située rue du Vieux-Marché, à charge de payer *à toujours, au comte et à ses hoirs, quatre sols parisis, le jour de la Nativité du Seigneur.* L'acte porte que *cette abbaye a promis de célébrer tous les ans un anniversaire pour le comte Robert son père* (1). L'année suivante il ratifia un autre don fait à l'abbaye par Jean, dit le Petit, au moment de sa mort, du consentement de ses hoirs, d'un moulin à Hesdin, que lui avait donné Gui, seigneur de Caumont, chevalier et sa femme, par lettres y insérées du mois de septembre 1263, à charge que cette abbaie *paiera à toujours au comte et à ses hoirs, six deniers de cens annuel, le jour de S. Remy* (2).

Le 3 février 1269, l'abbé Willard et les religieux de Cercamp écrivent à Robert, comte d'Artois et à la comtesse, avant leur départ pour la Terre-Sainte, et leur mandent qu'*à cause de l'affection qu'ils ont toujours témoignée pour leur église, ils leur accordent de faire célébrer tous les quinze jours une messe du Saint-Esprit, pendant sa vie et après sa mort avec pleine participation dans toutes leurs prières, et que pour lui et tous ses enfants ils diront dans la messe de la Vierge, qu'ils célébrent tous les jours, la collecte particulière,* Deus qui caritatis dona, *jusqu'à ce qu'il soit de retour chez lui.*

---

(1) Copie simple en parchemin avec une autre charte du mois de juillet 1269. — Godefroy. Inventaire des chartes d'Artois.

(2) Copie simple en parchemin avec un autre titre du mois de juillet 1268. — Godefroy. Ibid.

En **1270** et **1271** Willard changea plusieurs terres avec l'abbaye d'Anchin, termina plusieurs différends avec ce monastère et constitua une dotation foncière aux frères desservant la maladrerie de saint Ladre de Doullens (1).

En **1275**, une transaction mit fin à la difficulté qui s'était élevée entre le corps de la ville de Doullens et l'abbaye de Cercamp. Les religieux de ce monastère prétendaient avoir justice et seigneurie sur deux moulins situés dans la ville et tout le revenu qui était affecté à l'office de portier de leur couvent. L'échevinage comprit qu'il avait contre lui la réserve faite en la charte : *Salvo jure sanctæ ecclesiæ,* et transigea avec les religieux, qui lui vendirent le cens en argent et en chapons, et toute la seigneurie qu'ils possédaient tant sur les deux moulins *Battrel* et *Fromentel,* que sur plusieurs maisons de la ville. Les vendeurs disent dans l'acte que l'*abbé* « *était sire de deux moelins, en avoit toute la segnerie.... et tous autres escaanges qui par raison de segnerie y escarront.... et les a livrées de no assentement y rètaulement au maieur et a eskevins de Dullens... qui sont et qui dore-en-avant seront a Dullens, lesquels sont tenus de rendre et paier au portier de Chercamp ou a son comant cascun an X. lib. parisis, a Dullens (juillet* **1275**). » C'est depuis cette époque

---

(1) Les archives de l'hospice de Doullens, confirment en quelque sorte ces explications par des actes publics et notamment des baux consentis par l'échevinage de Doullens, successeur des religieux de saint Ladre à partir du xvie siècle, contenant des désignations qui font connaître que les propriétés rurales de la maladrerie et celles de l'abbaye de Cercamp-lès-Frévent, dont l'origine paraît remonter au xiie siècle, étaient groupées et enclavées au nord du terroir de Doullens et entourant Ransart.

que les maieur et échevins se dirent *seigneurs de la porte de Cercamp* (1).

Des lettres de Philippe, roi de France, de 1279, accordèrent de nombreux priviléges aux abbayes de l'ordre de Citeaux et spécialement à l'abbaye de Cercamp.

A l'exemple de ses prédécesseurs, le souverain pontife Clément IV, confirma par une bulle de 1268, tous les priviléges de l'abbaye. Ce fut sous l'administration de l'abbé Willard que l'église fut achevée. Elle fut consacrée en 1262 par Pierre, évêque d'Arras, et Rodolphe de Thérouanne, en présence de Robert, comte de Flandre, et de Guilbert, abbé de Saint-Bertin (2).

Dom Willard mourut en 1280 et fut enterré dans l'église qu'il avait terminée.

---

(1) *Hist. de la ville de Doullens*, page 12. — *Mém. de la Société des Antiquaires de Picardie*.

(2) Ecclesia Caricampensis sub Willardo, decimo sexto ejus domus antistite dedicatur; simulque in eamdem transferuntur sacræ reliquiæ Benedictæ virginis, quæ Martyrii palmam unà cum Coloniensibus Virginibus est adepta. (Mem. ejus loci. Ferreoli Locrii, page 418.)

GÉRARD, 17ᵉ abbé.

(1280-1287.)

> En mon temps fis translation
> De corps sainct et beaux sanctuaires,
> Que plusieurs, par dévotion,
> Ont requis en leurs grands affaires.
> (*D. Laderrière, Mss. précité*).

Gérard remplaça dom Willard à la tête de l'abbaye de Cercamp. Il fit, en 1286, la translation dans son église de plusieurs saintes reliques qui demeurèrent toujours en grande vénération. Cet abbé compléta l'acquisition du fief de Ransart (1), à Doullens, moyennant 1000 l. parisis et cent sols ; il en obtint une charte confirmative du roi Philippe V, en juin 1285 et une bulle du pape Martin IV.

L'abbé de Cercamp voulait reconnaître la justice échevinale de Doullens, dans la banlieue, mais à condition qu'elle ne troublerait en rien l'exercice de la sienne. Il avait déjà eu un premier succès sous ce rapport et il espérait qu'on

---

(1) Cette localité, devenue un centre de population de cinquante habitants, renfermait une grande partie du domaine de l'abbaye de Cercamp. Il existe encore à Ransart plusieurs descendants d'une famille Picavet, dont l'aïeul reçut à titre d'arrentement de la communauté, une pièce de terre sise dans l'intérieur du village, de la contenance de quarante journaux, et qui est encore connue maintenant sous la dénomination des *Quarante aux Arentements* ; ce qui signifie charge imposée au donataire et qui consistait dans la circonstance, à faire construire aux frais de ce dernier, une grange à côté de son habitation pour faciliter son exploitation (car il était du nombre des quatre fermiers), et rester le fidèle serviteur du couvent, dans la surveillance de ses biens de Ransart.

le laisserait maître encore de réprimer à sa guise les délits commis sur son fief de Ransart, et de citer les coupables à son tribunal pour les y condamner à l'amende. Le corps de ville ne l'entendit pas ainsi, et cita à son tour l'abbé à la barre du bailli d'Amiens dans son assise tenue à Doullens le 21 décembre 1290, pour s'entendre dire que *et pour ches lois et ches amendes devant dites demander, iront li abbé et li couvent tenir et faire tenir leurs cours par dedans les murs de Doullens, et illec sera fait li claim et li respens par devant les eskevins de Doullens et par le jugement du maieur et des eskevins de Doullens sera la querelle terminée et jugiée.* » Ce jugement est basé sur cette disposition de la charte : *Nec Burgenses a muris* (1) *Dullendii causa placitandi debent exire.*

---

(1) Delgove, *Histoire de la ville de Doullens*, page 355.

MARTIN, 18ᵉ abbé.

(1287-1289.)

> De Longpont fus relligieux
> Et profès en ce sainct lieu,
> Mais quant j'eus faict d'ans vint deulx (1),
> La mort vint quant pleust a Dieu.
> (*D. Laderrière, Mss. précité*).

Martin était religieux de Longpont lorsqu'il fut appelé à la tête de l'abbaye de Cercamp.

Ce fut sous la prélature de cet abbé que la comtesse de Saint-Pol Mahaut, fut enterrée avec son mari, Gui de Chatillon, dans l'église de l'abbaye. Cette princesse affectionnant particulièrement cette maison, la choisit pour lieu de sépulture. Elle ordonna, par son testament de l'année 1267, que son tombeau fut placé dans l'église de Cercamp, et fonda à cet effet deux chapelles où l'on devait célébrer chaque jour une messe et un obit chaque année, moyennant 40 l. à percevoir sur l'abbaye de Lisques au territoire de Thérouanne. Etant décédée en 1288, son corps y fut apporté et inhumé au milieu de la nef. Son mari, Gui de Chatillon, l'ayant suivi de près, voulut aussi reposer sous les voutes de la basilique de Cercamp (2). L'élévation de la tombe de ces deux époux était de deux pieds seulement au dessus du

---

(1) Lisez : vingt deux ans de profession.
(2) Turpin, Ferry de Locre, *Histoire des comtes de Saint-Pol.*

sol ; mais le tout était couvert de cuivre doré, et en quelques endroits, d'or très-fin, émaillé d'azur, représentant les armes de Saint-Pol et Chatillon. Il fut même un temps où ce monument était enrichi de pierreries ; à l'époque de Ferry de Locre, ces marques étaient constantes. Au-dessus s'élevaient deux statues de bronze qui représentaient le comte et la comtesse.

JEAN II, 19ᵉ abbé.

(1289-1303.)

> Licentié en théologie
> Fus jadis et regis quinze ans.
> Mais la mort quy ne nous oublye,
> De vivre me couppa le temps.
> (*D. Laderrière, Mss. précité*).

Le choix des moines dans l'élection du nouvel abbé en 1289, tomba sur Jean II. Licencié en théologie, il joignait à de vastes connaissances toute l'habileté que demande la direction d'une maison conventuelle. L'official d'Amiens reconnut, par lettres datées de 1293, que Jean, dit Aloiaus, de Bonnière, avait vendu, du consentement de sa femme et de sa mère, sept *septiers* et une *mine* de bled, mesure de Doullens, qu'il percevait sur la grange de l'abbaye de Cercamp à Croisette. En 1298, Jean II, fit avec Jean Loysel, l'achat et l'échange de 12 journaux de terre situés sur le chemin de Bouret à Frévent. Deux ans après (1300), il transigea avec les seigneurs de Ligny au sujet de diverses contestations de droits et de propriétés. En 1301, la dîme de Rebreuve fut donnée à l'abbaye de Cercamp. Enfin, le pape Boniface VIII adressa à l'abbé Jean, une bulle par laquelle il confirmait de nouveau toutes les faveurs et tous les priviléges déjà accordés par les pontifes romains, ses prédécesseurs. Jean mourut en 1303, après quinze années d'exercice abbatial.

NICOLAS, 20ᵉ abbé.

(1303.)

> Homme de noble vie et sainct,
> Fut en son temps ce bon prélat ;
> Il servit Dieu en grand crainte,
> Mais la mort le coucha tout plat.
> (*D. Laderrière, Mss. précité.*)

Les exercices de la pénitence et de la contemplation avaient élevé Nicolas à une vertu éminente. Il joignait à des connaissances très-étendues, une piété exemplaire ; mais l'abbaye ne posséda pas longtemps ce digne abbé ; il mourut le 18 février et fut enterré dans le chapitre sous un tombeau de marbre (1).

---

(1) Le religieux dom Laderrière dans sa chronique du monastère, observe que l'épitaphe avait été fort endommagée par l'humidité.

JEAN III, 21ᵉ abbé.

(1303-1312).

> Dix ans exercay mon office
> A mon pouvoir certainement ;
> Puis résignay le bénéfice,
> Car langoureux fus longuement.
>
> (*D. Laderrière, Mss. précité.*)

Jean III, appelé à remplacer Nicolas à la tête de l'abbaye de Cercamp, fit voir par sa prudence et sa sagesse qu'il savait porter le fardeau de la dignité abbatiale. En 1304, il obtint de Philippe-Auguste, roi de France, une charte concernant les droits d'amortissement, les priviléges et les diverses exemptions de sa maison. Les revenus s'accrurent sous son administration, de la dime de Hauteclocque (1306.)

A la suite d'une contestation qui s'était élevée entre les religieux et l'échevinage de Doullens, un arrêt du Parlement, rendu en 1312, adjugea à l'abbaye les droits de haute, moyenne et basse justice, sur le village de Bouquemaison. La même année, Hugues de Campdavesne confirma aux religieux de Cercamp la propriété des bois dits *La Haye-le-Comte*.

L'abbé Jean fut surpris au milieu de ses travaux par une attaque de paralysie qui le força à descendre du siége abbatial qu'il avait occupé dix ans. On ne connaît pas l'année de sa mort ; on sait seulement qu'il décéda le 14 septembre et que le chapitre fut le lieu de sa sépulture.

On lisait sur sa tombe, placée devant le siége du président, cette modeste inscription : *Hic jacet Dominus Joannes vigesimus primus abbas Caricampi.*

JEAN IV, 22ᵉ abbé.

(1312-1318.)

> En chapitre souz ung marbre
> Fut ma charongne sépulturée ;
> Sy j'aye bien faict ichy en terre,
> Mon ame aux cieulx est bien heurée.
> (*Dom Laderrière, Mss. précité*).

A la démission de Jean III, Jean de Chesale fut élu à sa place. En 1316, les inondations causèrent de sérieux ravages : le blé, le vin manquèrent presque complètement par suite d'une trop grande abondance de pluie ; c'était l'époque où, selon le père Daniel (1315), la France entière se vit exposée à une affreuse disette par l'absence de toute espèce de céréales et de toute récolte productive (1). Jean IV lutta de toutes ses forces contre l'adversité et rappela à lui ses frères dispersés. Ce fut de son temps que le comte de Saint-Pol, Gui III de Châtillon, fut enterré dans l'église de Cercamp (1317) ; son corps fut déposé dans la chapelle dédiée à Saint-Firmin. Sa tombe en marbre blanc, avait environ cinq pieds d'élévation ; il était représenté couché auprès de sa femme Marie, fille de Jean duc de Bretagne, et de Béatrix, comtesse de Richemont, fille d'Edouard Iᵉʳ, roi d'Angle-

---

(1) Historia Sanderiana, folio 266. — P. Daniel, *Histoire de France*.

terre (1). Le comte de Saint-Pol était lui-même grand bouteillier de France. Voici quelle était son épitaphe :

CY GIST.
NOBLE PRINCE ET TRÈS-PUISSANT SEIGNEUR
MONSEIGNEUR GUY DE CHASTILLON
JADIS COMTE DE SAINT-POL, QUI TRÉPASSA
L'AN DE GRACE MCCCXVII, LE VI D'AVRIL.

C'est le seul acte important que nous ayons rencontré relatif à l'administration de Jean IV. On ignore son âge ainsi que l'année de sa mort. On sait seulement qu'il mourut le 21 février et qu'il fut enterré, comme son prédécesseur, dans le chapitre sous un tombeau de marbre. On y lisait cette épitaphe.

HIC JACET.
DOMINUS JOANNES DE CHESALO, VENERABILIS
ABBAS CARICAMPI. OBIIT SECUNDO FEBRUARI.

---

(1) Tandem ad tantæ gloriæ apicem evectus licet comes Guido, mortis legibus cedere necesse habuit, undè è vitâ excessit 6 Aprilis anni 1317, magno sui per totam Galliam desiderio relicto. Delatum est corpus in communem majorum sepulturam, ad Abbatiam nempè Caricampensem, (cujus fuerat admodum munificus), humandum in Santi Firmini sacrario, sub magnifico Mausolæo marmoreo, quod visitur, (ait Locrius ad annum 1613) ad quintum quasi pedem a terrâ exsurgens, binâque comitis et sponsæ statuâ eminens, quibus hæc subjiciuntur Epitaphia.......
(Turpin, *Histoire des comtes de Saint-Pol*, p. 172.)

GUILLAUME, 23ᵉ abbé.

(1318-1319).

> Je fus natif de Neuvillette,
> Ny seay sy fis bien mon acquist,
> Néant moins ma pensée fut nette
> Quant mort me visita subit.
> (*D. Laderrière, Mss. précité*).

Les auteurs de *Gallia Christiana* donnent pour successeur à Jean IV un abbé du nom de Firmin. Nous n'avons retrouvé aucune trace de ce prélat dans les nombreux actes qui composent les archives du monastère. Du reste, pendant toute la durée du XIVᵉ siècle, ces auteurs sont continuellement en désaccord avec Ferry de Locre, Turpin et les diverses chroniques de l'abbaye, relativement à la suite des abbés de Cercamp. Quant à nous, nous avons suivi la série donnée par le religieux Dom Laderrière de préférence, et d'autant plus volontiers qu'elle est souvent en concordance avec les noms et les dates mentionnées dans un grand nombre de pièces que nous ont fournies les archives départementales du Pas-de-Calais.

Guillaume de Neuvillette venait à peine de remplacer Jean IV sur le trône abbatial, lorsqu'une mort subite l'enleva à l'affection de ses religieux. On ne sait ni l'année ni le jour de sa mort, et les annales du monastère n'ont signalé aucun fait relatif à son administration

ENGUERRAND I‍er, 24ᵉ abbé.

(1319-1335).

> Seize ans eus domination
> De ce très devot monastère ;
> Je deboutay tentation,
> Dont je remerchie Dieu mon père.
> (*D. Laderrière, Mss. précité*).

Enguerrand fut appelé à jouer un rôle plus important que celui de plusieurs de ses devanciers. En effet, la guerre intestine désolait alors quelques monastères de l'ordre de Citeaux. Une étincelle partie de Thosan, près de Bruges, avait porté partout la désolation et le désordre. Les frères convers de Thosan, on ne sait pour quelle cause, s'étaient insurgés contre leur abbé ; l'un d'eux même s'oubliant jusqu'à la dernière limite, osa porter la main sur son supérieur et ne s'arrêta que lorsqu'il eût frappé mortellement l'un des plus anciens religieux de la maison. Aussitot on dut aviser : tous les abbés et les prieurs s'assemblèrent en chapitre général et il fut décidé que conformément à ce qui se pratiquait pour les corporations religieuses vêtues de noir, (*nigrorum monachorum*), les frères qui, en très-grand nombre, étaient dispersés dans les granges, seraient rappelés dans l'intérieur du monastère pour s'y livrer aux travaux domestiques ; mais cette mesure de prudence ne s'exécuta pas sans peine, elle amena des désordres. Tous les convers protestèrent contre cette gênante innovation, ils le firent d'abord avec une véhémence qui ressemblait passablement à la fureur ; mais avec le temps les esprits se radoucissant, peu à peu le nombre des récalcitrants finit par se réduire et par s'éteindre insensiblement.

Tous ces tracas n'empêchèrent pas l'abbé Enguerrand de veiller aux intérêts de sa maison. Il fit divers accords avec le maire et les échevins de Frévent, 1322 ; le seigneur de Rollepot, 1324 ; Baudouin, seigneur de Ligny, 1328 ; Jean de Chatillon, comte de Saint-Pol, 1328 ; et enfin avec Pierre, seigneur de Hauteclocque, pour maintenir les droits et priviléges du monastère. Il fit en outre l'acquisition d'une maison sise à Frévent, en 1334, et échangea, au profit de l'abbaye, plusieurs lots de terre situés sur Ransart et Bouquemaison, décembre 1327.

Au mois d'août 1332, Enguerrand accepta de Nicolas, seigneur de Ligny, la fondation de deux messes à perpétuité qui devaient être dites chaque semaine pour lui, pour ses enfants et pour ses ancêtres dans la chapelle de Saint-Nicolas. Cet abbé reçut des preuves de la munificence royale et du souverain pontife, des lettres de Philippe-le-Bel du mois de mars 1326 et une bulle du pape Jean XXII maintenant l'abbaye dans ses priviléges.

Un acte de 1334 fait mention du religieux Thomas, dit Delforge.

JEAN V, 25e abbé.

(1335-1339.)

> Bien gouverna ce bon pasteur,
> Et en ce lieu fructifia ;
> Mais en la fin à grand doleur
> L'ame du corps se deslia.
> (*D. Laderrière, Mss. précité*).

A la mort d'Enguerrand, la communauté assemblée porta unanimement ses suffrages sur Jean V. Ce prélat de pieuse mémoire fut, d'après la chronique du monastère, aussi zélé que ses prédécesseurs pour tout ce qui touchait au culte divin. De plus, d'après l'annaliste Dom Laderrière, il fut toujours rempli d'une inépuisable charité envers ses frères et plein d'ardeur pour la maison de Dieu.

Pendant son administration, une rente annuelle de 46 l. parisis fut faite à l'abbaye par Robert de Richemesnil (1). Malheureusement la communauté de Cercamp ne posséda pas longtemps cet homme vénérable ; il mourut en 1339.

Les auteurs de *Gallia Christiana* placent après lui un abbé du nom de Wibrand dont nous n'avons retrouvé aucune mention ni dans les actes, ni dans les cartulaires de l'abbaye.

---

(1) Richemesnil, *Riquemesnil*, hameau de Hem.— L'abbaye de Cercamp-les-Frévent possédait sur le territoir de Hem une maison et des prairies. M. Warmé dit avoir trouvé à Doullens des documents qui nous font connaître que toutes les fois que la maison avait besoin de réparations et qu'il fallait vider les fossés des prairies, le supérieur du monastère s'abstenait d'y envoyer ses ouvriers avant d'en avoir obtenu l'autorisation de l'échevinage de Doullens (Warmé, — *Histoire de Doullens*).

ROBERT III, 26ᵉ abbé.

(1339-1350.)

> En paix et bonne tranquilité
> Passaye la plus part de ma vie ;
> Mais en la fin infirmité
> Me print et longue maladie.
> (*D. Laderrière, Mss. précité*).

Robert III fut appelé à la dignité abbatiale de Cercamp, qu'il remplit avec distinction pendant onze ans, sans que rien put jamais le détourner de l'accomplissement de sa mission. Voici les principaux actes relatifs à l'administration de cet abbé :

1° Donation faite à l'abbaye de 20 l. à recevoir annuellement par la prévôté de Saint-Pol pour une messe de chaque jour de l'année, par Guy de Chatillon, comté de Saint-Pol (1339).

2° Autre donation faite à l'abbaye par Jean de Chatillon, comte de Saint-Pol, de 10 l. parisis de rente annuelle et perpétuelle à prendre sur la vicomté de Doullens (1340).

3° Différend meu entre les comtes de Saint-Pol et les religieux de Cercamp en 1340 et terminé en faveur de ces derniers (1340).

4° Fondation d'un obit annuel pour Hugues, chevalier, sieur de Brouilli, moyennant 45 l. payables chaque année aux religieux (1347).

5° Acte passé entre les officiers d'Hesdin et les religieux de Cercamp au sujet de la justice de Beauvoir (1350).

Pendant la dernière année de la prélature de Robert III,

le pape Benoît XII accorda, en 1342, à l'abbaye de Cercamp plusieurs grâces particulières.

A son gouvernement semble se rapporter l'érection du tombeau de Marie, fille de Jean, duc de Bretagne, et de Béatrix, comtesse de Richemont, fille d'Edouard Ier, roi d'Angleterre, dans l'église de Cercamp (1). Elle était représentée couchée sur un marbre blanc auprès de son époux. Voici quelle était son épitaphe :

Cy gist noble et tres puissante Dame Madame Marie de Bretaigne, jadis comtesse de Saint-Pol, qui trépassa l'an MCCCXXXIX, le V may.

L'abbé Robert III mourut le 27 avril 1350.

---

(1) A cette occasion, Ferry de Locre, dans sa chronique des comtes de Saint-Pol, rappelle que des messes annuelles étaient ordinairement fondées en l'église de Cercamp par les princes qui voulaient y avoir sépulture et prières, et le prix de chacune de ces messes était un lot de vin.

ALBAN ou THOMAS, 27e abbé.

(1350-1359.)

> Cestuy sagement gouverna
> Et grant honneur fist à l'église,
> Puis du bénéfice ordonna,
> Et fust sa chair en cloistre mise.
> (*D. Laderrière, Mss. précité*).

Alban, connu aussi sous le nom de Thomas, est cité dans un contrat d'échange de 1352, fait entre l'abbaye et le prieur de Ligny. L'année suivante, une sentence du mois de février rendue par le procureur du roi au bailliage d'Amiens, reconnut à l'abbaye de Cercamp tous ses droits de haute, moyenne et basse justice. En 1334, Robert de Ligny vendit aux religieux une partie de son domaine attenant au leur.

Une bulle relative à la visite des évêques avait porté atteinte aux priviléges de l'ordre : un titre de 1353 la révoqua et une lettre adressée aux abbés du Gard, de Cercamp, de Valoire et de Lieu-Dieu, rétablit les anciennes prescriptions dans toute leur force et leur teneur. C'est presque tout ce qu'on sait de l'abbé Alban, ci ce n'est qu'après avoir gouverné son abbaye avec prudence et énergie dans des temps difficiles, il abdiqua la prélature. Il mourut le 10 janvier et fut enterré dans le cloître.

JEAN VI, 28e abbé.

(1359-1369.)

> Qui vauldroit les biens tous escrire
> Que jadis florirent en loy,
> Il n'est langue qui le puist dire.
> En tins un très honneste arroy.
> (*D. Laderrière, Mss. précité*).

Jean VI fut appelé à remplacer Alban sur le siége abbatial de Cercamp. Sous son administration, Charles V, roi de France, octroya à l'abbaye une charte confirmative de la donation de 1240 faite par Jeanne de Chatillon, comtesse de Saint-Pol (1). L'abbé Jean fit, le 25 février 1360, un accord avec les religieuses du Pont-aux-Dames, par lequel ces dernières abandonnèrent à l'abbaye diverses rentes quelles y prélevaient. Dans une supplique de 1364, l'abbé de Cercamp demanda aux maires et échevins de Doullens l'autorisation de relever des fossés autour d'une maison de son abbaye, sise au marais de Hem.

Par suite d'un accommodement avec l'abbé de Lisque, une rente de 40 l. parisis et 800 liv. d'arrérages à prendre sur la dîme de Homeghe, ancien don des comtes d'Artois, rentrèrent dans la caisse de Cercamp, 20 avril 1366.

Les religieux de Cercamp, ayant élevé des prétentions exagérées sur le fief de Ransart, durent y renoncer ; ils ne se réservèrent qu'une justice foncière sur le dit fief, laissant

---

(1) Charte de Charles V, dit le sage, roi de France, confirmative de la dite donation, datée de Senlis en l'an 1365, enregistrée à la chambre des comptes de Paris le 25 octobre 1365.

au maieur et aux échevins *toute autre justice et seigneurie sur toutes leurs terres sises en la banlieue et notamment sur leur maison sise à Riquemesnil*. La transaction en date du 13 avril 1367 est revêtue de quatre sceaux en cire verte dont un seul, celui de l'abbé, est parfaitement conservé. Jean obtint aussi, de Marguerite, comtesse de Flandre, le réglement des droits de justice sur Beauvoir, qui étaient contestés par l'abbé d'Anchin (18 septembre 1367).

Il mourut le 7 avril.

JEAN VII, 29ᵉ abbé.

(1369-1372.)

> A Paris pour ung grand affaire
> En Parlement me transportay ;
> Mais il fut sy long à deffaire,
> Qu'en la fin mort y demouray.
> (*D. Laderrière, Mss. précité*).

Les archives du monastère de Cercamp nous apprennent que l'abbé Jean VII fut appelé à Paris au sujet d'une contestation de l'abbaye avec le comte de Boulogne. Il y mourut sans avoir eu la consolation de voir terminer ces importants débats.

JEAN VIII, 30° abbé.

(1372-1416.)

> En la chapelle Notre-Dame
> Fus inhumé a mon trépas,
> Luy priant que elle ait reçu l'âme,
> Quand de mort je passay le pas.
> (*D. Laderrière, Mss. précité*).

Jusqu'ici les rapports des souverains pontifes avec l'abbaye et, l'intérêt que lui portaient les seigneurs des environs, ont fixé notre attention d'historien. C'est à peine désormais si nous trouvons quelque souvenir qui puisse recommander chaque abbé à l'oublieuse mémoire des hommes. Ces prélats, pleins de vertu et de sainteté, qui présidèrent au développement de l'abbaye et qui remplirent leur siècle, sont couchés dans la tombe. Leurs successeurs n'ont laissé ni livres, ni histoires ; une chronique du monastère seule, brève et souvent sans couleur, quelques chartes renfermant des échanges ou des acquisitions de biens, donnent tout au plus l'époque où ils vivaient.

Quoiqu'il en soit, Jean VIII fut appelé au siége abbatial peu de temps après la mort de Jean VII, et fut ainsi le 30° abbé de Cercamp. Mais il nous reste bien peu de souvenirs de lui... On ne perdra point de vue que l'époque où il vivait, concorde avec celle des continuelles alarmes qui souvent n'ont pas permis aux écrivains de remplir les lacunes que renferment leurs annales. Voici dans l'ordre chronologique les faits contemporains que nous avons pu rencontrer :

En 1379, l'évêque d'Amiens confirme les priviléges de l'abbaye relativement à la juridiction épiscopale. Deux ans après, grâce à l'intervention de Marguerite, comtesse d'Artois, Jean entre en arrangement avec Walerand de Luxembourg, au sujet de contestations sur les droits de justice.

Nous trouvons dans les archives départementales du Pas-de-Calais, à la date de 1381, des lettres de donation faite par Gauthier de Chatillon, comte de Saint-Pol, de cent sols parisis à prendre sur Frévent.

En 1386, l'abbé de Cercamp réclamait et obtenait du roi de France, des lettres de sauvegarde contre les menaces et les dommages continuels de la guerre.

Un différend s'éleva en 1387 entre l'abbaye et le comte de Saint-Pol, au sujet de la haute justice dans le monastère et toutes ses dépendances. Une transaction eut lieu entre les parties, à la suite de laquelle le comte de Saint-Pol reconnut que les religieux avaient tout droit de justice dans l'abbaye et dans tous les prés ou marais, étangs et rivières depuis Cercamp jusqu'à Frévent et autres lieux.

Un arrêt du Parlement de Paris du 16 avril 1390 condamna le comte de Boulogne à payer à l'église de Cercamp, 10,000 harengs par an avec lettres de *committimus* de Charles, roi de France.

Après avoir donné des lettres d'amortissement à l'abbaye de Cercamp et l'avoir exemptée de nouveau des différents droits de *travers*, *péage* et *passage*, Charles VI adressa aux mayeur et échevins de Doullens des lettres mettant fin à un procès qu'ils avaient intenté à l'abbaye au sujet de la ferme de Ransart.

Le 19 février 1400, nous voyons Wallerand de Luxembourg donner aux religieux de Cercamp 7 l. parisis de rente à prendre sur les domaines de Sibiville et Magnicourt, appartenant à l'abbaye d'Etrun. Un an après, en 1401, il y eut transaction au sujet de divers droits sur Sibiville entre l'abbaye de Cercamp et celle du Mont-Saint-Eloy ; elle fut confirmée par l'évêque d'Arras.

Enfin, en 1408, Jean VIII recevait de nouvelles lettres de sauvegarde du roi de France.

1415 fut la date fatale de la journée d'Azincourt. Le nouveau traité de paix conclu à Arras avait été bientôt rompu. C'était la cinquième tentative de conciliation qui restait sans résultat. Cette fois ce fut Henri V, roi d'Angleterre, qui commença les hostilités. Irrité du refus que lui avait fait Charles VI, de lui donner la main de sa fille Catherine, avec le comté de Ponthieu pour dot, il débarqua à Harfleur et s'avança dans le pays ; puis effrayé de l'epidémie qui ravageait son armée, il ne demanda qu'à gagner Calais à la hâte. Trouvant tous les ponts de la Somme occupés sur son passage, il remonta ce fleuve qu'il franchît vers sa source. Le 19 ou 20 octobre 1415 il était aux portes de Doullens, et couchait avec son armée à la cense d'Hamancourt. Cette ferme et les hameaux de Fréchevillers et de Vicogne étaient assujettis au logement des gens de guerre. Le duc de Bourgogne de son côté, passait la nuit avec les Flamands non loin de l'*Ost* du monarque anglais. Il vit arriver à lui le connétable Charles d'Albret, qui avait rallié à Péronne les ducs de Bar, d'Alençon et de Vendôme et amenait aussi les milices de Champagne et d'Artois. L'armée française se trouva alors au complet. Le connétable la déploya dans le triangle décrit par Saint-Pol, Doullens et Hesdin, et la partagea en trois divisions qui occupaient chacun de ces trois points ; le centre qu'il commandait, à Hesdin, l'aîle gauche à

Saint-Pol et la droite à Doullens ; puis il attendit l'apparition de l'ennemi dont il n'avait plus aucune nouvelle (1).

Celui-ci cependant n'était pas loin, il fut même rejoint au point du jour suivant par les hérauts des ducs de Bourgogne et de Bourbon qui vinrent offrir la bataille au roi d'Angleterre ; Henri, après une réponse évasive, fit reprendre à son armée la direction d'Albert, dormit à Acheux et à Forceville, son avant-garde étant à Louvencourt. A l'aube, au lieu de continuer son mouvement vers le Nord, comme on aurait pu le supposer, il obliqua, laissa Doullens à une lieue sur sa gauche, traversa Lucheux et se rejetant franchement à l'Ouest, se logea à Bonnières, où devait s'arrêter l'avantgarde et où le roi se rendit par erreur, car ses logements étaient marqués dans un village plus bas. Le duc d'Yorck, qui devait coucher à Bonnières avec l'avant-garde, alla jusqu'à Frévent, sur le bord de la Canche, et les deux ailes se dispersèrent dans les villages voisins, Ivergny, Sus-Saint-Léger, Villers-l'Hôpital et Le Souich (2). Les Anglais firent donc invasion, portant partout avec eux le fer, la flamme et la dévastation.

Le monastère de Cercamp fut ravagé et pillé. Les terres en Artois, le long de la Picardie, étant demeurées plusieurs années sans culture, il survint une famine qui força les pieux cénobites à se retirer de nouveau dans les maisons de leur ordre qui se trouvaient à l'abri du fléau. Lorsque des temps meilleurs reparurent, ils rentrèrent dans leur monastère et à force de patience et de travaux, ils firent renaître la fertilité dans les champs abandonnés et couverts de ronces.

---

(1) M. de Belleval. *La Guerre aux XIVe et XVe siècles*, p. 285.
(2) M. de Belleval. *La Guerre aux XIVe et XVe siècles*, p. 288.

Le 21 février 1415, le prieur de Lucheux fut débouté de ses prétentions sur la justice de Sibiville dont il avait voulu s'emparer au détriment de l'abbaye.

Quant à ce qui touche directement l'administration abbatiale de Jean VIII, les chroniques en disent très peu de chose ; elles nous apprennent seulement qu'il mourut le 31 mai et qu'il fut enterré dans l'ancienne chapelle de la Vierge.

Nous trouvons à l'année 1399, le nom de Pierre-le-Tondeur comme moine de Cercamp.

ROBERT IV, 31e abbé.

(1416-1447.)

> De Rome entreprins le voyage,
> Quand j'eusse la crosse résignée ;
> Mais ce fust la fin de mon eaige,
> En Italie fut terminée.
> (*D. Laderrière, Mss. précité.*)

Cet abbé, que Ferry de Locre et les auteurs de *Gallia Christiana* désignent sous le nom de Pierre, surveilla de son mieux, dit la chronique, les intérêts de sa communauté. Il réclama et obtint en 1419, la confirmation des droits de l'abbaye de Cercamp sur quatre maisons situées à Frévent et celle de plusieurs autres priviléges, entr'autres le droit de faire flotter les prairies de Cercamp. L'année suivante, Aubert de Mellers laissa par testament 40 sols à prendre sur sa terre et une *mine* de blé sur Frohen. Ce prélat obtint, en 1427, une bulle du Souverain-Pontife, Boniface, ratifiant et confirmant tous les priviléges dont jouissait la maison. On voit aussi qu'à cette époque, le bailli d'Amiens ordonna, par sentence de 1438, le payement de cent sols de rente que les religieux avaient à percevoir sur la ville et la taille de Pas, et par celle du 10 avril 1442, reconnut le droit qu'avait l'abbaye d'un cens de trente sols à prendre sur 12 journaux de terre situés sur le terroir de Ligny.

Enfin, un contrat d'acquisition de 1440, au profit de l'abbaye de Cercamp, d'une maison située à Doulens, vint clore la liste des actes qui signalèrent l'administration de Robert.

Ce fut ce prélat qui présida aux funérailles du comte de Saint-Pol, Pierre de Luxembourg, premier du nom. Le cénotaphe en marbre blanc fut élevé au milieu du chœur de l'abbaye ; il était chargé de la statue du défunt et de celle de Marguerite des Esbaux, sa femme, morte en 1369, statues dont la tête, les mains et les pieds étaient en ivoire. On étendoit sur ce tombeau un drap de velours tissu d'or, digne, dit Ferry de Locre qui nous fournit tous ces détails (1), *de servir aux funérailles des rois.* On y lisait l'épitaphe suivante :

Cy gist hault et puissant seigneur, Monseigneur Pierre de Luxembourg, comte de Saint-Paul, de Conversan et de Brienne ; seigneur d'Enghien, de Fiennes et chastellain de Lille, qui trépassa l'an de grâce 1433, *le dernier jour du mois d'aoust. Priés Dieu pour luy.*

Avant de mourir, le comte de Saint-Pol avait fondé une messe qui devait être célébrée chaque jour pour le repos de son âme. On devait allumer des cierges aux quatre coins de son tombeau, et, à cet effet, les religieux devaient recevoir un muid de vin, le samedi de chaque semaine.

L'abbé Robert IV demanda humblement et avec les plus vives instances, de déposer la crosse, ce qu'on finit par accorder à ses ardentes prières. Il entreprit le voyage de Rome ; mais il n'eut pas le bonheur de revoir son pays, car il mourut dans cette ville. On ignore l'année de sa mort ; on sait seulement qu'elle arriva le 20 avril.

---

(1) Ferry de Locre, *Histoires des Comtes, Pays et Ville de Saint-Pol.*

JEAN IX, 32° abbé.

(1447-1456.)

> Nœufz ans dura en ce repaire,
> Large, courtois, gracieulx et vertueulx ;
> Le beau clocher ordonna faire,
> A tous biens estoit curieulx.
> (*D. Laderrière, Mss. précité*).

Jean IX, 32° abbé de Cercamp, s'acquitta, à la satisfaction publique, des fonctions qui lui avaient été confiées, zélé pour la maison de Dieu, il fit construire, au-dessus de l'église, un clocher assez élevé, dont la flèche aigüe, de forme gothique, était découpée avec une admirable délicatesse. Rien ne fut épargné pour la construction de cette flèche, dont toutes les pierres étaient sculptées dans le style de l'époque. La foudre frappa ce monument et endommagea le toit de l'église en 1558.

Appliqué aux soins temporels de la maison, il obtint en 1453, pour ses religieux, la liberté de vendre en détail le vin de leur cru du Beauvoisis, dans la maison qu'ils avaient à Doullens sans payer aucune redevance. Ainsi se passa l'administration de Jean IX, au milieu des soins incessants qu'il donnait à tout ce qui concernait sa maison. Il mourut en 1456.

ENGUERRAND DE CRÉQUY, 33° abbé.

(1456-1486.)

> La bassecourt fust en son temps
> Et gouverna très saigement :
> Après qu'eust fait vingt huit ans,
> Il céda voluntairement.
> (*D. Laderrière, Mss. précité*).

Enguerrand de Créquy se faisait remarquer par les qualités de l'esprit et du cœur ; on admirait sa science et sa piété ; aussi, à la retraite de Jean IX, fut-il unanimement désigné pour le remplacer.

Le 9 juin 1457, l'abbaye reçut la visite du cardinal légat Clain, qui donna à l'abbé le pouvoir de dire la messe sur un autel portatif et dispensa les moines de certains vœux, entr'autres celui de réclusion.

Aussitôt en fonctions, Enguerrand donna tous ses soins à l'entier achèvement de la maison. Les constructions de la basse cour furent son œuvre. Il s'occupa aussi des diverses maisons et fermes dépendant du monastère. Nous le voyons en 1464, diriger les travaux d'assainissement à exécuter à Riquemesnil.

« Les religieux de Cercamp s'étaient trop bien trouvés
» de leur ancienne politesse pour négliger de s'en faire un
» nouveau mérite ; car ils avaient encore besoin de la même
» permission pour les travaux d'assainissement à exécuter à
» leur maison de Riquemesnil, où nous poons ne devons
» rien faire ou faire faire, disait l'abbé dans sa supplique,
» sans la grace, licence et congiez des honnêtes hommes

» et sages, maieur et eschevins de la ville de Doullens,
» comme hauts justiciers. » Voilà un homme qui savait
vivre ; aussi obtint-il ce qu'il désirait (2 août 1464) (1).

Ce saint prélat, soigneux des intérêts de sa communauté, obtint de Louis XI, en 1463, la confirmation de tous les droits et priviléges dont elle jouissait. Ce monarque, après avoir flatté la vanité Doullennaise, en enregistrant dans un acte public le souvenir d'une ancienne prospérité peut-être un peu exagérée, s'occupa aussi de la riche abbaye de Cercamp, et confirma en sa faveur les différents priviléges que plusieurs rois ses prédécesseurs avaient accordés à l'ordre de Citeaux en général. Ses lettres portent : *Datum in Dullendio, die vicesimâ primâ januarii, anno Domini M°CCCC° sexagesimo tertio* (2).

La même année, le bailli d'Amiens fit restituer, par sentence aux religieux de Cercamp, une pièce de terre dont le maire et les échevins de Doullens leur contestaient la propriété. Nous voyons à la date de 1467, un traité entre l'abbaye et le monastère d'Anchin au sujet de leurs droits réciproques sur le territoire de Croisette.

Depuis longtemps l'abbaye jouissait de nombreuses immunités concernant le transport des objets de consommation des religieux. Un arrêté du Parlement de 1465, une sentence rendue le 1er décembre 1471 et une autre de 1478, vinrent en confirmer la gratuité à la communauté. L'abbé Enguerrand reçut encore, en faveur de sa maison : 1° une bulle du

---

(1) Warmé, *Histoire de Doullens*.

(2) *Ordonnances des rois de France*, tome vi, page 159. — *Mém. de la Soc. des Antiq. de Picardie*, tome v. *Histoire de Doullens*.

souverain Pontife Pie II, en date de 1467 ; — 2° des lettres d'amortissement de Charles, duc de Bourgogne pour la maison de Doullens, 1474, — 3° la reconnaissance du droit qu'avait l'abbaye de prélever la dîme et le terrage sur le territoire de Séricourt.

Le 12 avril 1481, Innocent VIII adressa une bulle aux abbés dépendant de l'ordre de Citeaux. Il y rappela les faveurs qui leur avaient déjà été accordées, comme de donner les ordres mineurs, de bénir les pierres sacrées des autels, les ornements sacerdotaux, les ciboires, les images, de consacrer les calices et les autels, de porter la mitre et l'anneau pastoral, de donner la bénédiction solennelle, de réconcilier les églises et les monastères, pourvu qu'ils n'aient pas été souillés par un homicide et qu'on se servit d'eau bénite par un évêque. Il ajouta à tous ces priviléges celui de donner les ordres sacrés aux sous-diacres et aux diacres du monastère, pour les exempter d'aller çà et là pour les ordinations. « *Nous qui chérissons votre ordre par dessus tous les autres, nous faisons gloire de le combler de faveurs et de priviléges à l'exemple de nos prédécesseurs.* »

Ce fut sous la prélature d'Enguerrand de Créquy que Pierre de Luxembourg, 2° du nom, comte de Saint-Pol, fut enterré dans l'église de Cercamp. Etant mort, le 25 octobre 1482, dans son château d'Enghien en Hainaut, on lui fit, selon le rapport de Buzelin, des funérailles magnifiques ; son corps fut ensuite transporté, avec celui de Marguerite de Savoye, sa femme, morte l'année suivante, à Cercamp dans le chœur de l'église. Leur mausolée était aussi en marbre, surmonté de leurs statues, avec cette épitaphe :

Chy gist hault et puissant seigneur et de noble recordation,

Monseigneur Pierre de Luxembourcg, comte de Saint-Pol, de Ligny, de Conversan, de Briennes, de Marles et de Soissons, vicomte de Meaulx, seigneur d'Enghien, d'Oisy, de Ham, de Bohaing, de Beaurevoir, de Rhodes, de Tingry, de Huclier, de Berles, de Lucheux, de La Ferté, de Vendœul, de Condé en Brie, de Dunquercq, de Bourbourg, etc., des Transports de Flandre, de la Bassée, les Tonnelieux de Bruges, chastelain de Lille, fils de hault et puissant spigneur Monseigneur Louys de Luxembourg, connestable de France, et de Madame Jehanne de Bar, comte et comtesse, seigneur et dame des lieux des susdits, qui trespassa en son chastel dudict Enghien, le 25ᵉ jour d'octobre l'an 1482. Priez Dieu pour lui.

Pierre de Luxembourg avant de mourir avait fondé, pour le repos de son âme, une messe quotidienne avec sonnerie et luminaires. Cet exemple fut toujours suivi par les comtes de Saint-Pol, qui demandèrent à être enterrés dans l'église de Cercamp.

L'abbé Enguerrand se retira volontairement au bout de 28 ans de prélature. Ce qu'il y a de certain, c'est que le jour de sa mort est fixé au 14 décembre 1484. Il reçut sa sépulture dans la chapelle de Saint-Bernard où l'on pouvait lire encore du temps de Ferry de Locre son épitaphe écrite en français.

JEAN X, 34ᵉ abbé.

(1484-1503.)

> Boucquemaison jay achevé,
> Aussy la croix près de la porte,
> Le beau sepulchre fort bien paré
> Quy de soy dévotion porte.
> (*D. Laderrière, Mss. précité*).

Laurent Lefranc, profès de Cercamp, se faisait remarquer par sa piété, sa douceur et sa prudence, lorsque par suite de la démission d'Enguerrand de Créquy, il fut désigné pour lui succéder. Il reçut la confirmation des mains de l'abbé de Pontigny sous le nom de Jean X. A cette époque, les religieux de Cercamp furent maintenus en possession du droit de *Champart* sur leur domaine de Ransart.

Jean Laurent acquit du chevalier d'Humières, le 14 juillet 1490, la terre et seigneurie de Bouquemaison « *en* » *laquelle terre les religieux ont toute justice et seigneurie* » *vicomtière et au-dessous, bailly, sergent et autres officiers* » *pour icelle justice et seigneurie, garder maintenir et exercer* » *et autres tels droits que à justice vicomtière peut et doit* » *compéter et appartenir selon l'usage et coutume du pays et* » *dudit lieu de Bouquemaison, sauf et réserve au Roy notre* » *sire, duquel seigneur lesdits religieux, abbé et couvent de* » *Cercamp tiennent icelle terre de Bouquemaison, même à,* » *pour et sans moyens, à cause de la ville et chatellenie de* » *Doullens, le sang, l'eestrayure et fourfaiture que les maire* » *et eschevins de Doullens doivent et sont tenus d'adjuger au* » *roi notre sire toutes et quantes fois que le cas sy offriroit.* »
Jean assista à la réunion générale de l'ordre à Paris, 1493.

Le 10 juin 1428, ce prélat fit l'acquisition du fief Blégières, situé sur Frévent. Il reçut ensuite (1490) la donation de tous les marais situés depuis Frévent jusqu'à Bouret. La même année, Hugues Pruvost, curé de Gouy-Ternas, fit un testament au profit de l'abbaye avec fondation d'un obit dans l'église de Cercamp. Peu après, l'abbé obtenait de l'empereur Maximilien et de Philippe, archiduc d'Autriche, des lettres de sauve-garde datées de 1494.

Jean X, donna les soins les plus minutieux au temporel et au spirituel de son monastère : c'est ainsi que nous le voyons en 1492 et 1496 augmenter considérablement les possessions de l'abbaye par l'acquisition de sept journaux de terre à Ransart, de deux maisons, du fief de la Motte, de 14 mesures de terre à Frévent et des moulins de Bouquemaison. Toujours attentif à ce qui concernait son église et sa communauté, il ne négligea aucune occasion de les servir et de les mettre en honneur. Sous son gouvernement, le sanctuaire s'enrichit d'un magnifique sépulcre et il fit élever une très-belle croix au-dessus de la principale entrée de l'abbaye ; il y avait fait graver le chronogramme suivant : *sVM sIC aVXILIIs LefranC eXsCVLpta JoannIs.*

Jacques de Luxembourg, connétable de France, voulut reposer auprès de ses ancêtres dans l'église de Cercamp. Etant mort en 1487, son corps y fut inhumé dans un tombeau de marbre avec cette épitaphe :

Cy gist Jacques de Luxembourg,
Hault, puissant et noble seigneur :
Jadis seigneur de Richebourg,
Chevalier vaillant plein d'honneur,
En armes montra sa valeur,

En plusieurs lieux de souvenance
Hardy fust et entrepreneur,
L'ordre porta du Roy de France,
D'aoust la vingtième journée,
Quatre vingt sept mille quatre cens,
A Mantes sur Seine Louée
Est sa personne trespassée.
Catholicque plain de bon sens,
Pries à Dieu, vous les liseurs,
Qu'il donne Paradis à l'ame
Du corps gisans soubz ceste lame.

Jean X mourut au bout de 19 ans de prélature, le 23 août 1503, et fut inhumé dans la chapelle de saint Jean-Baptiste.

Parmi les religieux contemporains de l'abbé Jean X, nous citerons : Landon, prieur, — Boudon, cellerier, 1485.

LOUIS VIGNON, 35ᵉ abbé.

(1503-1512.)

> En dix ans que maintins ce lieu
> Ung molin à vent eslevay ;
> Puis je rendis mon âme à Dieu,
> Marys que mieulx ne proufitay.
> (*D. Laderrière, Mss. précité*).

Il nous est resté bien peu de chose de l'administration de Louis Vignon. Il fit construire un moulin à vent dans Bouquemaison et augmenta, en 1508, le domaine de Frévent de plusieurs héritages de la valeur de 40 livres. Nous voyons, à la date du 29 mai de cette même année, une sentence accordant réparation aux religieux de Cercamp par Jean de Hucqueliers dit Canaples, *au sujet des troubles et des dommages qu'il avait causés dans la partie de la Canche située vers Bouret.*

Le 28 septembre 1507, est la date de l'institution des coutumes de Cercamps (1). L'abbé et les religieux furent

---

(1) *Coustumes localles et usages* de toute anciennetté des terres et seigneuries appartenanst à messieurs les relligieux, abbé et couvent de l'église Nostre-Dame de Cercamp de l'ordre de Cisteaux, situez et assisez ès mette de la prévosté de Doullens. Lesquelles baille lesd. Relligieux à messieurs les commissaires du Roy nostre sire, ordonné par iceluy sieur pour corriger les coustumes du bailliage d'Amiens et prévosté dudit Doullens.
        Primes
Lesdits Relligieux, abbé et couvent en leur monastère fondé par les comtes de Saint-Pol, amorti soubz le Roy nostre sire, ont toute justice et seigneurie haulte, moyenne et basse avecq amende de soixante sols parisis, quand le cas y eschet et sept sols six deniers de petite amende, depuis la première porte nommée la porte du bois jusques au bout du camp des vignes, tant hault comme bas en venant, de bon endroict à la rivière de Canche par le

appelés en qualité de seigneurs de Bouquemaison, devant

Relay et jusques au Marais de Frévench, en tournant autour du pré de le Tabe jusqu'à la petite rivière, et de là montant en hault jusqu'au chemin de Bourrech, lequel est borné de bornes hautes et patentes, et esdites rivières aveucq aussy leurs étaus et rivières ; ont le droict dessus nommé aveucq les pescheries, seules et pour le tout, depuis lesdits marez de Frevench jusques au bosquet de Rebrœuves, ès prairies, tant decha comme de là le pont de Bourrech, ont pareil droict et seigneurie comme dessus ; ont aussy lesdits Relligieux ès prairies et manoirs contigus au chemin par lequel on va à la cousture, au long des pastyz de ladite abbaye, y compris lesdits patiz, toute justice et seigneurie, sy ont droit esdite rivière de mener ou faire mener ung ou plusieurs basteaulx jusques au molin de Frevench, et de faire abbatre tous empeschements au passage desdits basteaulx, si aulcuns y estoient trouvez et de mener leurs bestes paistre auxdits marez de Frevench toutes fois qu'ils leur plaist.

Item, à cause d'ycelle seigneurie lesd. Relligieux ont plusieurs hommes cottiers dont il leur est deüe pour relief le double du cent de vente et le sixième denier, avoir service de plaids de quinzaine en quinzaine, droict de issue, afforage et estalages, mort et vifs herbages et confiscations, quand le cas y eschet, y ont aussi Bailly, sergent et autres officiers.

Item, lesd. Relligieux, abbé et couvent ont en la ville et terre de Sibiville, toutte justice haulte, moyenne et basse, confiscations, amende de soixante sols parisis et six sols six deniers parisis de petite amende en laquelle seigneurie ont plusieurs hommes de fief dont leur est deüe à autre de relief soixante sols parisis et vingt sols du chambelage, avœc le droict d'aide tel que de relief et de vente le quinzième denier de plaids.

Item, à cause de lad. seigneurie de Sibiville, iceux Relligieux ont plusieurs hommes cottiers, lesquels doibvent à autre de relief le double du cent le seizième denier de vente pour les mannoirs et pour les terres champestres, doivent pour chacun journel dix deniers parisis de relief et de vente le sixième denier.

Item, lesd. Relligieux ont un fief nommé le fief de Castel situé entre Sibiville et Bugneville aussy au terroir de Sibiville, ont toutte justice haulte, moyenne et basse et pareilles autres droictures et seigneuries à celle de lad. ville de Sibiville.

Item, lesd. Relligieux en la terre et seigneurie de Leuseuz ont tel et

les commissaires députés par le roi, pour assister à la

pareil seigneurie et d'aussy grande valleur comme dessus et pareillement en leur seigneurie de Cercampville.

Item, lesdits Relligieux, abbé et couvent en leur terre et seigneurie de Sericourt ont toutte justice vicomtière en dessoubz, ont touttes les droictures appartenants aux seigneurs vicomtiers étant en la comté de Saint-Pol, sauf que le mort ne saisit point le vif et pareillement en leur seigneurie de Canettemont.

Item, lesd. Relligieux en leur terre et seigneurie de Montjoye ont pareillement toute justice vicomtière et en dessoubz et tels droicts que les seigneurs et vicomtiers de ladite comté de Saint-Pol.

Item, led. abbé et religieux et couvent de Cercamp en leur terre et seignerie de Cressonnière ont toutte justice vicomtière et en dessoubz avec tels et pareils droicts que ont les seigneurs vicomtiers de la dite comté de Saint-Pol, sauf que le mort ne saisit point le vif, mais prendront le double du cent pour relief et pareillement en leurs quatre mannoirs de Bourrée.

Item, lesd. Relligieux, abbé et couvent de Nostre-Dame de Cercamp en leur terre et seigneurie de Frevent nommé le fief de Saint-Ricquier ont toutte justice vicomtière et en dessoubz du cent pour relief et de vente le sixième denier avecq tout autres droicts accoustumés aux seigneurs vicomtiers de la comté de Saint-Pol.

Item, lesdits Relligieux, en quinze journaux de terre ou environ, seticez et joignants au bois de Rolepot, ont toutte justice vicomtière et en dessoubz pareille aux seigneurs vicomtiers de la comté de Saint-Pol, sauf qu'ils doivent telles rentes et reliefs que dessus.

Item, lesd. Relligieux, abbé et couvent de Cercamp en leur terre de Beauvoir ont justice vicomtière et en dessoubz avecq tous droicts de reliefs et vente comme dessus.

Item, pareillement ont lesd. Relligieux en leur terre et seignerie de Ransart toutte justice vicomtière et sont dument seigneur des Flossegards et ont amande de soixante sols et aussy de sept sols six deniers.

Item, lesdits Relligieux en leur bois ont aussy justice vicomtière avecq amende de soixante sols parisis et de sept sols six deniers pour la petite amende.

Item, lesd. Relligieux en leur terre et seigneurie de canteleux ont pareillement justice vicomtière et en dessoubz et ès terre entre Neuvillette et

rédaction des coutumes de Doullens et de Bouquemaison.

Canteleux, appartenant auxd. Relligieux avecq le droict de relief et vente comme dessus.

Item, lesd. Relligieux abbé et couvent de Cercamp en leur terre et seigneurie de Montregnault ont aussy toutte justice vicomtière et en dessoubz et pareillement es bois d'ycelle seigneurie.

Item, lesd. Relligieux en leur terre et seigneurie de Bouquemaison ont bailly et hommes tenants court et plaids, cognoissans de tout, sauf le sang et le larron au Roi nostre sire et son seigneur mesme. Et pour le tout des flos et flegards à cause de laquelle seigneurie ont plusieurs hommes de fiefs lesquels doivent pour droict de relief soixante sols parisis, trente sols de chambellage et aide quand le cas y eschet et de vente le quinzième denier, avecq service de plaids de quinzaine en quinzaine, quand suffisamment y sont sommez.

Item, lesd. Relligieux en icelle terre de Bouquemaison ont les amendes de soixante sols parisis et sept sols six deniers pour petite amende un sol six deniers parisis.

Item, ont pareillement lesd. Relligieux en lad. ville de Bouquemaison tous droicts d'issües, d'afforages, estalages, vif mort herbages, terrage, dixmes et gerbe de don.

Item, à cause de ladite seigneurie de Bouquemaison, lesd. Relligieux ont plusieurs hommes cottiers lesquels doibvent pour leur mannoirs pour le droict de relief un septier de vin de chacun mannoir et de vente vingt-huict deniers.

Item, lesd. Relligieux à cause de leur dite seigneurie ont plusieurs pièces de terres champestres tenues en cotteries, deux au terroire dud. Bouquemaison desquelles et chacune d'elles à par soy doivent pour droict de relief un septier de vin et de vente le sixième denier.

Item, lesd. Relligienx peuvent mener ou faire mener touttes choses croissans et venans de leur bois et terre partout le bailliage de Hesdin et comté de Saint-Pol sans debvoir quelque exaction et traverse chaussée ou autrement.

Item, pour le droit d'herbage dessus escript, est deub ausdits religieux pour le mort herbage un obol de chacune beste jusqu'au nombre de neuf bestes et ne doict payer led. droict la nuit de Saint Jean-baptiste en dedans soleil couchant soubz l'amande de soixante sols parisis et de vifs herbages

C'est tout ce qu'on trouve sur le gouvernement de cet abbé, lequel, au bout de dix années d'exercice, mourut le 12 janvier 1512 et fut inhumé dans son église, dans un caveau qu'il avait fait construire en 1506 pour y recevoir les dépouilles mortelles de ses parents Nicolas Vignon et Philippe Morel.

---

leur est deu une beste, puisqu'il atteint et passe le nombre de dix bestes, et ce au choix desdits Relligieux ou de leur commis après une choisie par le..... et ce luy à qui appartient lesd. bestes.

Lesquels coustumes dessus escrittes approuvent les baillys et hommes avec le populaire desdites terres et seigneuries par leu foy et serment aussy par leur seings manuelles cy mis le mardy vingt huictième jour de septembre de l'an mille cinq cents et sept, et nous, religieux, abbé et couvent dessus nommés par nos seaulx, supplians à monsieur le bailly d'Amiens ou son lieutenant-commissaire en ceste partie icelle recevoir pour y mettre et apposer son décret et sur le double d'icelle scelé de nos sceaulx nous baillent lettres de recépissé soubz son sceaulx et de messieurs les députés assemblées en la ville et cité d'Amiens aussy signées g. Jacques Caignet bailly de ladite esglise, Papin procureur, Raval lieutenant du bailly, Lellie, prêtre, curé de Lenzeux, Le Prévost, prestre, curé de Saint-Hilaire en Frévent, de Callonne bailly de monsieur de Saveuse, Cordier vice-gérant de Bouquemaison, Flammens, homme de fief, sieur De Monceaulx, Collart Fouet, lieutenant de Bouquemaison. Le tout avec paraphes et plusieurs autres seings en grand nombre.

(1) Les coutumes de l'échevinage de Doullens contiennent quarante-cinq signatures parmi lesquelles se trouvent les noms de douze ecclésiastiques c'est-à-dire de l'*abbé de Cercamps*, du prieur de Saint-Sulpice, des curés de la ville et des environs. Les autres signatures sont celles du mayeur, des échevins et des principaux baillis et lieutenants des justices seigneuriales du voisinage.

PIERRE DE BACHIMONT. 36° abbé.

(1512-1550.)

> Tout inutile je me voye,
> Dieu de lassus pardon me fâche ;
> Sy vous regniers, pries pour moy
> Qu'en Paradis j'aye ma place.
>
> (*D. Laderrière, Mss. précité*).

Les archives du monastère de Cercamp renferment un manuscrit très-curieux, concernant l'administration de l'abbé Pierre de Bachimont. Cette pièce de poésie est une véritable biographie de ce prélat qui est un des plus célèbres qui ait gouverné l'abbaye (1).

Pierre de Bachimont, frère de Jacques, abbé de Prémontré, nommé aussi Damiens, et quelquefois surnommé Le Bon, était bachelier en théologie ; sa science profonde, ainsi que ses précieuses qualités le firent remarquer, et il était procureur de l'abbaye de Saint-Jean-des-Vignes de Soissons, lorsqu'il fut élevé à la prélature de Cercamp ; son élection eut lieu le 1er février 1512, en présence de Jacques abbé de Pontigny. Il fut béni dans l'église des Bernardins, à Paris, par Monseigneur de Grasse, abbé de Citeaux, en présence de nombreux prélats et de hauts dignitaires du royaume.

---

(1) Cette pièce a été reproduite par M. Roger dans son ouvrage intitulé : *Bibliothèque historique, ecclésiastique, monumentale et littéraire de la Picardie et de l'Artois.*

Dès son entrée en fonctions, Pierre sut captiver les esprits et s'attirer les sympathies générales pour lui comme pour sa maison. Nous trouvons dans les mémoires manuscrits de l'abbaye les améliorations successives qu'il procura à son monastère. Grâce à ses soins, chaque jour amena son œuvre. Les jardins furent entourés de murailles élevées et garnies de portes solides. Il y fit installer des cabinets et des galeries devant servir de lieux de récréation pendant l'été. Les plafonds des dortoirs furent exhaussés. Après en avoir fait rehausser le sol, il fit paver le grand réfectoire dont les murs furent lambrissés de chêne et dont les bancs furent renouvelés. Le petit réfectoire reçut un tableau représentant la passion de Notre Seigneur, et on y établit une très-belle chaire pour y lire les leçons pendant les repas. L'ornementation en fut confiée à un nommé Jehan Hact et à un peintre du village, nommé Valentin Hurtan. Un tableau représentant l'Immaculée-Conception fut placé en pendant de l'adoration des Rois mages. Le pavage du parloir et d'une partie du cloître du 1er étage fut renouvelé. Les cloîtres attirèrent toute la sollicitude de notre prélat ; un *Ecce homo*, de grandeur naturelle, don du duc de Vendôme, y fut placé ; un chemin de croix en peinture en orna les murs, puis on fit dresser des bancs des deux côtés.

Ami des lettres qui avaient refleuri sous les auspices du roi de France, François Ier, l'abbé Pierre de Bachimont créa une nouvelle bibliothèque plus ample, plus commode et mieux fournie. A cette fin, il se mit en devoir de se procurer des livres. Il en demanda de différents côtés et en fit acheter un grand nombre. Pasteur zélé pour la maison de Dieu comme pour les affaires qui lui étaient confiées, il apporta tous ses soins à l'embellissement de son église. Afin d'éclairer le chœur, il fit établir au-dessus de l'autel, trois belles verrières, et grâce à la libéralité de sa famille, il put en superposer trois autres d'égale valeur. Le toit de la grande nef fut recouvert en ardoises ; ce travail fut confié à un ouvrier de renom, Servars. La table du grand autel fut dorée en or fin ; Pierre fit démonter les orgues qui furent complétement restaurées, grâce aux largesses du seigneur de Berlettes.

Tous ces travaux nécessitèrent des dépenses considérables et d'autant plus lourdes que la guerre doublait les charges de l'abbaye et diminuait ses revenus. Administrateur aussi habile que sage, il emprunta mille écus aux abbés de Ruisseauville et de Saint-Ricquier. Jean de Servins lui avança aussi 100 livres de rentes qui lui furent remboursées trois ans après. Du reste les plus grands seigneurs et une foule de notabilités dont Pierre avait su captiver la confiance, s'empressèrent de venir en aide à sa courageuse entreprise, au moyen de donations nombreuses. Malheureusement la foudre incendia le clocher en 1528.

Les soins donnés à toutes ces améliorations intérieures n'empêchaient pas l'abbé de Cercamp de songer en même temps aux affaires temporelles du dehors et de soutenir les droits de sa maison. Ainsi en 1513, il obtint du roi de France le passage libre du vin destiné à la consommation de ses religieux, et un sauf conduit du duc de Vendôme de 1526, lui permit d'en tirer une grande quantité du cru du Beauvaisis. Déjà il avait fait planter de vignes trois journaux de terre au lieu dit *La Muette* et la récolte avait été très-bonne.

Le 7 février 1521, les religieux de Cercamp remirent aux commissaires députés par l'empereur Charles-Quint une déclaration de tous les biens et revenus de leur abbaye.

Redoutant pour sa maison les maux de la guerre auxquels

elle était journellement exposée, il obtint du roi François Ier et des maréchaux commandant les divers corps d'armée française, des lettres de sauve-garde pour la conservation du monastère pendant les hostilités, 1523, 1524, 1527, 1528, 1536, 1537, 1542, 1543, 1544, Hesdin 1547, 1550.

Malgré les dépenses dans lesquelles l'avaient entraîné les constructions qu'il avait entreprises, Pierre trouva moyen d'augmenter les possessions de sa maison de trois fiefs situés à Bouquemaison savoir : ceux d'*Humières*, d'*Herpin* et des *Ruelles*. Après un long procès avec l'échevinage de Doullens, il obtint du roi de France François Ier, des lettres d'amortissement pour les fiefs de Cercamp et la terre et seigneurie de Bouquemaison, (1527 et 1539). Nous voyons ensuite accorder aux religieux le pouvoir de jouir et user de tous leurs privilèges, conformes à ceux de l'abbaye de Saint-Hubert de Liège.

Au mois de mai 1537, après la prise de Saint-Pol, François Ier vint loger à Cercamp d'où il repartit le lendemain pour Doullens. L'ennemi ayant menacé de reprendre la ville, le seigneur de Villebon, nommé gouverneur par le roi de France, réclama du renfort; des troupes lui furent envoyées et une escorte les protégea jusques sous les murs de l'abbaye. Au mois de juillet suivant, le Dauphin de France vint investir le monastère avec ses troupes. Enfin une trêve de dix mois, signée le 30 juillet 1537, ramena la paix, et rendit aux moines quelques temps de tranquillité.

Les corporations religieuses devenues puissamment riches, avaient peine à se défendre elles mêmes de l'esprit d'envaLissement qui avait été jusque là l'un des caractères de l'époque féodale. A de grandes possessions territoriales il fallait unir des privilèges sans nombre qui mettaient d'un côté tous les droits et de l'autre tous les devoirs. Doullens eut plus d'une fois, sous ce rapport, des relations de mauvais voisinage avec la puissante et célèbre abbaye de Cercamp. Celle-ci possédait quelques fiefs dans l'étendue de la banlieue, notamment à Bouquemaison, et ne pouvait supporter d'y voir l'exercice de son autorité restreint par des droits étrangers. On en vint donc de nouveau aux luttes et aux altercations. L'affaire avait déjà pris certaines proportions ; l'abbé était même parvenu à se faire octroyer des lettres d'amortissement qui émancipaient son abbaye, en la rédimant de toute obligation envers Doullens, qui objectait en vain son droit de banlieue. Mais le corps de ville, fidèle à ses traditions, intenta un procès à l'envahisseur (21 octobre 1530) et s'opposa vigoureusement et victorieusement aux lettres d'amortissement obtenues. Il savait bien que cette porte une fois ouverte, tous ses privilèges si péniblement conservés, s'en seraient allés les uns après les autres.

Le 9 décembre 1544, l'échevinage d'Amiens ordonne que quinze cents pains seront envoyés chaque jour à Doullens, pour de là être transportés au *camp des Italiens,* à Bonnières, village situé entre cette ville et celle d'Hesdin (1).

Pierre de Bachimont vieillissait : Depuis 28 ans, il exerçait, les pénibles fonctions abbatiales, lorsque sentant ses forces faiblir il se fit donner un coadjuteur dans la personne de Robert le Prevost qui, à sa mort fut remplacé par Jean Rouget. L'abbé de Citeaux par ses lettres de 1540 et le roi en 1546 (2), approuvèrent cette nomination.

---

(1) Warmé. — Histoire de la ville de Doullens.
(2) Brevet du 22 décembre 1544. Reg 1er. Aux commissions du conseil provincial d'Artois f° 381 et v°.

Nommé dans les derniers moments de sa vie, vicaire-général de Dom Edmond de Saulieu, il fut invité à venir présider l'élection du nouvel abbé de Clairvaux. Il s'y rendit le 2 décembre 1547 et la communauté, assemblée capitulairement, proclama Antoine de Croix, dont l'élection fut approuvée le 27 mai 1548, par l'abbé de Cercamp muni des pouvoirs de l'abbé de Clairvaux.

Ce fut le dernier acte de la longue prélature de Pierre de Bachimont. Il mourut le 24 août 1550 à l'âge de 84 ans, et fut enterré au milieu du chœur de son église. Ce fut sous son administration que mourut, en 1546, Marie de Luxembourg, comtesse de Saint-Pol, épouse de François de Bourbon, comte de Vendôme. Elle fut inhumée auprès de son mari, dans l'église de Saint-Georges à Vendôme ; mais, suivant ses dernières volontés, son cœur fut rapporté à Cercamp pour être placé près des restes de ses aïeux dans un tombeau en albâtre portant cette épitaphe :

Cy gist le cœur de haulte et puissante princesse Madame Marie de Luxembourg, Duchesse douairière de Vendomoy, fille et seule héritière desdits comte Pierre et comtesse Marguerite de Savoie cy devant inhumée, qui fut femme et épouse du prince de noble recordation Mgr. Franchoys de Bourbon au jour de son deces, comte dudit Vendomoys et est le corps de ladite dame et ducesse inhumé en l'église collégiale de Mgr Saint-Georges audit chastel de Vendôme auprès du corps dudit seigneur son mari. Et trépassa ladite Dame le premier jour d'août 1546.

Le religieux Jean le Josne était receveur de l'abbaye de Cercamp en 1532. Nous citerons encore Grégoire Delaporte, prieur et les religieux Jacques Truffaut, Philippe de Rœutres, Jean Monchiet, Jean Cailleu, Robert Leroy, Bauduin de Hesmon, Louis Sacleux, Georges Claude, Robert-Jacques

Legay, François Lombard, Pierre de la Motte, Pierre Sorrus, Eloi Paillart, Toussaint Guilbert, Jean d'Angecourt, Julien Delahaye, Philippe de Saulty, Guilbert Denis, Jude de Calonne, Jean Gosse et Christophe Lequien, qui figurent dans l'élection de Jean Rouget comme coadjuteurs de Pierre de Bachimont.

JEAN ROUGET, 37e abbé.

(1550-1569,)

> En grant labeur et grosse guerre,
> Fus pasteur indigne en ce lieu.
> La mort mon corps fist mettre en terre,
> Et je rendis mon âme à Dieu.
> (*D. Laderrière, Mss. précité*).

Avant la domination espagnole, les religieux de Cercamp avaient toujours élu leur abbé. Charles-Quint et ses successeurs obtinrent des souverains pontifes la faculté de nommer aux abbayes situées dans leurs états. Toutefois, ces princes usèrent de leur privilége avec une telle modération qu'ils ne donnèrent jamais atteinte à la régularité ; ils s'appliquèrent à conserver en quelque sorte aux religieux le droit d'élection et veillèrent avec un soin extrême à ce que les plus dignes fussent à la tête des monastères. C'est ce que l'on voit dans les lettres patentes de Philippe II (1559) : « *il nous appartient d'avoir soigneux regard que les prélatures, abbayes, prévotés, doyennés, prieurés et autres dignités estant en nostre dist comté d'Artois soient pourvus de gens doctes, catholiques et de bonne conversation.* »

Charles-Quint avait donc obtenu un indult de la cour de Rome le 5 juillet 1515, en vertu duquel les communautés religieuses devaient à chaque mutation d'abbé, lui présenter trois candidats parmi lesquels il choisirait le successeur à nommer. Jean Rouget fut l'élu de sa Majesté catholique : il fut sacré le 8 septembre 1550, en l'église abbatiale de Cercamp par Mgr de Bron, suffragant de l'évêque d'Amiens.

Ce prélat vit son administration constamment troublée par la guerre. En effet, la rivalité de la France et de l'Espagne amena dans le XVIe siècle, autour de l'abbaye de Cercamp le pillage et l'incendie. Située sur les confins de la Picardie, elle était exposée aux ravages des troupes tant ennemies qu'amies. On ne peut concevoir l'atroce barbarie avec laquelle on faisait alors la guerre. Une armée était-elle supérieure en nombre, elle traversait le pays comme un incendie et dévorait tout ce qu'elle rencontrait devant-elle. Pour échapper aux maux de la guerre, les abbés et les religieux de Cercamp obtinrent du roi de France Henri II, 1555-1556-1558, du maréchal de St-André en 1553, de l'empereur Charles-Quint en 1553 et 1554 et de Philippe II en 1557, diverses sauve-gardes en faveur *de leurs abbaye, église, villages, censes et maisons, leurs officiers, serviteurs, censiers et tenans, leurs bois, prés, bestiaux, grains et autres biens et ceux de leurs dist censiers et tenans. . . et afin que nul n'en puisse prétendre ignorance, nous avons consenti de mettre aux advenues de leur abbaye et de leurs villages, censes et maisons le blason de nos armes.*

Au milieu de ces déplorables démêlés qui rougirent bien des fois le sol de notre province, les châteaux-forts de Fauquembergue et de Renty fixaient l'attention ; ce dernier point surtout, très-fort et dans une situation bien défendue par l'art et la nature, était avantageusement placé entre deux coteaux au milieu d'une terre marécageuse, à peu de distance de Térouanne; il passait aux yeux de tous pour une forteresse importante. D'un côté elle garantissait l'Artois, de l'autre elle était un obstacle aux habitants du Boulonnois dont elle gênait les mouvements. Le Roi, en son conseil, résolut de détruire ces deux points militaires trop favorables à la défense de l'ennemi. Le gros de l'armée française était rassemblé aux environs du monastère de Corbie, le duc de Vendôme campait auprès de l'abbaye de Cercamp ; il fut envoyé pour reconnaître le territoire de Renty, ce point, resserré, dans une humide vallée, où allait se vider une immense et mémorable querelle, alimentée par de vieux et d'ineffaçables ressentiments. (1554) (1).

Quoique victime des excursions continuelles des armées ennemies, l'abbaye n'obtenait pas moins des marques de la bienveillance des souverains. Ainsi nous voyons, en 1554, des lettres-patentes délivrées par Henry roi de France *pour laisser passer 20 muids de vin sans payer droits, de la provenance du crû du Petit-Cercamp* (2), et en 1558, d'autres lettres de Philippe, roi d'Espagne, par lesquelles il décharge les religieux de Cercamp des arrérages et redevances dus aux Français. De plus l'héritier de Charles-Quint accorda à l'abbé Jean Rouget des lettres d'amortissement pour la terre de Riquemaisnil, 1557.

La France n'était pas moins lasse de la guerre que la Picardie ; le trésor était à sec, le commerce ruiné, et cependant ce n'était là qu'une guerre de surprises et de coups de main, qui aboutit, le 15 février 1556, à la paix de Vaucelles près de Cambrai ; trève de cinq ans qui ne dura pas même cinq mois, témoin la perte de Gravelines qui ramena les ennemis dans le Ponthieu avec une contenance de victorieux et des forces supérieures. Ils s'avancèrent jusque près de Doullens et obligèrent le duc de Guise, qui commandait

---

(1) Notice sur le château de Renty par Henri de la Plane (Mémoire des Antiquaires de la Morinie, Tome X.)

(2) La ferme dite le *Petit Cercamp* était située près de Clermont en Beauvaisis, paroisse de Bruil-le-Sec.

l'armée française à s'approcher d'Amiens. Les deux monarques étaient là, chacun dans son camp ; une sanglante bataille paraissait imminente entre les deux plus grandes armées qu'on eut vues dans ce siècle, lorsque, contre toute attente, on commença à parler sérieusement de paix. Les Espagnols retranchés sur la rivière d'Authie, et les Français sur la Somme, restèrent près de trois mois en présence et ne furent congédiés que le 15 octobre 1558, jour où commencèrent les conférences d'accommodement dans l'abbaye de Cercamp (1).

Ce fut dans les salles du monastère que les plénipotentiaires de France et d'Espagne tinrent une conférence le 15 octobre 1558, dont le but était de régler les conditions de la paix entre les deux puissances ; mais n'ayant pu s'entendre cette fois, on convint d'une trêve de deux mois, pendant laquelle les rois de France et d'Espagne congédièrent leurs troupes. Les plénipotentiaires des deux puissances s'étant ensuite réunis au Cateau-Cambrésis, y conclurent cette paix si désavantageuse aux intérêts de la France (2).

---

(1) Mss. de Pagès, T. III. — Le P. Daire, p. 45. — Daniel, *Histoire de France*. — Mém. de la Société des Antiquaires de Picardie, Tome 5, p. 109. — *Histoire de Doullens*.

« (2) L'empereur témoigna qu'il était satisfait touchant les plaintes
» d'Otton ; et après avoir fait quelque sorte de difficulté sur la Trève seule-
» ment, il dit qu'il fallait donc considérer comment on pourroit pourvoir à
» la sûreté des députés et de tous ceux qui iroient et viendroient de part
» et d'autre pour le sujet de la paix. Gomicourt répondit que véritablement
» Alexandre ne lui avait point donné des ordres touchant cela ; mais, que
» la résolution qu'on prit autrefois dans l'Assemblée de Cercamp pour con-
» clure la paix entre les rois Philippe et Henri II, lui venoit alors en mé-
» moire ; car comme les Français qui ne vouloient point d'assemblée dans une

Pour comble de malheur, l'église et le clocher furent brûlés par la foudre en 1558, le trésor de l'abbaye qui renfermait des richesses immenses, fut enlevé le 10 janvier 1563, et, le 15 avril de la même année, l'abbé était dévalisé dans ses propres appartements. Malgré toutes ces préoccupations, nous voyons l'abbé Jean défendre ardemment les droits et prérogatives de sa maison. Par mandement donné à Bruxelles le 29 mai 1559, Philippe, roi de Castille, ordonna au trésorier général et autres commis de finances de faire payer par le grand bailli du Hainaut aux religieux de Cercamp une somme de 1200 florins, pour l'aider dans la réédification de leur église. En 1565, vu son âge avancé, il se fit donner pour coadjuteur le religieux D. Georges Clawin, dont l'élection fut confirmée par le roi Philippe et le Conseil d'Artois en 1570, (1) et qui fut lui-même remplacé par Philippe de Saulty. L'abbé Jean Rouget, en qualité de délégué du monastère à Bouquemaison, assista à la séance qui eut lieu à Amiens le 21 septembre 1567, sous la présidence de M. de Thou, premier président du Parlement de Paris, délégué par

---

» cessation d'armes, demandèrent la trêve avec une pareille ardeur avant
» que de conférer. On y apporta ce tempéramment qu'il y auroit trêve à
» demi-lieue à l'entour, pour tous les chemins du côté de Saint-Pol, où il
» faudroit passer pour aller à l'abbaye de Cercamp ; et qu'au reste on
» feroit impunément la guerre partout, excepté sur ces chemins par où
» l'on iroit sûrement, ou des Pays-Bas, ou de la France à cette abbaye ;
» qu'enfin il pouvoit témoigner lui-même que toutes ces choses furent
» observées, ayant en même temps attaqué Péronne avec le comte de
» Meghem. »
(Strada. — *Histoire de la guerre des Pays-Bas,* livre XII, p. 138.)
(1) Brevet du 25 mai 1565, reg. aux Commissions du Conseil de la province d'Artois f° 381 et r°.

le roi Charles IX pour la rédaction des coutumes locales des provinces de Picardie et d'Artois. Il obtint en 1568, de nouvelles sauve-gardes du roi de France Henri, et d'Adrien de Croy, gouverneur et capitaine de l'Artois pour l'empereur.

Plusieurs sentences du Conseil d'Artois, entr'autres celle du 1er septembre 1568, donnèrent gain de cause aux religieux contre des seigneurs voisins qui avaient troublé l'abbaye, soit dans l'exercice de ses droits de justice et de seigneurie, soit par des délits commis dans ses bois, soit enfin dans l'exemption du droit de circulation pour toutes les denrées qu'ils faisaient venir du petit Cercamp.

Le Prélat ne put résister aux vicissitudes inséparables du temps où il vivait ; il se retira à Arras où il mourut le 30 avril 1569. Son corps fut rapporté dans l'église de Cercamp.

Religieux contemporains : D. François Rouget, receveur, — D. Venant, — D. Moreul, — D. Desportes, — D. Jean Lepette.

PHILIPPE DE SAULTY, 38° abbé.

(1569-1575.)

> La foudre ayant réduict en cendre de ce temple
> Tout le comble et aprez que je l'aye rafublé
> Dun beau comble ardoisé. . . . (*illisible*).
> Foudroyant à mon corps de terre aussy comblé.
> (*D. Laderrière, Mss. précité*).

A la mort de Jean Rouget, le sequestre mis sur les biens de l'abbaye ne fut levé que le 10 juin 1570, par suite de l'élection de Philippe de Saulty. Ancien receveur de l'abbaye et coadjuteur de l'abbé défunt, le religieux fut appelé à la prélature par le roi d'Espagne (1). Il eut pour concurrent un certain Jean Mon-ami, protégé du roi de France Charles IX, et qui reçut même ses bulles de Rome en 1570. Philippe de Saulty l'emporta et fut sacré le 10 juillet 1569 par l'évêque d'Amiens, en présence de Richardot, évêque d'Arras et d'autres grands personnages (2).

Le premier acte de l'administration de Philippe de Saulty fut d'obtenir du roi de France, sur la réquisition du roi d'Espagne, la main-levée des biens que possédait sa maison sur le territoire français et qui avaient été saisis à la mort de Jean Rouget. Il dut ensuite satisfaire à l'édit de Charles IX, en délivrant aux commissaires de Sa Majesté l'état de toutes

---

(1) Brevet du 22 juillet 1569. Reg. 1er aux Commissions du Conseil provincial d'Artois, folio 145 r°.

(2) Lettre de l'abbé de Morimond confirmant l'élection de Philippe de Saulty comme abbé de Cercamp en 1570. — Lettres de l'évêque d'Amiens pour l'installation de Philippe de Saulty à l'abbaye de Cercamp.

les possessions de l'abbaye dépendant de la couronne de France.

Une des premières pensées de ce prélat avait été de rebâtir l'église. Les travaux marchèrent rapidement; car, avant la fin de son administration, qui dura à peine cinq ans, les constructions avaient déjà atteint les combles qui, suivant la chronique du monastère, furent recouverts en ardoises.

L'abbé Philippe de Saulty termina à l'amiable un différend qui s'était élevé entre sa maison et l'abbaye de Saint-Michel de Doullens au sujet de la dîme de Bouquemaison (1571). Il obtint de nouvelles lettres de sauve-garde du comte de Vendôme en 1573. La même année, le bailli de Cercamp condamna an banissement un voleur qui avait pris du grain dans la grange de Sibiville appartenant à l'abbaye.

Philippe de Saulty mourut le 16 août 1575 et fut enterré dans l'église devant le *candélabre*.

GERMAIN PECQUEUR, 39ᵉ abbé.

(1575-1578).

> Le trouble du pays envijeux du repos
> Dont ma santé rioit, d'une rongeante flame.
> Me brusla l'estomach, dont pergneait mon âme.
> A mon Dieu le cercœul tient mon corps en depos. (a).
>
> (*D. Laderrière, Mss. précité*).

Germain Pecqueur fut choisi par le roi d'Espagne pour succéder à Philippe de Saulty. Son élévation à la prélature de Cercamp suscita une assez vive opposition de la part de plusieurs religieux soutenus par le bailli d'Amiens. Mais le roi Henri III confirma le choix de Sa Majesté catholique par lettres patentes de 1575. Le nouvel abbé fut sacré à Amiens le 18 octobre de la même année, par l'abbé de Citeaux. Il obtint, en 1576 et 1577, du roi de France, l'exemption pour les biens de sa maison situés dans le diocèse d'Amiens, de tous les décimes et subventions diverses dont étaient frappés les biens de Picardie. Voilà le seul acte relatif au gouvernement de Germain Pecqueur. C'est presque tout ce que l'on sait de lui, si ce n'est qu'il gouverna sa maison dans des jours difficiles, pendant trois ans.

En effet, la paix ne fut qu'un éclair de bonheur qui brilla

(*a*) Ici s'arrête la chronique rimée des abbés de Cercamp. *Titres de l'abbaye, Archives départementales du Pas-de-Calais.*

Roger. *Bibliothèque historique, monumentale, ecclésiastique et littéraire de la Picardie et de l'Artois.*

au milieu des orages qui allaient continuer à fondre sur le pays. La guerre se ralluma avec plus de fureur que jamais ; elle dura environ deux siècles jusqu'à l'abaissement de la puissance espagnole. Le monastère de Cercamp fut souvent ravagé et rançonné, les maisons de fermiers livrées aux flammes et leurs moissons foulées aux pieds ou données en pâture aux chevaux. Les sauvegardes que les religieux sollicitaient et obtenaient des généraux en chef, soit français, soit ennemis, n'étaient ordinairement alors que lettres-mortes.

L'abbé Jean Pecqueur mourut le 15 août 1578, à la suite d'une violente maladie d'estomac. Il fut enterré devant le *crucifix*.

EUSTACHE de BAYART, 40e abbé.

(1578-1613.)

A la mort de l'abbé Pecqueur, Etienne-Dieu-Legrand, désigné par Henri III pour lui succéder, reçut ses bulles en 1578 et fut mis en possession de l'abbaye de Cercamp ; mais il fut bientôt supplanté par Eustache de Bayart, protégé du roi d'Espagne. Ce dernier reçut ses lettres de nomination le 20 octobre 1578, et fut béni par l'évêque d'Amiens dans son palais épiscopal, le 13 novembre suivant. Toutefois, un arrêt du Conseil privé du roi de France Henri III, daté du 30 novembre 1579, défendit aux économes de Cercamp de percevoir dorénavant aucuns deniers avant d'en avoir reçu l'ordre du souverain français, vu les difficultés qui surgissaient continuellement par suite des nominations d'abbés faites simultanément par les rois de France et d'Espagne.

Le premier acte de l'administration d'Eustache de Bayart dit de *Gantau*, fut un traité passé le 19 juin 1581, par lequel ce prélat s'engageait à payer annuellement aux religieuses du Pont-aux-Dames une rente annuelle de 10,000 harengs. Il y eut, au sujet de cette charge, une nouvelle transaction entre les deux abbayes en 1606.

Voyant son monastère exposé continuellement aux invasions et aux désordres des troupes belligérantes qui dévastaient la contrée, il obtint des chefs d'armée des lettres de sauvegarde, 1583 — 1597; ce qui n'empèche pas qu'en 1595, les français ayant traversé la Somme, pénétrèrent en Artois et s'emparèrent d'Humbercourt. Le 4 septembre, ils envahirent Doullens et vinrent occuper le monastère de Cercamp. Ils ne se retirèrent qu'après avoir exigé des religieux et de leurs tenanciers des sommes considérables pour leur rançon. L'abbé de Bayart reçut le 10 septembre 1597 du roi de Castille, alors au camp de Freneys, une somme de 1500 florins assignée sur Jean de Regnault, receveur d'Hesdin, en considération des pertes que son monastère avait subies pendant la guerre contre le prince de Béarn.

Nous trouvons dans le procès-verbal d'élection de l'abbé Bayart les noms des religieux suivants : Grégoire Deleporte, prieur — Pierre Sorrus, — Julien Delahaye, — Pierre le Gay, — Vespasien de Somy, — Ferry Martin, — André de Tilly, — Dominique Candevelle, — Pascal Bourgis, — Vincent de Dampvillers, — Nicolas de Tourne, — Antoine Martin, — Jean Herlau, cellerier, — Antoine Camart, — Pierre Deladerrière, — Jérôme Demont, prêtres. — Noé Fournier, — François Hanot, — Gérard Bonnehem, — Guillaume Vermelle, — Philippe Delahaye, — Jacques Sacleux, diacres. — Gilles Huart, — Hubert Bugny, — Jean de Lillers, — Ludovic Dupré, sous-diacres.

PHILIPPE DELAHAYE, 41ᵉ abbé.

(1613-1618.)

Dès le mois de février 1610, Philippe Delahaye, avait reçu de l'Archiduchesse d'Autriche ses lettres de nomination à la prélature de Cercamp. Il s'abstint d'en prendre possession, vu l'opposition qu'il rencontra de la part du roi de France. Après le décès d'Eustache de Bayart, grâce à la faveur du sire de Rambures, gouverneur de Doullens, il obtint de la reine-mère la ratification de sa nomination, (20 décembre 1613.) Le nouvel abbé fut sacré en 1614 par l'évêque de Saint-Omer, Blaséus. A peine avait-il pris possession du siége abbatial, qu'il invoqua son grand-âge pour obtenir un coadjuteur, et on nomma François Monchiet qui devait lui succéder.

Nous n'avons retrouvé d'autres faits concernant l'administration de cet abbé, qu'une commission du Conseil d'Artois en date de 1616, pour faire assigner le seigneur d'Herlincourt, à la requête des abbé et religieux de Cercamp au sujet de la chasse de Sibiville, et un accord qu'il fit avec Baudouin Lallemant, abbé de Blangy. Philippe Delahaye mourut le 17 septembre 1618.

Un bail du 22 mars 1816 nous a fourni les noms des religieux contemporains de Philippe Delahaye : Dom Hubert Debeugny, prieur, — Allard-Creton, sous-prieur, — François Demonchy, cellerier — Bernard de Boudhun, — N. Verbois, — François Denizart, dépensier.

FRANÇOIS MONCHIET, 42ᵉ abbé.

(1618-1626.)

François Monchiet, repoussé par l'Archiduchesse d'Autriche, obtint le siége abbatial de Cercamp du roi de France (1). Il fut solennellement installé par l'abbé de Cambron, vicaire-général de l'Ordre, en 1618.

L'Abbaye possédait dans la paroisse de Breuil-le-Sec, près de Clermont-en-Beauvaisis, une ferme appelée le Petit-Cercamp. Ce domaine comprenait 30 arpens de terre labourable, 5 de pré, 14 de bois taillis et 10 de vigne. Tout était en friche et, les bâtiments en ruines. Le monastère étant surchargé de dettes: l'abbé François Monchiet et les religieux résolurent de vendre cette propriété qui était éloignée de 30 lieues environ, située dans un pays où ils n'avaient aucune espèce de droits ou priviléges, et dont ils ne retiraient aucun revenu. Ils demandèrent et obtinrent, le 17 mai 1622, de l'abbé général de l'Ordre la permission d'aliéner ce domaine. L'abbé de Loos, fut chargé de l'information de l'affaire. L'autorisation de vente ayant été accordée et la publication ordinaire ayant été ordonnée par le juge le plus rapproché de l'endroit, il fut décidé que le prix de vente serait employé à l'amortissement de la redevance de 10,000 harengs. Après les formalités d'usage, l'adjudication fut faite par le lieutenant-général de Clermont du Sire de Cornier, écuyer, Sieur de la Haye, qui s'en rendit adjudicataire, moyennant 7,500 livres de principal,

---

(1) Brevet du 7 janvier 1617. — 4ᵉ reg. aux Commissions du Conseil d'Artois. fol. 46 v° et suiv.

le 4 août 1622. Malheureusement cette somme ne fut point suffisante et les religieux l'employèrent au rachat d'autres rentes dont ils étaient grévés et pour lesquelles ils étaient continuellement tourmentés par leurs nombreux créanciers qui faisaient saisir les biens et les revenus du monastère. Les religieuses du Pont-aux-Dames ayant été frustrées dans leurs intérêts, contraignirent les héritiers dudit sieur de la Haye à leur payer le revenu des 10,000 harengs, et les religieux de Cercamp durent les indemniser, en leur remboursant le montant de cette charge.

L'abbé Monchiet étant tombé gravement malade, demanda un coadjuteur à l'archiduchesse Isabelle qui, par ses lettres datées à Bruxelles du 20 février 1626, conféra cette dignité à Dom Jacques Le Maire. Il mourut peu de jours après, le 12 décembre 1626.

Religieux contemporains :

Antoine Géry, prieur, — Pierre Servin, sous-prieur. — Bernard Bonnehem, cellerier, — Gaston Allard, dépensier, — François Denizart, dépensier, — Eloi Labbe, dépensier, — Hugues de Miraumont, M⁰ des bois, — Robert Ysembourg, portier, — Hubert de Busne, — Robert Selinghue. — Maximilien Bouchier de Saint-Saufflieu.

JACQUES LE MAIRE, 43e abbé.

(1626-1649.)

Ainsi que nous l'avons rapporté au chapitre précédent, François Monchiet, accablé par l'âge et la maladie, avait dû s'adjoindre un coadjuteur, et Jacques Le Maire avait rempli cette dignité. Ce religieux fut appelé à la tête de l'abbaye de Cercamp par l'Infante d'Espagne, Isabelle (1). Jean, abbé de Cambron, assisté de Gilles Dumont, abbé de Clairmarais, sacra le nouveau prélat dans l'église de l'abbaye des Prés à Douai.

L'hiver de 1635 avait à peine suspendu les affreux ravages causés par la guerre de Trente-Ans, que le retour du printemps les vit renaître avec une férocité inouïe. Chargé par le roi de donner la chasse aux ennemis, Jean de Rambure, gouverneur de Doullens se mit à l'œuvre et ne leur laissa guère de repos. Le 20 septembre, il surprit Auxi-le-Château, dont il tailla en pièces la garnison. Bientôt après, il dispersa un groupe d'espagnols avec des pertes sensibles dans le voisinage de Frévent. L'abbaye de Cercamp et tous les environs devinrent le théâtre continuel du combat. Les deux partis pillaient et ravageaient entièrement le pays ; le monastère servait tantôt de retraite, tantôt de retranchement aux troupes belligérantes.

En 1637, la garnison de Doullens se signala encore par plusieurs expéditions contre les troupes Wallones sorties d'Hesdin, et qui, ayant à peu de distance de la ville un camp retran-

---

(1) Brevet du 20 février 1626. — 5° reg. aux commissions du conseil d'Artois, folio 37, v°.

ché entre les villages de Bouquemaison, Canteleux et Barly, pouvaient s'y reposer inaperçues et, se trouver en peu de temps sous les murs de Doullens (1).

L'année suivante, les français établirent leur camp à l'abbaye et lancèrent de cette position fortifiée une troupe de 1000 cavaliers qui, sous les ordres du comte de Saligny, parcourut tout l'Artois jusqu'à Béthune. Les religieux durent se réfugier a Arras pour échapper aux insultes et aux mauvais traitements qu'ils avaient à subir. Les habitants de Bouquemaison et des villages voisins se sauvèrent, les terres restèrent incultes et l'abbaye fut privée de toute espèce de revenus en ce lieu. La misère fut si grande que, ne pouvant suffire à leur subsistance à Arras, l'abbé fut obligé de permettre à ses religieux de se retirer au milieu de leurs familles, ou de chercher un refuge auprès de leurs amis. En 1640, on ne rencontrait plus nul vestige ni de l'abbaye ni de son église ; tout était ruiné de fond en comble. Les cloîtres, le chapitre, le réfectoire étaient transformés en écuries ; le dortoir était un hôpital abandonné où 120 lits de blessés avaient été entassés. Toutes les cloisons en planches avaient disparu ; les boiseries du chapitre, celles du réfectoire enlevées, avaient servi de bois de chauffage ; le plomb des toitures était arraché, les tonneaux enfoncés dans les caves, les fenêtres brisées, les fourrages et les grains avaient servi à la nourriture de l'ennemi... En un mot, le désastre était immense, il fallut s'y résigner... Il était grand surtout pour le chef de la communauté, qui avait la

---

(1) Warmé. — *Hist. de Doullens*. Il est démontré, du reste, que cette plaine a été plusieurs fois le théâtre de luttes plus ou moins meurtrières entre les armées françaises et étrangères.

mission de pourvoir à la subsistance de tous ses frères, lorsqu'ils manquaient de tout ; il fallut aviser . . . .

A la suite d'une cabale montée par les religieux pendant leur dispersion et à la faveur des troubles, l'abbé Le Maire se trouva dépossédé en 1637 de l'administration du temporel et du spirituel du monastère au profit d'un coadjuteur indépendant, Dom Robert de Maulde (1). Ce dernier, que les auteurs de *Gallia Christiana* qualifient de *vir doctus, pius, solers et industrius*, s'empressa de donner sa procuration aux religieux Dom Philippe Briois, receveur, et Dom Adrien de Cressent, Mᵉ des bois, pour la perception des droits et des rentes que l'abbaye possédait sur le Ponthieu, Abbeville, le Boulonnois, etc, etc. (27 février 1641.)

Jacques Le Maire se plaignit amèrement de ces exactions. Sa requête présentée au cardinal de Richelieu, général de l'Ordre de Citeaux, contre son coadjuteur soutenu par l'abbé de Cambron, fut favorablement écoutée par la cour de France. Robert de Maulde étant mort le 2 mai 1645, le président du conseil d'Artois, commissaire du roi, par un ordre du 11 juillet suivant, réunit les religieux dans la grande

---

(1) Brevet du 12 janvier 1637. — 5° reg. aux Commissions du Conseil provincial d'Artois, fol. 245, v° etc., etc.

Ce néantmoins elle a veu de son temps, je ne scay pour quoy elle at veu en son vivant donner un coadjuteur à son fils *abbé de Cercamp*, nommé Dom Jacques Lemaire, pour avoir este trouvé par trop prodigue en jouant aux cartes, detz et tricquetracque, et ainsi avoir mis à l'abbaye à l'airière, ayant eu le renom d'avoir eu un bastard exerçant l'estat de grand receveur de la mesme maison. Et ce coadjuteur que l'on lui at donné s'appelloit dom Robert de Maulde auparavant paire des dames abbesse et religieuses de l'abbaye de Flinnes de Douai sur la Scarpe. . . . .

(P. Ign. Addit. aux Mém., tome VI.)

salle de leur refuge à Arras où ils s'étaient retirés pendant la guerre. Déjà ils étaient revenus à de meilleurs sentiments; et désirant rentrer en bonne intelligence avec leur abbé, ils avaient manifesté l'intention de choisir parmi eux les deux sujets les plus capables d'aider le supérieur dans l'administration de la maison. Dans cette réunion à laquelle assistaient l'abbé Jacques Le Maire, Dom Antoine Géry, prieur, Dom François de Nizart, cellerier, Dom Allart Creton, dépensier, Dom Pierre de Servin, régisseur des bois, Dom Charles de Saint-Saufflieu, prieur de Morroy, Dom Léonard de Vaulx, grenetier, Dom Nicolas Falempin, sous-prieur, (1) Dom Philippe Briois, receveur, Dom Jean de Harnes, chantre, Dom Adrien Cressent, Dom Nicolas Lantoine, Dom Jean Loisier, Dom Alexandre Plaisant, tous religieux de la maison, le choix s'arrêta sur Léonard de Vaulx et Philippe Briois qui, séance tenante, prêtèrent serment envers Sa Majesté de remplir fidèlement les fonctions qui leur étaient confiées.

En 1648, le domaine du Petit-Cercamp fut racheté par l'abbaye.

L'abbé Jacques le Maire survécut à son coadjuteur Robert de Maulde jusqu'en 1649.

Outre les religieux mentionnés dans cet article, nous citerons encore Dom Hugues de Miraumont, qualifié de *Père ancien*,

---

(1) Ce religieux a laissé de tristes souvenirs dans les archives de l'abbaye. Arrêté une première fois *pour avoir recouru en France, il fut interné à l'abbaye de Cambron*. A peine avait-il été mis en liberté que, le 16 juillet 1630, en plein jour, il poursuivait sur la grande place d'Arras la servante de son frère armé d'un couteau pour la frapper. On se saisit de sa personne ainsi que de celle de son complice, frère Herlin; tous deux furent conduits à la prison de l'official dans la cité d'Arras.

— Dom François Deloue, curé, — D. Hugues Herlin, — Dom Jean Damiens, grenetier, — Dom Eloi Labbe, aumônier, — Dom Venant de le Ruelle, receveur, — D. Pierre Dablemont, tiers-prieur, — Dom Bernard Jacquart, sous-prieur, — Dom Gabriel Révillon, — Dom François Revillon, — Dom Venant de Loyselle, — Dom Noel Boulin, sous-prieur, — Dom Hébert Noel, — Dom André de Paris, — Dom Benoit Delannoy.

ANTOINE GÉRY, 44° abbé.

(1650-1658.)

L'absence des religieux retarda l'élection du successeur de Jacques Le Maire et le siége abbatial de Cercamp resta vacant jusqu'au 16 février 1650. A cette date, des lettres-patentes du roi, signées à Bruxelles, en investirent Dom Antoine Géry. Le nouvel abbé fut sacré et solennellement installé dans l'abbaye des Dunes, au diocèse de Bruges, à cause de la guerre, le 20 décembre de la même année, par D. Bernard Bottin, supérieur de cette maison, vicaire et visiteur-général en Belgique.

Malgré une commission obtenue au Conseil d'Artois par les abbé et religieux de Cercamp pour faire assigner ceux qui les troubloient dans leurs droits et possessions (1655), et quoi qu'ayant obtenu une sauvegarde des armées belligérantes, l'abbaye souffrit considérablement des désastres de la guerre et des dissensions politiques : elle perdit presqu'entièrement toutes ses fermes situées sur le territoire de Cercamp et de ses environs, fermes dont elle n'avait rien reçu depuis plus de 10 ans. Un certificat du 22 octobre 1650 atteste que les besoins des religieux étaient si pressants qu'ils ne pouvaient vivre conventuellement. Ils furent même tellement persécutés par leurs créanciers, que le roi reconnaissant leur complète insolvabilité, leur accorda un délai de 15 mois, le 2 octobre de cette année.

Au milieu de cette complication d'embarras financiers, les

religieux avaient dû se sauver à Arras (1), et plus tard partout où ils avaient pu trouver un abri. Antoine Géry avait dû les suivre dans leur fuite et il s'était refugié chez un chanoine de Saint-Omer.

Mais les désolations de la guerre n'avaient pas seulement contribué à la retraite de Dom Géry : un motif plus grave encore l'y avait déterminé. Depuis plus d'un siècle, les mémoires de l'abbaye s'étendaient sur les souffrances de l'administration temporelle ; il semble que les malheurs publics avaient absorbé toute l'attention, et qu'on avait négligé le bien spirituel des religieux. L'abbaye avait en effet perdu de sa ferveur et de sa régularité. Ce ne sont plus ces moines occupés uniquement comme autrefois à servir Dieu et les pauvres, ces saintes âmes purifiées par les macérations et élevées par les méditations contemplatives, ne connaissant rien des bruits et des dérèglements du monde, servant de modèles de la piété chétienne et de médiateurs entre le ciel et la terre. Les guerres du xve siècle, celle des Huguenots, celle de la Ligue, avaient dispersé les religieux dans les villes

---

(1) L'abbaye de Cercamp possédait dans cette ville un refuge rue de Baudimont, situé à côté de celui d'Arrouaise et à l'angle de la rue Maître-Adam. Les refuges des abbayes de Cercamp et d'Arrouaise furent vendus en 1773. — Lettres-patentes du mois de juin 1773, permettant à l'évêque d'Arras d'acquérir : 1° Au profit de son séminaire, les bâtiments de la maison du Bon-Pasteur d'Arras et une maison dépendante de la chapellenie de la cathédrale ; 2° Au profit de la maison du Bon-Pasteur, deux refuges que les abbayes de Cercamp et d'Arrouaise avaient dans cette ville et autorisant ces abbayes à vendre ces refuges et la dernière à acheter du prix du sien une maison située dans la basse-ville. Enregistrées le 22 avril 1774. 3° registre aux Commissions, folio 142. — Archives départementales.

(*D'Héricourt et Godin.* Les rues d'Arras, Tome 1er page 307 et 308).

et dans les châteaux. Les visites annuelles et les chapitres généraux avaient été suspendus ; la discipline en souffrit et le relâchement s'était introduit dans l'abbaye. Le commerce des religieux avec le monde durant leur dispersion, leur avait fait oublier peu à peu les devoirs de leur état. Ces maux furent de trop longue durée pour ne pas laisser des traces profondes. Le désordre régnait dans l'abbaye de Cercamp ; les moines, méconnaissant la règle, le premier des devoirs, vivaient dans l'insubordination et le relâchement. Ils secouaient l'autorité de leur supérieur, forcé de s'expatrier avec l'autorisation de la cour de Bruxelles, qui lui accorda même une somme considérable en échange de celle que l'abbaye de Cercamp lui avait avancée autrefois : et en sus, une pension annuelle à prendre sur son monastère et au moyen de laquelle il devait vivre à Saint-Omer selon sa condition, sous la protection du roi d'Espagne qui l'avait appelé à la prélature (1).

Dom Géry, malgré ses infirmités, demeura quelque temps en pension chez le chanoine qui l'avait reçu pendant sa dernière maladie. Le dimanche 3 juillet 1650, il accompagna à l'autel le prélat officiant à l'occasion de la bénédiction abbatiale de Bernard Michiels, 48e abbé de Clairmarais. Il pria ce prélat de lui désigner un moine de Clairmarais pour lui succéder, attendu que dans sa communauté, il ne voyait personne qui put remplir dignement sa place. Les yeux de Bernard Michiels se portèrent sur Dom Louis le Lièvre, receveur du monastère, alors âgé de 40 ans et ayant 20 ans de profession. Après lui avoir confié le sujet de ses peines et obtenu de lui ce qu'il désirait, il donna sa démission de vive voix et par écrit, en présence de témoins.

---

(1) Mss. de Bertin de Vissery, tome II. pages 307 et 308.

Dom Géry descendit peu après dans la tombe, 20 février 1658. L'abbé de Clairmarais lui donna la sépulture dans le chœur de l'église près de la stalle de l'abbé, à l'endroit où les jeunes novices montent dans les plus hautes formes. Une humble pierre bleue portant le nom, les armes et la devise du défunt, marquait seule son souvenir. Sa pierre sépulcrale fut plus tard transférée du côté de Ste-Barbe.

LOUIS LELIÈVRE, 45ᵉ abbé.

(1658).

La résignation de Dom Géry présentée au conseil d'Artois alors assemblé à St-Omer, reçut son approbation et fut soumise à celle de la cour de Bruxelles. Une contestation s'éleva alors entre les gouvernements français et espagnol au sujet de la nomination de l'abbé. Le monarque français envoya à la tête de l'administration de Cercamp, l'abbé Picot, son aumônier et maître de chapelle ; mais la Cour de Rome protégeait d'une manière spéciale les candidats espagnols et le protégé français ne put obtenir les bulles relatives à son administration, malgré les vives sollicitations de son souverain.

Dom Lelièvre l'emporta donc sur ses compétiteurs. Il avait pris l'habit religieux à Clairmarais en 1638, sous Georges d'Affreingues et il exerçait la charge de receveur et d'économe, lorsqu'il fut régulièrement nommé abbé de Cercamp par Dom Jean d'Autriche, dont il obtint des lettres-patentes, en vertu desquelles il fut béni dans un couvent de religieux à Bruxelles, par l'abbé de St-Bernard sur l'Escaut, près d'Anvers, en présence de l'archevêque de Malines et de l'abbé de Nivelles. Le nouveau prélat revint à son abbaye où il célébra pontificalement les funérailles de Dom Géry, son prédécesseur, en présence de ses amis et du chanoine chez lequel il avait trouvé une gracieuse hospitalité (1).

---

(1) H. Delaplane. — Les abbés de Clairmarais, T. II. p. 674. — Hist. Mss de Clairmarais, Tome II, p. 308.

Enfin, avant d'abandonnner Clairmarais, probablement pour toujours, D. Lelièvre offrit un repas à ses confrères en signe de reconnaissants adieux et se retira à St-Omer où il choisit la même pension que D. Géry, en attendant la fin de la guerre, pour prendre possession de son nouveau monastère (1). Pendant cet intervalle, la cour l'avait autorisé à percevoir annuellement 400 florins sur les revenus de Clairmarais. Mais enfin la guerre touchait à son terme ; un traité de paix venait de se conclure et Cercamp, cessant d'appartenir à l'Espagne, tombait dans les mains de la France. Le nouveau souverain, sans égard pour les droits de l'abbé, régulièrement nommé, accorda l'abbaye de Cercamp au cardinal Mazarin, en qualité de commendataire : toutefois, comme cet illustre prince de l'église n'ignorait pas que le nouveau bénéfice qui lui était accordé, pouvait soulever de justes prétentions de la part du titulaire désigné déjà par la cour de Bruxelles, il lui écrivit pour lui proposer un arrangement, d'après lequel D. Lelièvre demeurerait à Cercamp pour gouverner cette maison, non comme abbé, mais en qualité de supérieur, sous ses ordres, et à charge de payer à son Eminence une pension annuelle de dix mille florins. Cette proposition jugée trop onéreuse ne fut pas acceptée ; Dom Lelièvre, nonobstant la désignation royale et malgré l'opposition violente qu'il rencontra dans le monastère même (2), se décida à prendre possession de l'abbaye de Cercamp par *voie de fait.* Puis il partit pour Paris afin de défendre ses

---

(1) Hist. de Clairmarais, Tom. II. p. 308. — H. Delaplane, Tome II. p. 674.

(2) Mss de Bertin de Vissery Tome II p. 308, 309 et 310. — H Delaplane Tome II p. 675.

droits devant la cour contre le puissant cardinal. Mais il avait affaire à forte partie ; Louis Lelièvre n'avait pas compté sur le prestige invincible de la puissance contre celui qui n'a que le droit rigoureux à invoquer.

Comme on devait s'y attendre, l'intrigue s'en mêla, l'affaire traîna en longueur. Ces retards amenèrent de grandes dépenses, l'argent manqua. L'abbé Lelièvre dut se résigner à retourner dans son monastère où de nouvelles tribulations l'attendaient. A son arrivée, il s'installa dans le quartier abbatial et prit possession de la forme de l'abbé. Les religieux indignés de ce qu'ils appelaient alors une usurpation, ne voulurent point le reconnaître : des injures furent proférées ; on poussa même la violence jusqu'aux voies de fait. Le camail lui fut arraché et jeté au feu : *Tantæ ne animis celestibu siræ !..*(1).

Ces disgrâces pourtant ne le rebutèrent pas plus que la nomination royale de son puissant rival. Dom Louis Lelièvre crut devoir tenter de nouveaux efforts contre Mazarin ; il reprit la route de Paris. Mais ses nouvelles démarches n'eurent pas plus de succès que les premières : il recourut alors à la haute médiation de l'ambassadeur d'Espagne, qui s'excusa sur ce que l'abbaye de Cercamp ressortissait du roi de France. Ce prélat malheureux eut mieux fait sans doute de se désister et de revenir humblement à Clairmarais, sa maison professe ; mais son ambition se berçait toujours de l'idée que l'ambassadeur espagnol lui avait promis une autre abbaye dans les Pays-Bas, et confiant dans ces promesses, il ne cessait de poursuivre son but. Dans cette pensée, il se

---

(1) Hist. Mss. de Clairmarais par Bertin de Vissery, Tome. II. p. **310**, lig. **20, 21, 22**, etc. H. Delaplane, Tome II, p. **675**.

rendit à Bruxelles, et se présenta à la cour, à la recommandation du ministre d'Espagne, dans le but d'obtenir l'abbaye de Cambron, alors vacante depuis peu ; cette fois encore il n'arriva pas à temps, cette crosse venait d'échoir à Dom Dumoulin, prieur de cette maison. Plus heureux une troisième fois et sans jamais se lasser de courir les bénéfices, dit un chroniqueur, Dom Lelièvre parvint à obtenir le monastère de Saint-Bernard-sur-l'Escaut (1). Mais à peine cet infatigable prélat épuisé, consumé, venait-il de recevoir cette nouvelle, qu'une léthargie mortelle le surprit le matin, au moment où il disait son office. Au bout de 24 heures de souffrances, il rendit le dernier soupir le 22 mars 1663, âgé seulement de 44 ans (2).

Ainsi, dit un historiographe (3) de l'abbaye : « Celui, qui
» en sa pensée fut trois fois abbé, mourut simple religieux,
» ainsi parut-il en l'autre monde, où les mitres et les crosses
» ne sont en aucune estime, mais seulement les bonnes
» œuvres. Dom Lelièvre fut inhumé dans le même couvent
» de religieuses où il s'était fait bénir à Bruxelles (4). »

---

(1) Hist. Mss. de Clairmarais, par Bertin de Vissery, T. II, p. 311 et 312. — H. Delaplane, Tome II, p. 676.

(2) Hist. Mss. et inédite de Clairmarais, Tome II, p. 312. — H. Delaplane, Tome II, p. 676.

(3) Guislain Campion.

(4) Bertin de Vissery, Tome II, p, 312, ligne 7 et suiv. — H. Delaplane, T. II. p. 677.

LE CARDINAL MAZARIN, 46e abbé.

(1659-1661).

C'était le moment où la paix entre la France et l'Espagne venait d'être solennellement publiée dans toutes les villes des deux royaumes, avec indication des articles du traité, ce qui était d'autant plus utile dans nos provinces que l'une des conventions portait que Sa Majesté très-chrétienne demeurerait en possession du comté d'Artois. L'abbaye de Cercamp étant comprise dans la partie appartenant à la France, le roi y avait appelé son aumonier Picot ; celui-ci n'ayant pu obtenir ses bulles, céda sa place au cardinal Mazarin en qualité d'abbé commendataire, sans s'arrêter à la nomination du moine Dom Louis Lelièvre qui, peu auparavant avait été reconnu par Sa Majesté catholique comme abbé régulier ; on le devine, ce conflit de juridiction ne devait pas tourner à l'avantage de la nomination régulière, la plus haute influence l'emporta naturellement ; on ne pouvait lutter contre Mazarin. Dom Lelièvre eut beau faire, il fut évincé : Toutes ses réclamations furent vaines, le premier ministre obtint le bénéfice qu'il convoitait pour l'ajouter à tant d'autres.

On connait le jugement porté sur Mazarin : « Entre tous les
» vices qu'on lui reproche, son avarice est le plus remar-
» quable : ce n'était rien d'accumuler des bénéfices, il amassa
» plus de 200 millions, dit un homme d'esprit, par des
» moyens non-seulement indignes d'un ministre, mais d'un
» honnête homme ; il partageait, dit-on, avec les armateurs
» les profits de leurs courses ; il traitait en son nom et à son

» profit des munitions des armées. Il imposait par lettres
» de cachet des sommes extraordinaires sur les géné-
» ralités etc. etc. etc. » (1). C'était un facile moyen de faire
fortune.

Le cardinal Mazarin, sans s'arrêter aux scrupules de son
prédécesseur, envoya plusieurs fois des troupes pour piller
Cercamp et se faire payer les revenus de l'abbaye. La plus
grande partie des terres qui composaient les revenus du monastère était encore alors en la possession des Espagnols, et
les religieux, exposés aux violences des gens de guerre
avaient quitté l'abbaye, se retirant dans les villes voisines où
ils avaient contracté des dettes considérables. Le 25 mai 1660,
le cardinal fit un bail aux sieurs Lucet et Prévost par le quel
il leur abandonnait sa part de revenus du monastère de
Cercamp, moyennant une somme annuelle de 19,300 livres;
de plus, les locataires avaient le droit de résider dans
l'abbatiale et de prendre pour leur usage toutes les dépendances et le mobilier affectés au logement de l'abbé.

En 1661, on dressa l'état des pertes occasionnées aux bâtiments et le montant des sommes dues par le monastère. Le
décès du cardinal arriva avant qu'on ait pu faire les réparations nécessaires et acquitter les dettes. Il mourut au
commencement de 1661 à l'âge de 59 ans.

---

(1) L'art de vérifier les dates, édit in-f° en 3 volumes, tome Ier, p. 683
texte et notes.

DE LYONNE (Juste-Paul), 47e abbé.

(1663-1721)

A la mort du cardinal Mazarin, le siége abbatial de Cercamp resta vacant jusqu'en 1663. M. l'abbé de Brienne, fils du secrétaire d'État, avait été nommé à l'abbaye de Cercamp par le roi Louis XIV, aussitôt après le décès du cardinal. Comme il éprouvait de grandes difficultés à obtenir ses bulles, le marquis de Lyonne, ministre d'État, lui proposa d'échanger avec son fils cette abbaye contre un bénéfice simple dont il pourrait avoir une entière et paisible jouissance. L'abbé de Brienne accepta cette offre avec l'assentiment du roi. Déjà, dès l'année 1662, les religieux de Cercamp, par l'organe de leur procureur Dom Hatté, avaient adressé un placet au souverain, dans lequel ils le suppliaient de ne pas donner suite à la nomination de l'abbé de Lyonne, lui rappelant la promesse que Sa Majesté leur avait faite de les rétablir dans leur droit d'élection après la mort du cardinal Mazarin. Ils faisaient valoir le triste état des revenus de leur communauté, qui avait dû emprunter cinquante mille écus, avouant que, ne pouvant en solder l'intérêt qui s'élevait à 50,000 livres, ils avaient été réduits à leurs reliquaires, châsses et ornements sacrés. Ils terminaient en proposant au monarque de mettre à la tête du monastère le religieux Antoine Boudou, prieur de l'abbaye de Valloires.

L'abbaye de Cercamp, depuis les premiers temps de sa fondation (1137), avait été en possession du droit d'élire ses prélats ; il n'y avait pas encore eu d'exemple pareil à la nomination du cardinal Mazarin, ni avant ni depuis la capitulation de 1640 ; c'est-à-dire que jusques-là, l'élection avait été libre. Cependant les religieux s'étaient soumis à la volonté du roi, dans l'espérance de jouir des avantages qui pourraient résulter pour l'abbaye de la nomination d'un personnage puissant, et dans la pensée que cela ne tournerait pas à conséquence pour l'avenir, attendu que la lettre de cachet portait expressément ; « *que l'abbaye demeurera en règle après la mort du cardinal Mazarin, en sorte qu'un religieux de l'ordre lui puisse succéder selon les règlemens de l'abbaye, conformément aux coutumes du pays, et sans que la nomination de sa personne pût-être tirée à conséquence à l'avenir,* etc.

Mais déjà des lettres d'économat avaient été accordées précédemment en 1662, au sieur Rollet, secrétaire du roi, pour percevoir et gérer le temporel et les revenus de l'abbaye de Cercamp au nom de M. de Lyonne. Louis XIV n'obtint toutefois que le 27 août 1668, l'indulte du pape Clément IX, confirmé plus tard par celui d'Innocent XI, 20 mai 1686. Aussi l'abbé de Lyonne ne put-il jouir de l'abbaye jusqu'en 1668, que par des arrêts du conseil d'État. Il n'obtint définitivement ses bulles que vers cette époque et avec la réserve du retour en règle de l'abbaye, après sa mort (1).

En effet Louis XIV avait été trompé lors de la nomination en commende de De Lyonne à la prélature de Cercamp.

---

(1) ... *Volumus ... quodque te cedente vel decedente, aut alias primodictum monasterium quomodolibet dimittente, vel amittente, illud amplius non commendetur, sed ad pristinam tituli naturam reverti, illique de personnâ regulari idonea provideri debeat, ac si tibi minimè commendatum fuisset, et si illud commendari contigerit absque speciali mentione et derogatione præsentis voluntatis nostræ commenda de primo dicto monasterio tunc sic facta, nulla sit, eo ipso, et insuper etiam quo ad presentem voluntatem nostram hujusmodi ex nunc irritum decernimus et inanè, si secus super his, quocumque quavis authoritate scienter vel ignoranter contigerit attentari. Datum,* etc. etc.

On lui avait assuré que l'abbaye était dans le diocèse d'Amiens, sans ajouter qu'elle faisait partie du comté d'Artois. Plus tard les religieux étant parvenus à le convaincre de ce subterfuge, le roi leur promit qu'à la mort de l'abbé de Lyonne, il rendrait aux religieux leur ancien droit de présentation d'un abbé régulier. Malheureusement ce prélat survécut à Louis XIV et conserva l'abbaye pendant 59 ans.

Les espérances des religieux ne tardèrent pas à se changer en regrets amers. De Lyonne, clerc du diocèse de Paris, abbé de Saint-Pierre de Sologne au diocèse de Limoges, de Marmoutiers et de Chailly, prieur commendataire de Saint-Martin-des-Champs à Paris, prélat grand seigneur, occupé du soin de soutenir un état brillant à la cour, ne séjourna que rarement dans l'abbaye de Cercamp, avec laquelle il n'eut guère que des rapports forcés pour les nombreux procès qu'il fit à ses religieux ou que ceux-ci lui intentèrent. On compte plus de 40 procès dont de Lyonne ne gagna qu'une faible partie. Cercamps n'était, comme on dit, qu'une bague de plus à son doigt. Toutefois c'était un joyau qui avait bien son prix, puisqu'il lui rapportait 31,800 livres (1), sans compter les collations et bénéfices dont il prétendait disposer, bien qu'il n'eut aucun titre ni droit ecclésiastique pour cela, puisqu'il n'était que commendataire.

De Lyonne, définitivement installé sur le siége abbatial de Cercamp, s'empressa de céder à titre de bail pour neuf ans à Jacques et Thomas Lucet, bourgeois et marchands à Doullens, le revenu temporel de l'abbaye consistant, en censes,

---

(1) Le revenu temporel de Cercamp loué par l'abbé de Lyonne en 1675 à Louis Duclos, bourgeois demeurant à Paris, s'élevait à la somme de 29,000 livres.

rentes, fiefs, droits seigneuriaux, redevances, terres, bois, etc. situés dans la province d'Artois, moyennant 28,000 livres tournois de France par an ; 6,400 livres étaient destinées à solder la pension des religieux ; 2,000 étaient attribuées à l'abbé de Bellebat, et il s'était réservé le surplus montant à 19,600 livres. De plus les fermiers devaient acquitter toutes les charges dont pouvaient être grevées ces propriétés et les gages des officiers, (12 juillet 1669).

Bientôt, on fit entendre aux religieux qu'ils devaient contribuer de leur part au rétablissement du monastère. A cet effet, on leur proposa de réduire leur pension pendant un certain temps, de manière à employer les revenus de la maison aux réparations de l'église et des bâtiments et au remboursement des dettes reconnues. Ils y consentirent et signèrent le 9 mars 1664, une transaction par laquelle ils se contentaient d'un revenu de 6,400 livres par an, jusqu'à ce que les constructions fussent terminées et les dettes remboursées. De Lyonne s'engagea à respecter ces volontés. Cet abbé suivant les conventions, jouit donc de tous les revenus de la maison à la réserve de 6,400 francs qu'il devait aux religieux ; mais pas une pierre ne fut touchée, pas une dette ne fut remboursée. Loin de là, les arrérages et les nouvelles dégradations augmentèrent dans une proportion considérable pendant 20 ans, à un tel point que les religieux, pour empêcher la ruine totale de leur maison, appelèrent leur abbé devant le conseil d'Artois au mois d'avril 1681, pour lui faire rendre compte des revenus qu'il avait touchés. Ils demandèrent en outre qu'il fut fait un partage de ces revenus et que le tiers affecté aux charges fut mis sous le séquestre et employé aux réparations des cloîtres et de l'église qui était dans un tel état de délabrement que depuis plusieurs années on ne pouvait plus y célébrer l'office divin. Les réclamations des religieux furent trouvées justes ; un arrêt du grand conseil, en date du 27 mars 1681, annula la transaction de 1664 et ordonna le partage demandé. Un autre arrêt du 16 décembre de la même année ordonna que dans un délai de quinze jours, l'abbé de Lyonne serait tenu de fournir un état des revenus qu'il avait touchés en vertu de la transaction de 1664 et de l'emploi qu'il en avait fait. Il était stipulé que les créanciers personnels de l'abbé ne pourraient toucher aux revenus échus de l'abbaye que sous caution. Le même arrêt confirma les clauses de celui du grand conseil.

Lors du partage de 1681 les religieux prirent le second lot laissé à leur choix, les deux autres revinrent à l'abbé qui dut prendre à sa charge l'entretien et les réparations du monastère. Plus tard, par suite d'un nouvel accord et moyennant une redevance annuelle de 2,000 livres, payée par l'abbé de Lyonne, les religieux se chargèrent de toutes ces réparations.

Les moines s'étaient engagés à agir avec modération à l'égard de leur supérieur. Malgré les insultes et les mauvais traitements qu'ils reçurent de la part des hommes d'affaires de leur abbé, pleins de respect et de considération pour lui ils ne poursuivirent point l'exécution de ces arrêts et ils se prêtèrent à une nouvelle transaction qui ne fit que les engager dans de nouveaux procès, par suite de la mauvaise foi et de la fausse interprétation qu'en firent les gens d'affaires du prélat. Par cette nouvelle transaction, il était convenu que « le partage des biens de l'abbaye serait fait, que le second » lot demeurerait aux religieux et les deux autres à l'abbé » qui serait tenu de faire faire toutes les réparations né- » cessaires aux bâtiments du monastère et d'acquitter les » arrérages et intérêts qui avaient couru depuis l'année 1662,

» époque à laquelle de Lyonne avait été pourvu de l'abbaye
» de Cercamp, jusqu'au jour du partage ; qu'à partir de
» cette époque, les religieux prendraient à leur charge le
» tiers des dettes et des arrérages échus lors du décès du
» cardinal Mazarin et qui restaient à payer au jour de la
» transaction. Enfin que les deux autres tiers des anciens
» arrérages et ceux qui courraient depuis le partage, seraient
» payés par l'abbé de Lyonne, au moyen de quoi il était
» déchargé de la reddition des comptes ordonnée par l'arrêt
du conseil du 16 décembre 1681. » Les religieux exécutèrent ponctuellement les clauses de cette transaction ; mais il n'en fut pas de même de la part de l'abbé de Lyonne ; ce qui provoqua de la part des religieux une nouvelle requête au conseil d'Artois des 7 et 10 août 1689. (1)

Les moines de Cercamp avaient quitté leur exil pour retourner au monastère. A peine étaient-ils réinstallés, que l'intendant de l'abbé de Lyonne, Jean de Chasteaux, les invitait à se rendre, le 21 mars 1680, à l'adjudication des travaux que nécessitait la reconstruction de l'abbaye (2). L'ancien chœur de l'église fut démoli, et les tombeaux des comtes de Saint-Pol furent découverts. Informée de la violation de ces monumens, précieux restes de l'antique splendeur des comtes de Saint-Pol, la duchesse de Longueville, au nom de son fils,

---

(1) Le religieux D. Pinard rédigea à cette occasion un état général des charges et revenus de l'abbaye de Cercamp.

(2) *L'état des réparations et des ouvrages urgents et nécessaires à faire à l'abbaye de Cercamp tant dans l'église que dans les lieux réguliers de ladite abbaye*, (archives départementales, abbaye de Cercamp, 21e liasse), nous dépeint l'état de ruine dans lequel se trouvait alors le monastère. Il n'existait plus un seul bâtiment qui n'eut besoin sinon de reconstruction, au moins d'une entière restauration.

héritier de cette puissante maison, porta plainte au conseil d'Artois, le 21 janvier 1678. A la suite de sa requête, sommation fut faite aux religieux et aux officiers de Frévent d'assister à l'ouverture des tombeaux ; puis il fut décidé que les ossements des illustres fondateurs de Cercamp, seraient déposés dans des cercueils de plomb et réunis dans un caveau construit sous le chœur de la nouvelle église, ou bien entre la balustrade du chœur et le pupitre des chantres. Les moines ayant représenté que le nouveau chœur serait trop petit pour les recevoir, proposèrent d'ériger ces tombeaux dans une chapelle latérale située près de l'autel du chœur. Il fut arrêté qu'on érigerait à la place indiquée dans la première délibération un mausolée sous lequel serait construit un caveau où les cercueils seraient renfermés. Les religieux firent alors de nouvelles observations, sous prétexte que cet emplacement du mausolée gênerait le service divin et la sonnerie des cloches. Sur leur représentation et par arrêt du conseil du duc de Longueville, comte de Saint-Pol, il fut décidé que le monument serait élevé dans la chapelle choisie par les religieux, à l'endroit le plus apparent, avec un caveau. Cette délibération du 30 juin 1684, fut inscrite sur une table de marbre et on plaça l'inscription suivante à l'entrée de la chapelle (1) :

---

(1)   1684
Cercamp. — Arrest du Conseil de Curatelle de S. A. Mgr le duc de Longueville, comte de Saint-Pol, touchant les tombeaux des fondateurs de l'abbaye de Cercamp.

Extraits du registre des délibérations du conseil de la Curatelle de Mgr le duc de Longueville.

Du Jeudy 17 février 1684.

Sur le raport quy a esté fait par M. de Fourcroy des informations et procédures extraordinaires faites pour raison de la démolition du chœur de

A l'illustre et éternelle mémoire des comtes de Saint-Paul, fondateurs de cette abbaye, dont les cercueils ont été ici transportés dans l'ancien chœur qui a été démoli.

Passans arrrêtez-vous et pleurez nos malheurs,
Qu'en cet endroit a fait la guerre.
Ce temple alloit être par terre,
Si Dieu n'eût fait cesser nos maux.

Venez-en même temps en cet escrit apprendre
Quels sont les trois princes fameux
Transferez et mis en ces lieux,
Dont on doit respecter et les os et les cendres.

---

l'église de l'abbaye de Cercamps, dépendant du comté de Saint-Pol et des tombeaux des comtes et comtesses de Saint-Pol, fondateurs de laditte abbaye, avec profanation et contre l'honneur et le respect deub a leur mémoire et a leurs dits tombeaux. Et sur ce que lesdits religieux auroient représenté que lesdites démolitions avoient esté faites pour mieux réparer et conserver ce qui estoit de meilleur et de plus considérable en ladite église, et qu'à l'égard de la démolition et profanation desdits tombeaux, ce quy avoit esté fait, avait esté contre leur intention quy n'a jamais esté de manquer à aucun respect envers tout ce qui regarde la mémoire desdits comtes et comtesses de Saint-Pol leurs fondateurs, offroient de réparer et remettre lesdits tombeaux au premier estat et avec le plus de decense que faire se pourra. Sur quoy et après avoir le tout examiné, a esté arrestée que lesdits tombeaux seront restablis et les ossements qui en ont esté tirez, remis dans trois cercueils de plomb, lesquels seront mis et *placés dans une cave, qui sera faite et construite dans le lieu qui sert à présent de chœur en ladite église ou entre l'église et la closture ou la balustrade de l'hostel* avec le plus de decense que faire se pourra, en faisant lequel rétablissement, outre les tombes, inscriptions et autres marques d'honneur et d'antiquité et tout ce qui estoit à la mémoire desdits comtes et comtesses de Sain-Pol, seront restablies et remises au premier estat, et le tout fait suivant les modelles des anciens tombeaux, autant que faire se pourra; comme aussi qu'à l'endroit le plus aparent du lieu où seront mis lesdits tombeaux, sera posée une inscription qui contiendra en substance le contenu en la présente délibération et la cause dudit restablissement, et le tout fait et exécuté aux frais et depens des religieux de ladite abbaye, et en présence des personnes qui

C'est Guy de Chastillon, et Anne de Bretagne,
Pierre de Luxembourg, la Dame des Essaux,
Jacques de Luxembourg ; priez Dieu pour le repos
De ces héros connus jusqu'au fond de l'Espagne.

Le 25 septembre 1684, l'abbaye reçut à ce sujet la visite de D. Claude Cressent, docteur de Sorbonne, prieur de Beaupré, vicaire-général de l'ordre de Citeaux en la province de Picardie.

En 1688, les religieux, toujours en contestation avec leur abbé, procédèrent à un nouveau partage des biens de Cercamp en trois lots égaux.

L'abbaye fut successivement visitée en 1690, 1692 et 1694 par Oronce Finet de Brianville, abbé de Pontigny supérieur général de l'ordre de Citeaux. Voici la relation d'une de ses visites empruntée aux archives de la communauté de Cercamp :

Le 2 septembre 1690, l'ébranlement simultané de toutes les cloches du monastère annonçait l'arrivée de ce grand personnage. Après avoir procédé au scrutin, il fit la visite de la maison, examina les comptes des officiers et prit une entière connaissance de tout ce qui concernait la position des religieux. Il fit rédiger par son secrétaire une charte de visite, qui n'est autre chose qu'un véritable règlement.

---

seront preposées à cet effet par son S. A. S[me] Monseigneur le prince Curateur honoraire de Monseigneur le duc de Longueville comte dudit Saint-Pol ou par le conseil de la Curatelle dont et du tour, et après ledit restablissement fait, sera dressé procès-verbal par les officiers de la baronerie de Frevent, dépendante dudit comté et dans l'estendue de laquelle ladite abbaye est scituée, et Iceluy procès-verbal envoyé au conseil de la Curatelle.

Ce que dessus a esté extrait sur ledit registre par moy secrétaire du conseil de ladite Curatelle soussigné.

DE SAINT-AMOUR.

CHARTE DE VISITE

De Monsieur de Pontigny

POUR CERCAMP.

A la plus grande gloire de Dieu.

Nous FRÈRE ORONCE FINÉ DE BRIANVILLE, abbé de Pontigny, premier père et supérieur majeur de l'ordre de Cisteaux, père et supérieur immédiate de l'abbaye de Cercamp, diocèse d'Amiens, sçavoir faisons que, visitans nostre dite abbaye de Cercamp de nostre dépendance immédiate et désirant d'y maintenir la règle et la discipline conformément aux constitutions de nostre ordre et au bref de nostre St.-Père le Pape Alexandre septiesme, après avoir ouy les religieux en scrutin, veu et visite les lieux réguliers, examiné les contes des officiers et pris une entière connaissance de l'un et de l'autre bout de la maison, nous avons fait les présents règlements que nous avons jugé utiles et nécessaires au bien spirituel et temporel de ladite abbaye. C'est pourquoy nous exhortons et nous commandons en vertu de la sainte obéissance à tous nos confrères les Prieur et religieux composans la communauté de ladite abbaye, de les observer et pratiquer exactement et avec soin.

Nostre saint législateur apelle l'office divin l'œuvre de Dieu pour nous marquer l'assiduité et la révérence avec laquelle nous devons nous en acquitter, tous les religieux y assisteront et nul ne s'en absentera sans la permission du Prieur, qui ne l'accordera que rarement et pour des causes raisonnables. On sonnera les matines à trois heures aux festes solennelles et pour le plus tard, tous les jours à quatre heures précises. On observera avec soin les cérémonies marquées dans nos rituels et l'on fera des pauses au milieu et à la fin de chaque verset ; on chantera avec modestie et sans précipitation et personne ne sortira du cœur pendant l'office sans la permission de celuy qui y présidera.

Les jeunes religieux communieront à la messe conventuelle les dimanches et fêtes principales et les prestres célèbreront au moins trois fois dans chaque semaine hors celles des messes d'obligation dont on s'acquittera exactement. Ils se confesseront tous à des religieux de la communauté nommés et aprouvés par le supérieur qui choisira pour ce ministère ceux qu'il connaîtra avoir plus de capacité et de vertu, et qui nommera un religieux pour instruire les jeunes de tous les devoirs de leur profession et des principaux mystères de nostre religion, lequel nous recommandons aussy à lésgard des domestiques à qui on fera le catéchisme les dimanches et les festes.

On assistera tous les jours à l'oraison mentale dans l'intervalle des laudes de la sainte Vierge et des matines canoniales, environ pendant demi-heure et autant après complies, comme aussi à la lecture qui se fait en commun avant complies, conformément à nos instructions et outre celà chaque religieux s'appliquera à la lecture spirituelle dans ses heures de loisir, a quoy le supérieur tiendra la main et en fera mesme rendre conte aux jeunes religieux qu'il privera de vin lorsqu'ils auront négligé ce devoir. Nous ordonnons aussy tant au prieur qu'aux religieux de ne pas manquer aux exercices des dix jours une fois l'année, suivant la louable coutume de notre ordre.

Le supérieur veillera avec beaucoup de soin sur la conduite des religieux et fera garder inviolablement le silence aux heures et aux lieux marqués par le bref et surtout depuis les complies jusqu'au lendemain après primes. Il expliquera dans le chapitre les principaux points de la règle et fera des homélies et exhortations les veilles des festes solennelles suivant l'usage de l'ordre, et aux festes moins solennelles, il pourra commettre ce soin à des religieux capables qu'il exercera tour à tour dans la pratique de ce saint ministère. Il obligera aussy tous les religieux de s'accuser de leurs fautes extérieures au moins le vendredy de chaque semaine et il punira sévèrement celles qui se commettront contre la régularité, enfin il se fera tout à tous pour gagner les âmes qui luy sont commises et prendra garde que chacun s'aquite des devoirs de son employ et qu'on évite la perte du temps, les couversations inutiles et surtout l'oisiveté, qui est toujours pernicieuse aux religieux et qui est pour l'ordinaire la source de tous les désordres.

L'expérience nous apprend tous les jours que les religieux se relâchent et perdent souvent l'esprit de leur vocation par trop de commerce avec les personnes séculières ; c'est pourquoy, nous renouvellons les deffenses quy ont esté faites aux religieux de sortir de l'enclos du monastère, ni mesme aller dans les maisons qui sont hors de l'enceinte des cloistres, sans l'ordre et la permission de Dom prieur qui ne l'accordera que rarement et pour des raisons pressantes, principalement pour celles où il y aura des personnes de l'autre sexe, et, afin que ce règlement que nous jugeons d'une très grande conséquence, soit observé à l'avenir avec plus de soin, nous ordonnons à Dom prieur de suspendre *à divinis* et même de mettre en prison ceux qui refuseront opiniâtrement de s'y soumettre, croyant que ce châtiment extraordinaire est nécessaire pour réparer le scandale qu'une conduite contraire a causé.

Nous exhortons aussy Dom prieur de ne point permettre d'aller dans les villes et lieux esloignez ou voisins du monastére et surtout au bourg de Frevent, sans une nécessité évidente ou une grande utilité. Excepté le cellerier, lorsque, pour raison de sa charge, il sera obligé de sortir, ce qu'il ne fera pas sans la permission du supérieur qui ne souffrira point qu'aucun sorte de la maison, s'il n'a des habits modestes et propres, une longue robe avec un collet de serge et la couronne faite et formée à l'usage de l'ordre, ce qui s'observera encore plus régulièrement dans la maison, et on obligera tous les religieux de se faire raser la tête aux jours marqués par le rituel.

On observera tous les jeunes et les abstinences de l'ordre dans l'avent, la septuagésime, le lundy et mercredy de chaque semaine, et Dom prieur ne pourra en dispenser la communauté ny mesme les particuliers hors les cas de nécessité. La lecture se fera pendant tout le repas par un jeune religieux ou par un des derniers prestres et jamais par un domestique, lorsqu'il y aura dans la maison plus de deux jeunes religieux. On lira la sainte Bible à la manière acccoutumée, les vies des saints, l'histoire de l'église ou quelqu'autre livre de piété, au choix du supérieur, et nous voulons aussy qu'on lise tous les jours un chapitre du nouveau rituel, afin que les religieux aprennent avec moins de peine les cérémonies et les usages de l'ordre. On passera ensuite le temps de la récréation en communauté avec le supérieur qui ne permettra point que les religieux, surtout ceux qui sont jeunes, se séparent pour aller dans des endroits écartés et éloignés de la communauté.

Les malades seront traités conformement à la règle avec beaucoup de charité, en sorte qu'il ne leur manque aucune des choses qui leur seront nécessaires, et pour cela, Dom prieur aura soin de faire entretenir l'infirmerie avec propreté et de la fournir de tout ce qui sera nécessaire en meubles, linges, vaisselle et médicamens et, lorsqu'il y aura quelque religieux malade, il établira et nommera un autre religieux pour le soulager et le servir en qualité d'infirmier jusqu'à une parfaite convalescence.

On observera le vœu de la sainte pauvreté, en la manière qui nous est prescrite dans la règle et par le bref de nostre St-Père le Pape, Alexandre Septime. Dom prieur prendra soin d'instruire souvent les religieux de leurs obligations à cet égard et de l'excommunication qu'ont encourue *Ipso facto*, ceux qui retienent quelque chose en propre et indépendamment du supérieur, et nous ordonnons en conséquence qu'à l'avenir tous les religieux recevront du vestiaire manuellement et en espèce ce qui leur sera nécessaire en habits, linge, ameublement et voyages, avec la permission de Dom prieur à qui ils donneront un estat de ce qu'ils auront à leur usage toutes les fois qu'il le demandera et principalement dans la semaine sainte et le jour des Rameaux, auquel on fulminera l'excommunication contre les propriétaires, suivant la coutume de l'ordre.

Et affin que les religieux ne prennent pas delà occasion d'estre à la charge à la communauté par leur superfluité, nous croyons qu'il suffit de fournir à chacun d'eux pour raison du vestiaire jusqu'à la concurrence de vingt écus, laissant pourtant à la prudence du supérieur de retrancher ou d'augmenter de cette somme, comme il le jugera à propos, par rapport aux besoins d'un chacun.

On recevra honnestement les parens des religieux qui viendront les visiter, mais on évitera avec soin les visites des femmes, si ce n'est des mères ou sœurs des religieux, que l'on recevra néantmoins rarement et hors l'enceinte des cloistre, et on ne permettra jamais, pour quelque cause que ce soit, qu'elles entrent dans l'enclos des lieux religieux. Les hostes seront traittés avec propreté, mais avec la modération convenable à l'estat religieux. On lira un chapitre de quelque livre de prière ou quelques pensées édifiantes au commencement des repas et on s'y comportera avec modestie et sans excès de crainte que, sous prétexte de s'aquiter des devoirs de l'hospitalité, on ne manque contre les lois de la charité ou de la tempérance. Dom prieur fera compagnie aux hostes lorsqu'il le jugera à propos et pourra appeler tour à tour un ou deux religieux à son choix.

Nous renouvellons les deffences qui ont esté faites cy devant à tous les religieux de porter le fusil et d'aller à la chasse sous quelque prétexte que ce soit, non plus que de jouer à tous jeux de hazard, cela étant directement contraire aux bonnes mœurs et à nostre vœu de pauvreté. Dom prieur veillera extrêmement et tiendra la main à l'exécution de cette ordonnance que nous jugeons très importante, et ceux qui seront convaincus d'avoir chassé ou joué de l'argent, seront punis irrémissiblement par la discipline régulière et même plus grièvement en cas de récidive.

Le bon ordre d'une communauté dépendant en partie des sujets qu'on y reçoit, on continuera de recevoir des novices jusqu'à un nombre suffisant par rapport au revenu de la maison, d'examiner avec soin leur vocation et les motifs de leur retraite, de les choisir avec les qualités d'esprit et de corps qui sont marquées dans nos constitutions et de n'avoir en veue dans leur réception que la gloire de Dieu et l'utilité de l'ordre de la maison. En quoy nous aprouver et louer la conduite de nostre vénérable confrère Dom Nicolas de la Mare, Prieur de cette maison, aussy bien que des soins qu'il a pris pour embellir les lieux réguliers et pour rétablir le spirituel et le temporel de la manse conventuelle. Mais affin qu'à l'avenir on continue d'agir dans le même esprit et sans aucune veue d'intérêt, nous deffendons très expressement d'exiger de l'argent ou autre chose ou de faire aucun traité avec les parens des novices pour raison de leur réception, si ce n'est pour les pensions du novitiat et les autres frais qui sont entièrement à la charge de la maison, et nous déclarons excommunier *ipso facto* ceux qui entrent directement ou indirectement dans les conventions pécuniaires contraires aux lois de l'église et à nos constitutions.

Dom Prieur aura soin d'occuper les religieux dans leurs heures de loisir de quelque travail utile par raport à la capacité et à l'inclination d'un chacun. Les jeunes travailleront une heure chaque jour à l'entretien du jardin du cloistre. Les prestres s'occuperont au travail des mains qu'on leur assignera et tous généralement s'appliqueront à l'estude. C'est pourquoy nous ordonnons à Dom Prieur de continuer à fournir la bibliothèque de tous les livres nécessaires et d'employer pour cela tous les ans une somme raisonnable et aussy grande qu'il pourra, sans incommoder la communauté.

L'administration générale de tous les biens du monastère se fera par le cellerier qui exercera les fonctions de sa charge dépendament et par les ordres de Dom Prieur et qui rendra conte de toutes les mises et receptes tous les mois devant ledit Dom Prieur et quatre fois l'an devant les officiers et les anciens de la communauté qui y seront apellés ; mais nous deffendons expressément à tous les religieux de s'entretenir

avec les personnes séculières de ce qu'ils auront apris par les
contes ou autrement, touchant l'état spirituel ou temporel de
la maison, sous peine d'estre privés à l'avenir du privilége
d'assister aux contes et mesme de plus grande punition. Tout
l'argent sera gardé dans un coffre à trois clefs, l'une
desquelles demeurera entre les mains du supérieur, le plus
ancien aura la seconde et le cellerier gardera la troisième.
On arrestera pareillement les contes de la depence, lorsque
Dom prieur le jugera à propos, et nous deffendons au dé-
pencier de donner du vin aux religieux hors des repas,
sans la permission de Dom prieur pour quelque raison et sur
quelque prétexte que ce soit.

Nous exhortons enfin tous nos confrères les religieux de
cette abbaye de se porter avec zèle et affection à l'observance
de leurs vœux, à la pratique des vertus, à la lecture des bons
livres, à la fréquentation des sacremens, aux mortifications,
aux exercices spirituels, au travail des mains et à toutes
sortes de bonnes œuvres, d'honorer Dom Prieur et de lui
obéyr, à Dom de les aimer et traitter charitablement, de
s'entr'aimer mutuellement, de se prévenir les uns les autres
par des devoirs d'amitié et de charité, de conserver la paix
entr'eux, d'éviter les discordes et surtout les médisances et
détractions, afin d'obtenir du ciel les grâces et les lumières
nécessaires pour leur conduite particulière et pour le maintien
de la régularité dans nostre dit monastère.

Ils prieront Dieu pour nostre St-Père le Pape, pour tout
l'ordre ecclésiastique, pour nostre très chrestien et très
auguste monarque Louis-le-Grand, pour le succès de ses
armes, pour Monseigneur le Dauphin, pour toute la famille
royale, pour les supérieurs de l'ordre, pour tous les pro-
tecteurs et bienfaiteurs de notre ordre et particulièrement de

nostre monastère et pour nous, et affin que personne ne prétende cause d'ignorance de nostre présente carte, nous ordonnons à Dom Prieur de la faire lire en chapitre tous les vendredys des quatre-temps de l'année. Donné et leû dans nostre monastère de Cercamp devant tous les religieux, le deuxième septembre mil six cents quatre-vingt-dix et laissé à Dom Prieur sous nostre sein manuel, celuy de nostre secrétaire et l'impression de nostre grand sceau.

Signé : F. Oronce, abbé de Pontigny.

Nous frère Claude Crescent, docteur de Sorbonne, prieur de Beaupré, ordre de Cisteaux, au diocèse de Beauvais et vicaire-général dudit ordre en la province de Picardie et pays adjacents, visitant le dévot monastère de Cercamp, ordre dudict diocèse d'Amiens, filiation de Pontigny, de l'authorité du chapitre général de Monseigneur le révérendissime abbé de Pontigny, père et supérieur immédiat de laditte abbaie, assisté de notre cher confrère Dom François Morin, religieux et cellerier de Beaupré, nostre secrétaire et adjoint ; y avons trouvé treize religieux de chœur scavoir : neuf profez de laditte abbaye de Cercamp, un religieux profes de Chalis et un de Bouras, soubs la conduite du vénérable Dom Pierre de Langlée, prieur, où, après avoir fait l'exhortation au chapitre, fait la visite du très St-Sacrement de l'autel, ouy les religieux au scrutin, visité les dortoirs et les chambres des religieux et autres lieux réguliers ; nous nous serions fait représenter la charte de visite de Monseigneur le révérendissime l'abbé de Pontigny que nous aurions trouvé remplie de plusieurs belles et salutaires ordonnances, dont nous leur aurions ordonné une plus exacte observance sur tout ce qui concerne l'assiduité et la révérence avec laquelle nous devons assister au service divin auquel tous assisteront, sans en excepter aucun, que dans le cas de nécessité et avec la permission du supérieur.

Ils garderont le silence avec plus d'exactitude mesme dans le chapitre, leur deffendans de se lier ensemble par des amitiez particulières préjudiciables à la paix et l'union qu'ils doivent avoir entr'eux; mais ils converseront tous les uns avec les autres d'une manière qui ne soit point suspecte de cabale, de séparation, ou de schisme. Ayant apprisqu'il y a une trop grande quantité de clefs qui ouvrent les portes de l'église, recommandons à Dom Prieur de tenir la main à ce qu'il n'y en aye au plus que deux, l'une pour luy et l'autre pour le secrétaire ; comme aussy de faire en sorte de pouvoir trouver quelque personne fidèle et propre pour mettre à la porte de l'abbaye, pour empescher que les pauvres de différent sexe entrent dans l'intérieur de la maison pour demander l'aumosne, aynsi qu'il nous a appareu dans le cours de notre visite, laquelle leur sera administrée par ledit portier ou par tel autre que ledit Dom Prieur advisera bon estre. Leurs deffendons de se traitter de *Monsieur* les uns les autres, mais ils s'appelleront sçavoir : les prestres, *Dom*, et ceux qui ne sont pas prestres, *Frère*, aynsi qu'il se pratique dans l'ordre. L'administration générale du temporel de l'abbaye ne pouvant estre que beaucoup à charge à Dom Cellerier, Dom Prieur establiera incessamment un maistre des bois qui aura soin qu'il ne se passe rien dans lesdits bois au préjudice de la communauté, lequel en fera la vente avec ledit Dom Cellerier dans les temps acoustumez, et l'argent en provenant sera reçeu par ledit Dom Cellerier qui en tiendra compte à la communauté et en fera un bon et fidel registre, aynsi que ledit maistre des bois. Ledit Dom Prieur establira en outre un grénetier qui fera la recepte et mise des grains et en tiendra un bon et fidel compte à ladite communauté. Il sera pareillement establi un despensier qui agira de concert avec Dom Cellerier et qui fera la depence des danrées qui luy seront administrées par ledit Dom Cellerier pour la subsistance de la communauté, et lorsque le susdit Dom Cellerier sera obligé de faire quelque voiage pour les affaires de la maison ou autre, il mettra quelque somme d'argent entre les mains de Dom Prieur qui se donnera la peine d'en donner au despensier à mesure, ou à quelqu'autre religieux pour paier ce qu'il conviendra achepter pour la subsistance de la communauté.

Comme il nous a apparu par les comptes que Dom Cellerier est redevable à la communauté d'une somme considérable, l'argent qu'il recevra désormais sera mis dans un coffrefort auquel il y aura trois clefs dont Dom Prieur en aura une, l'ancien une aultre et Dom Cellerier la troisième. Leur recommandons le respect et l'obéissance qu'ils doivent à leur Dom Prieur et d'avoir pour luy toutte la soumission lorsqu'il les reprendra de leus faultes, lequel de son costé les aimera et assistera charitablement dans leurs besoings et nécessitez tant spirituels que corporels.

Finalement, ils prieront Dieu pour nostre St-Père le Pape, pour le Roy Monseigneur le Dauphin, pour toutte la famille royalle, pour Monseigneur le Révérendissime abbé de Pontigny, leur supérieur et pour nous. Donné à Cercamp dans le cours de nostre visite, soubs nostre seing manuel, celuy de nostre secrétaire et l'impression de nostre cachet, ce septiesme aoust mil six cent quatre-vingt-douze.

Signé : F. Crescent, Vicaire-général.
F. Morin, Secrétaire et Adjoint.

Leu et publié par moy secrétaire de mondit sieur vicaire-général soubsigné, dans le chapitre de ladite abbaye en présence de toutte la communauté, lesdits jours mois et an que dessus.

Signé : F. F. Morin, Secrétaire.

En 1692 ce fut le tour de frère Claude Cressent, docteur en Sorbonne, prieur de Beaupré, et vicaire-général de l'ordre de Citeaux. Il fut envoyé à Cercamp par l'abbé de Pontigny avec Dom François Morin, Cellerier de Beaupré, comme secrétaire. Après avoir constaté la présence de onze religieux de chœur, il adressa les complimens les plus élogieux au prieur Dom Pierre de Langle. Il fit ensuite l'exhortation au chapitre, puis s'avançant à l'autel, il fit la visite du saint ciboire. Il exhorta les religieux au respect envers leur supérieur et les engagea à la paix, à l'union entr'eux et à l'entier accomplissement de leurs devoirs réguliers. Ayant fait connaître qu'il désirait procéder au scrutin, les religieux se rendirent sccessivement dans ses appartements. Puis, après avoir parcouru toute la maison, il se fit représenter la charte de visite de l'abbé de Pontigny dont il recommanda la plus stricte observance.

En 1694, l'abbé de Brianville revint au monastère de Cercamp ; sa visite eut lieu le 17 avril, en présence de Dom Pierre Gaverel, prieur du monastère.

Le pape Anastase, dans une bulle de 1693, dans laquelle il est parlé de Bouquemaison, Neuvillette, Croisette, etc., confirma les priviléges de l'abbaye. Le 31 mars de la même année, un arrêt du conseil d'Etat ordonna que toutes les maisons religieuses de France fissent la déclaration des bois qu'elles possédaient. Thierry de Meaux, intendant de l'abbé de Lyonne, s'empressa d'y obtempérer le 17 juillet. On voit dans cette déclaration que l'abbaye de Cercamp ne possédait plus à cette époque, qu'un bois de 49 journaux, 79 verges, situé à Ransart-les-Doullens, et que la coupe, réglée à 9 ans, pouvait être estimée 110 livres et servait au chauffage du fermier de Ransart (1).

---

(1) ESTAT DU REVENU ET DES CHARGES DE L'ABBAYE DE CERCAMP.

Le revenu sur le pied des sous-baux qui ont commencé le premier Janvier 1696 monte à *vingt-sept* mil cinq cent livres ou environ.

CHARGES PRIVILÉGIÉES OUTRE CELLES DES SOUS-BAUX DONT LES SOUS-FERMIERS SONT TENUS.

Aux religieux pour les charges claustrales deux mil livres par an cy. . . . . , ...	2,000 liv.
Décimes ordinaires, extraordinaires, et capitation deux mil cinq cent livres cy.	2,500
Portions congrues six cent soixante et quatorze livres cy . .	674
Religieuses du Pont aux Dames cinq cent livres cy	500
Réparations pour tout quinze cent livres cy	1,500
Pour les créanciers de l'abbaye cinq mil livres par an, scavoir quatre mil au sieur Geest, estant aux droits de la Damoiselle Comelin et mil livres à d'autres créanciers cy . . .	5,000
Quinze cent livres pour la régie cy	1,500
Cas fortuits et frais de procès quinze cent livres cy	1,500
Total quatorze mil six cent soixante et quatorze livres cy . .	14,674 liv.
Reste douze mil neuf cent vingt six livres cy	12,926
Surquoy, il y a de délégations six mil livres à M. du Chesne cy.	6,000
Deux mil livres à M. de Villemareuil pendant trois années cy .	2,000
A Mesmon mil livres pour cette année cy	1,000
A Cossan trois mil livres cy.	3,000

En 1695, nouvelle transaction entre l'abbé de Lyonne et les religieux de Cercamp au sujet de la *Dîme de Bouquemaison*.

En 1698, les habitans, ayant refusé de payer les droits seigneuriaux qu'ils devaient à l'abbaye, invoquèrent, de concert avec le maire et les échevins de Doullens, la prescription en leur faveur. Les religieux les attaquèrent, rejetant la prescription par cette règle, *non volentis agere non currit prescriptio* et, soutenant que si l'impôt n'avait point été payé, c'était à cause de la guerre. Les habitans furent déboutés de leurs prétentions et furent condamnés aux dépens. De plus, le maire et les échevins de Bouquemaison qui avaient profité des troubles de la guerre pour s'emparer de la haute, moyenne et basse justice, durent renoncer à leurs prétentions.

Dans sa visite de 1697, l'abbé de Pontigny, Finet de Brianville fit aux religieux de Cercamp plusieurs recommandations parmi lesquelles nous citerons celles-ci :

« La closture régulière sera incessamment achevée et pour
» cet effet on fermera le grand enclos du côté de la porte
» qui répond au logement des hôtes où l'on bâtira un petit
» logement pour le domestique qui y sera établi en qualité
» de portier. Les religieux ne sortiront point du grand enclos
» et n'iront pas même dans les maisons qui sont dans ledit
» enclos hors l'enceinte des cloîtres, sans l'aveu et la per-
» mission du supérieur, qui ne l'accordera que pour des
» raisons pressantes, pour celles où il y aura des personnes
» de l'autre sexe.

» Ayant remarqué que le bâtiment de l'infirmerie est en
» mauvais état et menace ruine, Nous ordonnons à dom prieur
» et à dom cellerier de travailler incessamment à le faire

» rétablir selon le dessin que nous avons marqué et de le
» meubler ensuite de ce qui sera nécessaire pour le soula-
» gement des malades; à quoi nous les exhortons de contri-
» buer par leur économie et leur sollicitation auprès de
» Monseigneur l'abbé commendataire.

» La bibliothèque sera aussi réparée, et l'on employera
» pour acheter des livres le fond que nous avons ordonné
» lors de notre visite en 1694, ce à quoi nous enjoignons au
» supérieur de veiller plus exactement que par le passé. »

Le même abbé de Brianville fit une seconde visite à l'abbaye le 4 novembre 1706.

Les religieux de Cercamp, pour éviter les troubles de la guerre avaient dû abandonner plusieurs fois leur abbaye. Pendant leur absence, ils avaient été dépouillés de tous leurs titres, registres, papiers, et renseignemens concernant les biens et les revenus de leur maison. Par suite d'une requête qu'ils présentèrent au lieutenant-général du bailliage d'Amiens le 29 juillet 1698, ils furent autorisés *à se pourvoir par censures ecclésiastiques*. En conséquence, l'official d'Amiens, par un *monitoire* du 26 août suivant, enjoignit à tous les prêtres et aux appariteurs de son diocèse de prévenir leurs paroissiens au prône pendant trois dimanches consécutifs, que les détenteurs des *aveux, dénombremens, baux, accords, conventions, etc., etc.*, concernant le monastère de Cercamp, auraient à les remettre immédiatement, menaçant d'excommunication tous ceux qui ne se conformeraient pas à cet ordre (1).

---

(1) OFFICIALIS AMBIANENSIS,
OMNIBUS PRESBYTERIS DIOCESIS AMBIANENSIS, ET APPARITORIBUS NOSTRIS, SALUTEM IN DOMINO.

De la part des sieurs Abbé, Prieur et Religieux de l'abbaye de N. D.

La bonne entente entre les religieux et leur abbé commendataire n'avait pu s'établir. Le 19 mai 1699, une nouvelle transaction fut signée au Châtelet à Paris entre l'abbé de Lyonne et le prieur dom Jean Rousseau. Il s'agissait encore

---

Cercamps, ordre de Cisteaux, assise en la Comté de Saint-Pol dudit diocèse d'Amiens; Nous a esté exposé en complaignant, qu'à l'occasion des guerres et troubles survenus dans les temps passez, incursion des ennemis, et autres cas arrivez, qui ont obligé les religieux d'abandonner de temps en temps ladite abbaye pour se refugier, et encore à la faveur de l'établissement de ladite abbaye en commande, lesdits religieux ont esté pensionnaires des abbez commendataires, ils ont été dépouillés de tous les Titres, Registres, Papiers et Enseignemens, concernans les droits, biens et revenus de ladite abbaye, la plupart desquels par ces moyens sont demeurez perdus, éteints et négligez ; lesquels Titres, Registres, Papiers et Enseignemens ont été pris et enlevez par divers particuliers, ensemble des Aveux, Déclarations, Escroües, Dénombrements, Baux, Traitez, Accords, Conventions, Cueilloirs, Papiers déclaratifs, Requestes, Mémoires et autres actes de quelque nature qu'ils puissent être, que lesdits particuliers retiennent encore actuellement, et ne veulent remettre aux exposans ; ce qui les a obligés de bailler leur requeste au sieur lieutenant-général du Bailliage d'Amiens, lequel par son Ordonnance du vingt-neuf Juillet dernier leur a permis de se pourvoir par censures ecclésiastiques. Et d'autant que de tout ce que dessus, circonstances et dépendances, plusieurs peuvent parler, en ont vu, sçu, connu, ou entendu quelque chose, et y ont donné conseil, confort, ou aide, néanmoins s'en taisent au peril et damnation de leurs ames, au grand préjudice, dommages et intérêts desdits exposans, lesquels, pour en avoir preuve et révélation, ont imploré notre office.

Quare vobis mandamus, quatenùs ex nostrâ parte in plenis Ecclesiis vestris per tres dies Dominicos continuos publicè moneatis omnes et singulos hujus modi malefactores, ut intrà quinque dies post ejus modi monitiones vestras satisfaciant, et aliquid de præmissis quomodolibet scientes, quidquid de iisdem sciverint, noverint et intellexerint, intra dictum tempus debite revelint. Alioquin ipsos, et quemlibet ipsorum, ex tunc his in scriptis, dictis tamen quinque diebus effluxis, aggravamus. Præterea si infrà alios

des réparations : il fut convenu que tous ces travaux seraient à la charge des religieux, sauf ceux qui concernaient l'abbatiale et le moulin avec ses dépendances. De plus, si quelque bâtiment venait à être détruit en totalité ou en partie, soit par la foudre soit par la guerre, soit par tout autre accident imprévu, les religieux étaient tenus à la reconstruction jusqu'à concurrence d'une somme de 1,500 livres, etc., etc.

Dom Georges de Maillard, docteur de la Sorbonne, prieur de Valloire, député à la cour de la part des Etats d'Artois et abbé de Clairmarais, avait été nommé, en 1701, vicaire-général de l'ordre dans un chapitre tenu à Citeaux. Il fut chargé d'inspecter toutes les maisons cisterciennes placées sous la domination de la France. Il vint à Cercamp le 20 décembre 1707, assisté de dom Alexandre Catu, religieux de Valloire, son secrétaire et son adjoint : il trouva à l'abbaye 14 religieux sous la conduite de dom Jean Rousseau, bachelier en théologie de la Faculté de Paris et prieur de Cercamp.

---

quinque dies subsequentes iidem moniti præfatas excommunicationis et aggravationis sententias cordibus et animis induratis (quod absit) ac timore Dei postposito, claves sanctæ matris Ecclesiæ spernendo, in se sustinuerint, ipsos, et quemlibet ipsorum, ex nunc prout ex tunc, in his scriptis, dictis tamen quinque diebus præteritis, reaggravamus. Excommunicatos, Aggravatos, et Reaggravatos, a Nobis et authoritate nostrâ per pulsum campanæ et extinctionem candelæ denuntietis : Opponentibus diem coram judice competente assignetis, contra dictos exponentes suas oppositionum causas allegaturis, et de modo vestræ executionis, Vobis fideliter rescribatis. Volumus autem ut præsentium exemplaribus à nostro scriba subsignato signatis, fides adhibeatur : Alia verò nullius sint roboris. Datum Ambiani sub nostris signo et sigillo, et curiæ spiritualis sigillo. Anno Domini millesimo sexentesimo nonagesimo octavo, die vigesima sexta augusti.

Signé : MOREAU-TAVERNIER.

Après avoir fait l'exhortation au chapitre et sa visite au Saint-Sacrement, il parcourut toute la maison, procéda au scrutin et examina les comptes du cellerier. Il félicita ensuite le prieur du zèle qu'il avait apporté aux réparations de la maison et principalement à l'embellissement de l'église qui avait été depuis peu enrichie d'un orgue magnifique. Il leur laissa en partant un réglement qu'il leur recommanda expressément d'observer.

Le 30 mai 1709, dom Maillard fit une nouvelle visite à Cercamp, accompagné cette fois de frère Bernard-Antoine Conneau, religieux de l'abbaye de Cîteaux, bachelier en théologie. Dom Jean Simoneau était alors cellerier. Il ajouta de nouveaux réglements à ceux qu'il avait consignés dans sa carte de visite de 1707, avec l'expresse recommandation de les lire dans le chapitre aux quatre temps de l'année.

Les moines de Cercamp eurent aussi un procès à soutenir en 1708, contre le cardinal d'Estrées au sujet de la dîme de la terre de Bonnières.

Les alliés contre la France avaient envahi le pays en 1709 ; les provinces d'Artois et de Picardie ne tardèrent pas à être le théâtre de leurs excursions. Déjà en 1708, l'abbaye avait été requise par l'intendant de Bernage de fournir pour le service du roi de France 15,012 bottes de foin estimées 3750 francs. L'année suivante, les maréchaux de Villars et d'Harcourt et le duc de Bourbon logèrent plusieurs fois à Cercamp. De plus, un poste d'observation y séjourna trois mois et consomma 60 cordes de bois, 3500 fagots, 2500 bottes de paille, 600 bottes de foin qui, ajoutés à la nourriture, occasionnèrent aux religieux une dépense totale de 2180 liv. Ils eurent en outre à loger les gardes du roi commandées par

MM. de Montessan et Chazeron. Les soldats mirent à sec 90 mesures de prairies ; ce qui occasionna pour l'abbaye des dégâts et une perte de revenus s'élevant à 3600 livres.

En 1710, l'armée impériale sous le commandement du prince Eugène de Savoye, en s'éloignant de Doullens, se rua sur Bouquemaison pour se venger sur les habitants de son insuccès contre la ville. L'ennemi brûla la plupart des maisons après les avoir pillées et en avoir chassé les habitants, qui allèrent se réfugier dans l'abbaye de Cercamp où ils savaient pouvoir se présenter en toute sécurité, les religieux de ce monastère se considérant comme seigneurs du bourg à cause du domaine qu'ils possédaient sur ce territoire (1).

Le 15 juillet, méconnaissant les titres de sauvegarde donnés par le prince de Savoye, l'armée impériale vint piller le quartier abbatial, prit et enleva tous les grains, les fourrages, les matelas, les lits et les autres meubles ; les religieux furent réduits à manger du pain d'avoine qu'ils ne

---

(1) On trouve à Bouquemaison, près de l'église, quelques restes d'une ancienne ferme à laquelle on donna le nom de Malborough, parce qu'on croit que c'est là que les troupes alliées, se reposèrent après leur pillage et leurs travaux destructeurs.

Il est avéré à Bouquemaison comme à Neuvillette, Barly et Canteleux, qu'il a existé un camp des alliés ennemis à plusieurs époques du xviie siècle et au commencement du xviiie, sur la plaine qui existe entre ces quatre villages. Des vieillards le déclarent formellement, d'autres le prouvent par des ossements humains et par des bières que la pioche a soulevées en plusieurs endroits.

Un point particulier de cette plaine est connu et désigné dans les actes de l'abbaye de Cercamp sous la dénomination de *Camp* ou *Champ des Wallons*, ce qui rappelle la présence des soldats Brabant-Wallons, dans le pays et à Doullens même.

(Warmé. — *Hist. de Doullens.*)

pouvaient se procurer que très-difficilement. Les déprédations furent telles que les moines furent obligés d'avoir recours à l'aumône pendant quelques mois pour subvenir à leur nourriture et à celle des gens de leur maison. La perte essuyée seulement par le monastère sans compter celle des fermiers, s'éleva, dit un rapport adressé au Conseil d'Artois, à la somme de 28,826 francs, qui, ajoutée aux pertes précédentes formèrent un montant total de 38,356 francs.

L'abbaye de Cercamp n'avait pas seulement à craindre l'approche de l'ennemi. La présence d'une armée française n'était pas un moindre fléau ; les soldats ne vivaient généralement que de ce qu'ils pouvaient enlever. Voici ce que nous lisons dans les archives de Cercamp : « Sous le commande-
» ment du maréchal d'Harcourt, les armées françaises, à la
» levée du camp de Saint-André, vinrent camper le 14,
» le 15, le 16 de novembre 1710 à l'abbaye et aux environs
» et causèrent des dommages considérables à tous les fer-
» miers, tant par l'enlèvement de leur blé et maïs que
» bestiaux, fourrages... et gâté les blés semés par le passage
» de diverses troupes, etc.

Une lettre de l'abbé de Pontigny au prieur de Cercamp confirme ce que nous venons de dire.

« Je suis, mon cher prieur, vivement touché du malheur
» qui est arrivé à votre maison et de l'extrémité fâcheuse
» dans laquelle vous vous trouvez. Je loue votre zèle et les
» peines que vous vous donnez pour conserver votre maison.
» Pourvu que Dieu veuille qu'elle ne soit incendiée, j'espère
» qu'elle se remettra par les bons soins que vous y apporterez.
» J'écris au prieur de Chaâlis de recevoir les religieux que
» vous lui enverrez ; il tâchera d'en placer quelques-uns

» ailleurs, et j'y contribuerai de mon mieux pour le soula-
» gement de votre maison.

» Je vous souhaite toute la consolation dont vous avez
» besoin, et suis votre affectionné confrère,

» F. Joseph, Abbé de Pontigny. »

Au mois de novembre 1713, les religieux présentèrent une requête aux Etats d'Artois dans laquelle ils demandaient à être indemniser des pertes que la guerre avait occasionnées à l'abbaye. Leur demande ne fut pas écoutée (1) : Il leur fut

---

(1) REQUESTE PRÉSENTÉE AUX ÉTATS D'ARTOIS EN 1713
POUR LES PERTES CAUSÉES PAR LA GUERRE.

Remontrent très-humblement les Supérieur et Religieux de l'abbaye de Cercamp, qu'au préjudice des contributions accordées par les alliez en cette province au moyen de quoi on a du estre en toute seureté, cependant les trouppes des mêmes alliez sont le quinze juillet mil sept cent dix, sans avoir égard a lad. contribution, sauvegarde et blancs-signés que les remontrans avaient obtenus de Son Altesse Monseigneur le prince Eugène de Savoye, général de l'armée de l'Empire, venus non seulement pour y prendre et enlever les grains et fourrages, mais aussy tous leurs effets, meubles, grains destinés à leur subsistance, matelats, licts et autres choses sans réserve, tellement qu'ils se sont vus et leurs domestiques réduits à demander du pain d'avoine qu'avec peine ils ont trouvé pour vivre quelques jours; de sorte que la perte qu'ils ont soufferte dans ce pillage, se monte constamment à la somme de vingt huit mil huit cent vingt six livres sans y comprendre les pertes souffertes par leurs fermiers.   28,826 liv. 0 : 0

En outre que les gardes du roy ayant venus l'année mil sept cent neuf, loger à l'abbaye et à Frevent, commandez par Messieurs de Montesson et Chazeron ont fait faucher quatre vingt dix mesures de prairies flotantes appartenantes audits Remontrans, de la valeur de quarante livres chacune mesure, faisant en total trois mil six cent livres.   3,600 liv. 0 : 0

Au surplus ils représentent que Messeigneurs les généraux, Maréchaux de Villars et d'Harcourt, et Monseigneur le duc de Bourbon pendant plu-

répondu qu'ils n'étaient pas les seules victimes et que plus tard on verrait à les indemniser.

Il n'y eut point de visite à l'abbaye pendant cinq ans, vu les troubles de la guerre. Dom Maillard revint à Cercamp

---

sieurs fois qu'ils sont venus loger cette année en ladite abbaye, et un poste qui y a esté pendant trois mois et demie, ont consommez soixante cordes de gros bois d'ormes appartenantes auxdits remontrants, à raison de quinze livres... la corde, font nœuf cent livres, trois mil cinq cent de fagots, à dix livres le cent, porte trois cent cinquante livres, deux mil cinq cent de jarbées, à dix livres le cent, font deux cent cinquante livres, six cent bottes de foin, à trente livres le cent, cent quatre vingt livres, plus pour la nourriture du commandant du poste, de deux officiers, valets et chevaux pendant l'espace de trois mois la somme de cinq cent livres au moins, faisant pour ce qui est repris au présent article, deux mil cent quatre vingt livres.

2,180 liv. 0 : 0

A raison de tout ce que dessus, lesdits Remontrans se voient hors d'état de pouvoir subsister, attendu aussy que tous leurs fermiers ont été fouragez et desquels ils ne peuvent rien recevoir des rendages de leurs marchés, au contraire lesdits fermiers abandonnent lesdits marchés à cause des pertes qu'ils ont soufferts, et qui les mettent hors d'état de pouvoir exploiter leurs fermes selon qu'il est notoire, à ces causes ils se retirent vers vous et viennent vous supplier

NOSSEIGNEURS,

A ce qu'il vous plaira d'avoir la bonté de les faire dédommager de toutes les pertes et intérêts par eux soufferts pour les causes cy dessus et ferez justice. LIÉNARD.

L'Assemblée générale des Etats d'Artois résolut de ne point rentrer en considération des pertes dont il s'agit. Fait en lad. Assemblée venir au mois de novembre mil sept cent treize. BECQUET.

A Nosseigneurs de l'Assemblée générale de cette province d'Artois,

le 23 octobre 1714. Il était accompagné de dom Jean-Baptiste Salé, sous-prieur de l'abbaye de Valloire. L'abbé visiteur complimenta dom Antoine Finet de Brianville, de l'activité avec laquelle il s'était occupé des réparations de l'abbaye et de la quantité des matériaux qu'il avait rassemblés pour l'entière reconstruction des bâtiments.

Le prieur Finet de Brianville défendit ardemment les intérêts de son monastère. Nous le voyons en 1717 passer une transaction avec l'abbé de Lyonne au sujet de la réparation du clocher incendié le 1er décembre 1716, et traiter avec l'abbesse de Saint-Michel de Doullens, au sujet du droit de Champart sur les fermes de Ransart.

Les religieux de Cercamp ne se laissèrent pas imposer des abbés commendataires sans revendiquer leur ancien droit de choisir un abbé régulier. Voici une demande qu'ils adressèrent, en 1717, au duc d'Orléans, régent du royaume.

« Les religieux profés composant la communauté de
» Cercamps représentent très-humblement à Votre Altesse
» Royale que, quoiqu'il y ait toujours eu des abbés réguliers
» dans cette abbaye depuis la fondation, elle a été donnée en
» commendite.... contre les règles canoniques et les capitu-
» lations par lesquelles le roi défunt avait promis de main-
» tenir la province d'Artois dans tous ses droits et usages.
» Les commendes ont été ôtées à l'égard de toutes les abbayes
» de cette province, etc, etc. On a permis aux religieux de
» l'abbaye de Saint-Eloi d'élire des abbés réguliers et à ceux
» de Saint-Vaast et d'Anchin d'élire des coadjuteurs réguliers
» avec promesse que l'élection y serait toujours maintenue à
» l'avenir sans y donner atteinte.

» Il ne reste en Artois que la seule abbaye de Cercamps

» qui soit privée de cet avantage qui lui est très-nécessaire
» pour la rétablir tant au spirituel qu'au temporel ; la disci-
» pline n'étant point également conservée, ni les réparations
» entretenues, ni les fondations acquittées, lorsqu'il n'y a pas
» un abbé régulier.

» C'est par ces motifs de bon ordre et de religion que les
» exposants supplient très-humblement Son Altesse Royale
» de leur permettre d'élire un abbé coadjuteur régulier. »

Les députés des Etats d'Artois appuyèrent cette supplique, qui fut repoussée par le régent.

Le 18 septembre 1719, dom Maillard visita de nouveau l'abbaye de Cercamp, assisté de dom Nicolas Brasseur, cellerier de l'abbaye de Valloire : Thierry de Meaux était alors bailli de Cercamp, intendant et procureur-général de l'abbé de Lyonne. Ce dernier mourut le 5 juin 1721.

Les religieux contemporains de la prélature de l'abbé de Lyonne furent : Dom Martin Damiens, qui portait le titre d'ancien ; — Dom François Crépeau, qui devint sous-prieur ; — Dom Claude Le Page, sous-prieur et dépensier ; — Dom Robinet, cellerier ; — Dom Simoneau, cellerier en 1698 et président du chapitre en 1723 ; — Dom Hébert ; — Dom Bordes ; — Dom Pellé ; — Dom Bécelles, sacristain ; — Dom Eloi Ferrand ; — Dom de Belloy ; — Dom Pierre Hatté, sous-prieur en 1696 ; — Dom Pierre Desvignes ; — Dom Gabriel Barré ; — Dom Sébastien Thomi ; — Dom Pierre Buzelin ; — Dom Marc Pinart ; — Dom Jean Dollet ; — Dom Nicolas Delamarre, docteur en théologie, syndic de l'Ordre général de Citeaux ; — Dom Bernard Jacquart, prieur en 1664 ; — Dom François Douzinel, cellerier et maître des bois ; — Dom Nicolas Jannage, chantre, maître des novices ; — Dom Le Preuil, dépensier, qui rédigea le 14 avril 1718 un inventaire du mobilier et un état de dépenses de la sacristie ; — Dom Pierre de Langle, prieur en 1693 ; — Dom Pierre de l'Estaint ; — Dom Jean Dufresnoy ; — Dom Antoine de Bailleul ; — Dom Guillaume Monnet ; — Dom Jean Roussel ; — Dom Blondel ; — Dom Jacques Corrard ; — Dom Claude Sanguin ; — Frère Joseph Plot ; — Frère Alexandre de Cambrai ; — Frère Pierre Godran ; — Dom Louis de Boudon, cellerier en 1674.

Nous accorderons une mention toute spéciale au prieur dom Antoine Finet de Brianville. Il se trouvait à Arras en même temps que l'abbé de Clairmarais. A peine ce prélat avait-il rendu le dernier soupir, que déjà le prévoyant et ambitieux prieur s'était mis en mouvement pour obtenir sa succession ; il avait eu jadis de bonnes relations avec le comte de Broglio, qui longtemps avait campé à Cercamp pendant la campagne de 1713. Il ne laissa pas échapper cette occasion de le lui rappeler en implorant sa protection..... cette démarche réussit. Dom Finet fut appelé à prendre la place d'Antoine de la Houssaye, par nomination directe du roi en date du 23 décembre 1719. Cette décision inopinée, on le conçoit, fut peu agréable au monastère, généralement peu disposé et pour de bonnes raisons, en faveur des commendataires ; pourtant on eut l'air de subir son choix de bonne grâce.

Dom Antoine de Brianville reçut la bénédiction le 16 juin 1720, de la main de Monseigneur François de Valbelle, évêque de Saint-Omer, et prit immédiatement possession de son siége qu'il occupa pendant quinze années, sur lesquelles nous n'avons pas de documents. Toutefois, ce qu'on sait, il faut bien le dire, semble peut-être suffisant pour ne pas laisser le désir d'en connaître davantage.

Ce prélat, d'origine picarde, comme son nom semble l'indiquer, paraissait avoir le goût des lettres. Il donna à la bibliothèque de son abbaye, divers ouvrages notamment : *La Liturgie sacrée*, où l'antiquité des mystères est expliquée ; mais en échange, il semble aussi avoir eu peu de goût pour la solitude et pour la vie religieuse. Un écrivain contemporain nous apprend qu'il mourut à Paris en 1724, des suites d'une hydropisie, causée dit-on par le chagrin d'avoir perdu un procès de prérogatives contre l'évêque de Saint-Omer.... et aussi, dit-il, par le chagrin, le plus grand encore, de se voir forcé dès lors, de résider dans son abbaye ; ce qui était peu agréable pour lui et ce qu'il n'avait guère fait jusque-là.

Le même chroniqueur ajoute qu'à sa mort, il laissa son monastère criblé de dettes et dans un état pitoyable.

LE CARDINAL DUBOIS, 48e abbé.

(1721-1723.)

Les richesses et le luxe, s'étant insensiblement glissés dans les cloîtres, d'où ils auraient dû être éternellement bannis, introduisirent dans les mœurs et le genre de vie des religieux une quantité d'abus contraires à l'antique et austère discipline des humbles cénobites des premiers siècles de l'Eglise. Vers la fin du xviie siècle, on n'accordait plus généralement la dignité d'abbé, qui n'était pour l'ordinaire qu'une véritable sinécure, qu'à la faveur et à l'intrigue de cour. Voilà pourquoi nous voyons en 1721, le duc d'Orléans, régent du royaume pendant la minorité de Louis XV, donner pour successeur à de Lyonne, le trop fameux cardinal Dubois, archevêque de Cambrai, qui ne dut qu'à la bassesse de ses flatteries et à ses honteuses passions, l'honneur de succéder au vertueux Fénelon sur le siége métropolitain de Cambrai.

Guillaume Dubois, né en 1657, à Brive-la-Gaillarde, l'un des quatre secrétaires d'Etat, premier ministre du royaume, pendant la régence de Philippe d'Orléans et la minorité du roi Louis XV, était déjà abbé d'Airvaux, de Nogent, de Bourgueil et de Berghes-Saint-Vinoc, lorsqu'en juin 1720, il fut nommé archevêque de Cambrai. Sa consécration eut lieu à Paris, le 9 de ce mois, dans l'église du Val-de-Grâce, en présence du duc d'Orléans et de son fils le duc de Chartres. Le prélat consécrateur était le cardinal de Rohan assisté des évêques de Nantes et de Clermont. Dubois prêta serment le 19 juin entre les mains du roi ; le 16 juilllet 1721, le pape Innocent XIII le créa cardinal et à la même époque il obtint encore l'abbaye de Cercamp.

La nouvelle de la mort du cardinal de Lyonne étant parvenue au Conseil d'Artois, il commit un de ses membres Marie-André-Joseph Bataille qui, assisté du greffier Lenglet, vint prendre possession du monastère au nom du roi, le 12 du même mois (1).

Les religieux ne se découragèrent pas. Ils s'adressèrent à Rome (1721) pour que Sa Sainteté rejetât par un *nihil transeat,* la demande des bulles du cardinal Dubois et qu'elle exigeât que l'abbaye de Cercamp fut désormais régie par un abbé régulier. L'ambassadeur de France à Rome paralysa tous leurs efforts. Le cardinal de Rouen écrivit une lettre à l'abbé Magno, procureur-général de l'Ordre de Cîteaux, au sujet de cette affaire, en voici les termes :

« Je suis surpris, mon révérend père, qu'on aye fait mettre
» un *nihil transeat* aux provisions de l'abbaye de Cercamp.
» Vous n'avez pas sçeu apparemment que cette opposition
» étoit contraire aux ordres du roi et aux intentions de
» Son Altesse Monseigneur le Régent ; Monsieur de Cisteaux
» se seroit bien gardé de donner une pareille commission, et
» il trouveroit bien mauvais que sur ma lettre vous n'allassiez
» pas la retirer. Je m'attends donc incessamment à ce que
» par votre bonne conduite, vous me mettrez en état de
» rendre un compte avantageux de cette affaire au roi, à
» Son Altesse Royale Monseigneur le Régent et à Mon-
» seigneur le cardinal Dubois, nommé par le roi à l'abbaye
» dont il s'agit.
             » Signé : Le cardinal de Rouen.
» Rome, le 7 août 1721. »

---

(1) Arch. du Cons. d'Artois, B 732, pièces 26 et suivantes.

Il fallut donc se soumettre de nouveau. Les religieux obtinrent toutefois le retour de leur maison à la règle après le décès du cardinal. Ce dernier mourut le 10 août 1723.

Nous n'avons à signaler aucun fait important sous l'administration de ce prélat.

Parmi les religieux contemporains, nous citerons : Dom Barthélemy de la Guette. Il succéda à Dom Engelbert le Porc, comme abbé de Clairmarais et mourut en 1758. Cette nomination en commende eut lieu, dit-on, par la haute influence de l'Intendant de la province, malgré une vive opposition de l'évêque de Saint-Omer qui, dans l'intérêt de la communauté, désirait une élection régulière.

LOUIS DE BOURBON, 49° abbé.

(1723-1738.)

A la mort du cardinal Dubois, le conseiller d'Artois, Albert Briois vint à l'abbaye de Cercamp, le 17 août 1723, apposer les scellés qui ne furent levés qu'après la nomination de son successeur (1), Louis de Bourbon de Condé prince du sang, comte de Clermont, qui n'avait pas quinze ans quand il fut appelé à ces importantes fonctions. Ses bulles lui furent décernées à Rome le 29 décembre 1723. Le Souverain Pontife en les donnant, s'engagea à n'en plus accorder dorénavant pour des abbés commendataires, *volumus.... quod te cedente vel decedente aut alias primodictum monasterium* etc, etc. (voir les bulles de de Lyonne), et, sans les vives sollicitations de Monseigneur l'archevêque d'Embrun, qui se trouvait alors à Rome pour les affaires de Sa Majesté, on y eût inséré la condition d'élire dans six mois un coadjuteur régulier. Le 17 février suivant, le sieur Gouginot, intendant de Louis de Bourbon, écrivit au prieur de Cercamp, D. de la Guette, pour le prier de faire fulminer ses bulles et de prendre possession de l'abbaye pour le comte de Clermont.

Cercamp reçut la visite de l'abbé de Maillard le 6 février 1724 et l'année suivante, le 27 février ; on rédigea un procès-verbal des réparations faites à l'abbaye après le décès du cardinal Dubois.

---

(1) Archives du Conseil d'Artois B. 732. pièces n° 22 à 25.

Louis de Bourbon ratifia le 15 mai 1726 toutes les transactions passées entre les religieux et ses prédécesseurs.

En 1728, le 25 juin, Pierre Calvairac, docteur en théologie et abbé de Pontigny, vint visiter le monastère accompagné du frère Jean Petit, prieur de Quincy, comme secrétaire.

L'année suivante, les religieux encouragés et soutenus par l'évêque d'Amiens firent une nouvelle tentative auprès du cardinal Fleury pour obtenir le rétablissement de la régularité à Cercamps. Le cardinal répondit que cela serait difficile; qu'il faudrait d'abord prouver que cette abbaye avait eu originairement des abbés réguliers et obtenir ensuite le consentement du comte de Clermont. Les religieux se mirent aussitôt à l'œuvre ; mais ce fut en vain qu'ils démontrèrent jusqu'à l'évidence que, dès le berceau du monastère, ils avaient élu leurs abbés ; ce fut en vain qu'ils supplièrent instamment le prince de Condé de leur donner *un père spirituel pour les diriger, les instruire et les consoler.*

Le 2 août 1731 et en novembre 1732, ils revinrent à la charge. Ils s'adressèrent directement au comte de Clermont, et dans des termes aussi humbles que flatteurs, le prièrent instamment d'appuyer la demande qu'ils adressaient au souverain pour obtenir un coadjuteur régulier. Ils firent valoir que ces fonctions ne sauraient porter le moindre préjudice soit aux prérogatives soit aux intérêts de l'abbé commendataire ; toutes ces démarches restèrent sans résultats.

Du 13 au 29 novembre 1733, l'abbaye reçut la visite de D. Gabriel Jacques Grillot, prieur de Chaalis, accompagné de D. Louis Millet, sous-prieur et cellerier de la même abbaye. Après avoir constaté la présence des religieux D. Barthélémy de la Guette, prieur, D. Pierre Bucelin, ancien, D. Claude le Page, D. Edme Robinet, cellerier, D. Henri Hébert, curé,

D. Alexis Pellé, sous-prieur, D. Jean Bécelle, chantre et sacristain, D. Jacques Arnaud, chantre, D. Joseph Bracquart, président, dépensier et grainetier, D. Jean Marie Maneville, et D. François de La Buissière, religieux de Pontigny, et l'absence de D. Simoneau, religieux de l'abbaye de Pontault, D. Louis le Preult, malade et alité dans la maison, D. Ferrant et D. Seysselle, tous deux à Pontigny, il se retira dans la chambre des hôtes pour prendre quelque repos. Le lendemain dimanche, il visita le saint sacrement, et entendit tous les religieux en scrutin. Le lundi, il visita la sacristie, l'église, le dortoir, la bibliothèque, la trésorerie, l'infirmerie, le logement des étrangers et les autres lieux réguliers du monastère. Le surlendemain mercredi, il se fit apporter les différents inventaires de la maison et s'étant aperçu qu'il manquait plusieurs pièces importantes dans le mobilier de la sacristie, il procéda à une enquête qui les fit retrouver dans le bureau du cellerier où elles avaient été enfermées pour plus de sureté. Le jeudi 19, il examina scrupuleusement les comptes du cellerier depuis le mois de Juin 1728 jusqu'au 2 octobre 1733. Ayant reçu à ce sujet de nombreuses plaintes sur le mauvais état des finances de la maison qui s'engageait de jour en jour dans des dettes considérables sans qu'il parut qu'on travaillât à les liquider, il se fit rendre un compte exact du passif et de l'actif de la maison.

En 1733, Louis Joly, intendant de l'abbé Louis de Bourbon, était officiellement installé dans l'abbatiale de Cercamp.

L'état embrouillé des affaires du monastère et les réclamations continuelles des religieux, dégoûtèrent le comte de Clermont de la possession de ce bénefice : il donna sa démision le 16 février 1738.

Outre les religieux cités précédemment, nous citerons encore D. Duplessis, qui devint prieur, — D. François de Verton, — D. Eloi Ferrand, — D. Jean François Doué. — Nous accorderons une mention toute spéciale au cellerier D. Robinet. Pierre Calvairac, abbé de Pontigny avait fait venir de Chaalis ce religieux pour mettre en ordre et transcrire les titres de sa maison ; plus tard il se retira à la Trappe. Une lettre écrite par l'abbé de ce monastère à la sœur de D. Robinet, religieuse Ursuline, à l'occasion de la mort de son frère, nous retrace toutes les qualités et les vertus dont il était doué.

« Je n'aurais garde, ma révérende mère, de vous donner
» avis de la mort de votre cher frère, n'ayant pas l'avantage
» de vous connaître. Je savais bien qu'il avait encore une
» sœur, mais je ne savais où et en quelle religion ; voilà
» l'unique raison qui m'a empêché de vous apprendre une
» nouvelle si intéressante et qui ne vous eût pas tant affligée,
» venant de moi, que des bruits publics, parceque j'aurais
» eû soin d'ôter toute l'amertume de cette séparation, par
» la vue de la mort précieuse aux yeux de Dieu qui nous l'a
» enlevé : depuis qu'il est entré parmi nous, il y a trois ans,
» on peut dire qu'il s'est fait un homme tout nouveau, et que
» tout âgé qu'il était il a égalé en pénitence les plus jeunes
» et les plus fervents religieux. Il a fait un espèce de noviciat,
» en se livrant à des rigueurs qu'il n'avait jamais connues ;
» il était si pénétré du souvenir de ses égarements, qu'il ne
» les perdait jamais de vue, et que toute la pénitence qu'il
» faisait, n'était rien en comparaison de ce qu'il croyait
» devoir faire, en sorte qu'il fallait plus d'attention pour mo-
» dérer sa ferveur qu'il n'avait fallu autrefois d'aiguillon
» pour l'exciter : mais ce qui faisait son caractère particulier,
» et qui lui a le plus servi pour obtenir miséricorde, c'est

» une humilité si profonde et si sévère que j'en ai eu très peu
» qui puissent lui être comparés.

» Il s'estimait du fond du cœur le plus coupable et le
» dernier de tous les hommes, et il sollicitait toujours ses
» supérieurs pour en extorquer des dégradations et des
» humiliations, et il les recevait avec plus de joie que les
» plus grands honneurs n'en causeraient au plus ambitieux :
» Il ne m'a point donné de repos qu'il n'ait obtenu, comme
» une grâce singulière, d'être dans tous les exercices le
» dernier de toute la communauté, et même des novices,
» étant au bas chœur, après le dernier d'entr'eux, et il a
» passé fort longtemps dans cet état ou il a persévéré jusqu'à
» la mort ; il a fait tout ce qu'il a pu pour obtenir une per-
» mission de faire sa confession générale en public ; et
» comme il se voyait refusé, il en glissait toujours quelques
» mots, en sorte qu'il a découvert en public de temps en
» temps les fautes les plus considérables de sa vie passée et
» qui lui faisaient le plus de peine. Pour ce qui est de la
» pénitence corporelle, on peut dire qu'elle égalait ses dispo-
» sitions intérieures.

» Le pain des chiens, à l'entendre, était trop bon pour lui
» et quelque frugale que soit notre nourriture, il trouvait
» bien de quoi retrancher ; et si l'obéissance lui modérait son
» ardeur, il eut été aussi loin que les plus rigides solitaires
» des siècles passés ; il avait dans l'assiduité de l'oraison une
» ressource assurée pour trouver les forces nécessaires :
» c'était au pied du crucifix qu'il trouvait l'unique consolation,
» l'unique appui qu'il eut en cette vie, et le solide fondement
» de ses espérances ; il y passait tout le temps que l'obéissance
» lui laissait de libre, après un peu de lecture bien choisie et
» bien faite, qui procure une préparation à la prière. C'est

» ainsi, ma révérende mère, qu'à vécu votre cher frère
» depuis son retour dans ce désert où il ne s'est jamais dé-
» menti un seul moment, où il ne s'est épargné en rien, où
» en un mot il a été un spectacle agréable aux anges et aux
» hommes ; ce qui nous donne une ferme confiance que Dieu
» lui a accordé le repos de ses saints, c'est qu'il est mort
» dans les sentiments les plus respectueux et les plus sou-
» mis pour toutes les soumissions de l'église et notamment
» pour la constitution *nnigenitus* ; ce qui sera sans doute
» pour vous un surcroit de consolation, en apprenant les
» innombrables miséricordes que Dieu a faites à un frère qui
» vous était si cher. »

« Signé : F. Zozine, abbé de la Trappe. »
8 juillet 1736.

THÉODORE DE POTOCKY, 50ᵉ abbé.

(1738).

Théodore de Potocky, archevêque de Guesnes, légat né du Saint-Siége, primat et premier prince du royaume de Pologne et du grand duché de Lithuanie, fut nommé abbé commendataire de Cercamp après la démission de S. A. le comte de Clermont. Aussitôt après sa nomination, les religieux présentèrent une nouvelle requête au roi dans laquelle ils priaient Sa Majesté de les maintenir dans leurs droits d'avoir à la tête de la communauté un coadjuteur régulier titulaire, qu'il choisirait parmi les trois qui lui seraient présentés par la maison. Le nouvel abbé s'empressa de renouveler à ses religieux le bail de la manse abbatiale. Le sieur Lezireau était alors l'intendant de M. de Potocky. Dans cet acte, les religieux de Cercamp se chargèrent, moyennant une certaine somme, des réparations anciennes et futures qui pouvaient concerner le lot de l'abbé.

Le 13 septembre 1738, D. Antoine Bernard Comeau docteur en théologie de la faculté de Paris, prieur de l'abbaye de Valloire et visiteur-général de l'ordre de Citeaux en Picardie, vint faire la visite à Cercamp. Il était accompagné de Dom Jean-Baptiste Salé, sous-prieur et procureur de son abbaye.

L'abbé de Potocky jouit à peine un an de son bénéfice et

fut remplacé à la fin de l'année dans son office par l'abbé de Canillac (1).

Nous citerons parmi le religieux contemporains D. Dominique Duplessis, prieur, — D. Joseph Bracquart, receveur, — D. Grégoire, chantre, — F. Caron, sous-chantre, — D. Antoine Mouquet, grainetier.

---

(1) L'abbé de Potocky étant mort le 13 novembre 1738, le conseil d'Artois commisionna un de ses membres Louis de Thieulaine qui, accompagné du greffier Delys, vint apposer les scellés au monastère et prendre possession au nom du roi, le 25 du même mois. Arch. du Conseil d'Artois, B. 732 prieur 10 à 22.

CLAUDE-ROGER-FRANÇOIS DE MONTBOISSIER-BEAUFORT DE CANILLAC, 51ᵉ abbé.

(1739-1761)

Claude-Roger-François de Montboissier-Beaufort de Canillac, chevalier, commandeur des ordres du roi, comte de Lyon, conseiller d'État, docteur de Sorbonne, auditeur de Rote pour la France à Rome, était déjà abbé commendataire des abbayes royales de Saint-Pierre de Mont-Mayour et de la Sainte-Trinité de Fécamp, ordre de saint Benoît, lorsque l'abbaye de Notre-Dame de Cercamp vint accroître le nombre de ses bénéfices. Résidant à Rome (1), il donna à M. Trudon Louis conseiller du roi, commissaire au Chatelet, tout pouvoir pour régir et gouverner l'abbaye de Cercamp en son nom. Puis, il s'empressa de renouveler, le 28 novembre 1739, le bail à vie fait aux religieux de Cercamp de la mense abbatiale dont le revenu s'élevait à la somme de 20,551 livres. Une clause du bail portait qu'en cas de destruction totale ou partielle soit par le feu du ciel, soit par la guerre ou toute autre cause de ruine, les religieux ne seraient tenus à payer les travaux de reconstruction que jusqu'à concurrence de la

---

(1) En son hôtel rue du Cours, paroisse Sainte-Marie inviolata.

somme de 1,500 livres. Diverses transactious, 18 août 1741, 1er février 1743, 13 août 1755, annulèrent cette clause et fixèrent le prix net du bail à 20,731 livres dont les religieux durent acquitter annuellement le montant intégral et prendre à leur charge toute espèce de réparations. Plus tard, en 1743, ils obtinrent une remise annuelle de 731 livres.

L'abbé de Canillac obtint de Louis XV et de son grand Conseil un décret du 14 novembre 1739, ordonnant l'établissement d'un terrier général pour l'abbaye de Cercamp (1).

---

(1)   TERRIER

POUR L'ABBAYE ROYALE DE NOTRE-DAME DE CERCAMPS EN ARTOIS.

Louis, par la grâce de Dieu roi de France et de Navarre : A nos amez et féaux les gens tenans le conseil provincial à Artois, et au Bailly d'Amiens ou son Lieutenant général, et Gens tenans le siége audit lieu, salut. Nos bien amez les abbé, Prieur, Religieux et Couvent de l'abbaye de Notre-Dame de Cercamp située en Artois, Ordre de Cisteaux, Nous ont fait représenter qu'il dépend des Manses Abbatiales et Conventuelles de ladite Abbaye, plusieurs terres Fiefs et Seigneuries, situées tant en Artois que dans la province de Picardie, avec tous droits de justice, haute, moyenne et basse, plusieurs domaines, Fiefs et Seigneuries, arrière-fiefs, Foy, hommages, cens, rentes, Corvées, Terrages, Dixmes novalles et autres droits et devoirs Seigneuriaux qui sont dus par plusieurs personnes, tant nobles qu'autres, et dont les Exposans ont joui dans tous les temps ; mais comme ils craignent que les dits droits souffrent du dépérissement.... que les redevables d'iceux et les détenteurs des biens qui en sont chargés refusent de les reconnoître, d'en communiquer les titres et d'en donner aveux, déclarations et dénombremens, ils nous ont fait supplier de leur délivrer nos lettres de Terrier sur ce nécessaires. A ces causes, voulant favorablement traiter les exposans et les maintenir et conserver en tous leurs droits, Nous vous mandons par ces présentes, qu'à la requête des dits Exposans, vous fassiez savoir tant par publications à l'issue des Messes paroissiales, que

L'histoire de l'abbaye sous la prélature de l'abbé de Canillac est entièrement absorbée par les procès continuels

par cris publics et par affiches ès lieux accoustumez des Terres, Fiefs et Seigneuries, à tous vassaux Censitaires, tenanciers, Emphiteoses, et détenteurs des biens, droits et héritages sujets ausdits droits et devoirs, et généralement à tous les redevables d'iceux, résidens ou non résidens, qu'ils aient à faire les foy et hommage dont ils peuvent être tenus, et que pardevant un ou deux notaires qui seront par lesdits Exposans nommés, et par vous commis, ils aient dans le tems qui leur sera prescrit, à donner par écrit les noms, dénombremens. reconnaissances et fidèles déclarations des noms, qualités, contenances, tenans et aboutissans, charges et redevances, tant en fiefs que roture, de tous et chacun les Bâtimens, Terres, Bois, Etangs, Moulins, Rivières, Prez, Vignes et autres biens, Domaines et Héritages qu'ils tiennent et possèdent dans la mouvance et directe des Exposans, à cause de leurs dites terres, Fiefs et Seigneuries qui sont sujets ausdits droits et devoirs ; représenter les Titres en vertu desquels leurs prédécesseurs ont joüi desdits biens, Domaines et Héritages, et en vertu desquels ils joüissent actuellement ; se purger par serment sur la vérité desdits aveux déclarations, reconnoissances et dénombremens ; payer les arrérages dûs et échûs ; à quoi faire voulons les détenteurs. Propriétaires et Redevables desdits Biens, Domaines et Héritages, et les Redevables des sus-dits droits, être contraints par les voies ordinaires et accoûtumées ; et en cas de refus, obmission, délai ou opposition, notre main suffisamment garnie quand aux choses tenües noblement, Voulons les détenteurs, Propriétaires et redevables, être par lesdits notaires renvoyez et assignez pardevant vous, pour les Biens et droits qui sont dans le ressort de vos Jurisdictions ; et en cas d'appel, pardevant nos amez et feaux les Gens tenans notre Grand Conseil, ou les Exposans ont leurs causes commises, en conséquence de l'évocation générale de l'Ordre de Cisteaux, pour se voir les redevables coudamner, reconnoître et payer les droits et devoirs ; et où lesdits Exposans voudroient soutenir les aveux, déclarations et dénombremens fournis n'être pas véritables, vous ayez aux dépens de qui il appartiendra à faire arpenter, mesurer lesdits Biens et Domaines, Terres et Héritages, Parties présentes ou dûment appellez ; faire planter bornes et limites aux endroits nécessaires, et du tout faire par lesdits notaires Registres et Papiers terriers dans lesquels

entre les religieux et leur abbé, et les transactions qui les terminent. En effet, parmi ces abbés commendataires, la plupart prenaient le plus qu'ils pouvaient des revenus de l'abbaye et leurs intendants exerçaient mille vexations. Pour remédier à ces graves inconvénients les religieux transigèrent avec les abbés. En 1745, sur un revenu d'environ 40,000 francs, le monastère de Cercamps payait 20,000 francs à l'abbé de Canillac et acquittait de plus les charges et les pensions qui pesaient sur l'abbaye. Le partage canonique des revenus du monastère en trois lots, et la démolition et la reconstruction de l'ancienne abbatiale ordonnés par arrêt du grand conseil, 8 juillet 1744, avec procès-verbal, devis et plan, sont les actes les plus importants de l'époque : les religieux renoncèrent en 1741 à la dime sur la paroisse de Saint-Hilaire à Frévent et soutinrent avantageusement un procès contre les religieuses de Saint-Michel de Doullens au sujet du fief de Ransart.

---

sont transcrits lesdits aveux, déclarations, reconnoissances, dénombremens, corvées, cens, rentes, redevances, et généralement tous les droits et devoirs ci-dessus spécifiez et non spécifiez appartenans ausdits Exposans, à cause de leurs dites terres, fiefs et seigneuries, ensemble les fiefs, Terres, Maisons, Domaines, Moulins, Etangs, Rivières, Prez, Vignes, Bois, et généralement tous les héritages chargez desdits droits et devoirs pour être le tout délivré ausdits Exposans, et leur servir et valoir ce que de raison. Mandons au premier notre huissier ou sergent sur ce requis de faire pour l'exécution des présentes tous les Exploits, Significations, Assignations, Commandemens et autres actes de justice requis et nécessaires, sans pour ce demander autre permission, visa ni pareatis, Nonobstant clameur de Haro, Chartes Normandes, et autres privilèges et Lettres à ce contraire. De ce faire te donnons pouvoir ; car tel est notre plaisir. Donné à Fontainebleau, dixième jour du mois de Novembre, l'an de grâce mil sept cens trente neuf et de notre règne le vingt-cinquième.

D. Jacques Gabriel Grillot, docteur de Sorbonne, abbé de Pontigny, premier père de l'ordre de Citeaux et supérieur immédiat de l'abbaye de Cercamp, remplissant les fonctions de vicaire général de l'ordre, vint faire la visite du monastère le 23 juillet 1743. Arrivé à la porte de l'église, l'abbé de Pontigny, revêtu de la cuculle noire au-dessus du camail et coiffé de son bonnet carré, reçut l'eau bénite des mains du prieur D. Duplessis, qui le complimenta en latin au nom de la Communauté. Après avoir répondu et rendu à son tour l'eau bénite, le prélat entra processionnellement dans l'église au son des cloches et précédé des religieux qui chantaient des hymnes d'allégresse. Il entonna le Te Deum ayant le prieur à sa droite et vint s'agenouiller sur un prie-dieu préparé pour lui dans le sanctuaire. De là, montant à l'autel, il donna la bénédiction et s'étant lavé les mains, il se rendit au chapitre avec la communauté.

Le lendemain et jours suivants, après avoir fait sa visite au Saint-Sacrement, procédé au scrutin et examiné et vérifié les comptes de la maison, il parcourut le dortoir et les autres lieux claustraux, et visita l'église et la sacristie. Il prit ensuite une exacte connaissance tant du spirituel que du temporel de l'abbaye et en rédigea procès-verbal. Ayant réuni toute la communauté au chapitre, on donna lecture de la règle à l'article *de Visitatione*, puis le général exhorta les religieux au respect envers leur supérieur ; il les engagea à la paix, à l'union entr'eux et à l'entier accomplissement de leurs devoirs réguliers. Il laissa en partant une charte de visite en onze articles. Nous avons cru intéressant d'en donner une copie exacte, de manière à donner une idée complète de la règle de Cercamp à cette époque, généralement mal jugée eu égard au relâchement de la discipline intérieure. La subordination du reste n'était guère de mode à ce moment à l'abbaye. Le prieur Duplessis s'était déjà plaint du manque de procédés des religieux à son égard ; ils le poussèrent tellement à bout qu'il finit par perdre patience et quitta précipitamment la maison. L'abbé de Pontigny écrivit le 9 novembre 1743 au procureur D. Bracquart que, *désirant voir rétablir à Cercamp la tranquillité dont cette maison était privée depuis si longtemps, il avait choisi pour la diriger un religieux de Pontigny dont la douceur, la politesse, l'exactitude à s'acquitter de ses devoirs et le bon exemple qu'il avait toujours donné, était une sérieuse garantie pour leur procurer le repos et réparer le tort que l'incompatibilité d'humeur des moines avait fait à la discipline régulière de la maison.*

L'année suivante, l'abbaye reçut la visite du conseiller du roi, garde marteaux des eaux et forêts de France au département de la maîtrise particulière d'Arras, Michel-Joseph Moinard. Il était chargé de constater la quantité de bois et palissades que pouvaient fournir les dernières coupes et les réserves des bois de Cercamp pour l'approvisionnement d'Arras. Le nouveau prieur D. Baillot de Courtelon et le receveur D. Bracquart, en fidèles sujets de Sa Majesté, s'empressèrent d'obtempérer aux ordres du roi. Ce dernier accompagna le lendemain 3 avril, le garde des forêts dans sa tournée d'inspection. Il fut reconnu et constaté que les bois n'étaient pas en état de fournir la réquisition demandée. Après avoir passé le jour de Pâques à Cercamps, le garde Moinard partit le 6 avril pour l'abbaye de Blangy.

Au mois de février 1746, le prieur de Courtelon, poussé par les nombreuses et pressantes sollicitations des religieux, résolut d'entreprendre la reconstruction du monastère en commençant par le dortoir dont les chambres étaient devenues presque inhabitables et non susceptibles de réparations, par suite de lézardes causées aux murs par les eaux pluviales et par l'entière consomption des boiseries qui étaient tombées dans un état de pourriture très-avancé. D. de Courtelon ne voulut toutefois prendre aucune décision sans en avoir référé au visiteur général qu'il pria de venir examiner l'état des lieux. D. Antoine Bernard Comeau, prieur de l'abbaye de Valloire, visiteur général de l'ordre de Citeaux, retenu par d'autres affaires plus importantes, ne put se rendre à Cercamp avant le 10 mai ; il vint en compagnie des religieux D. de Mullet et D. Midon. Après une visite minutieuse du dortoir, les murailles et la charpente furent reconnues en bon état ; on ajouta qu'il suffisait de reconstruire les chambres des religieux en laissant un espace de quatorze pieds pour le corridor. De cette manière on évitait des dépenses considérables que réclamait d'un autre côté la reconstruction des cloîtres, et autres lieux réguliers tombés dans un état de délabrement complet (1). Le cellerier D. Bracquart et l'architecte André insistèrent et firent observer à D. Comeau que les murailles du dortoir étaient surplombées et que le poids des chambres situées au-dessus du chapitre avaient altéré la solidité des voûtes. Le visiteur général se rendit à ses remontrances ; il monta jusques sur les toits, et après une inspection très-minutieuse des murailles et de la charpente, il finit par reconnaître qu'il était indispensable d'abattre en entier l'ancien vaisseau comprenant le dortoir et le chapitre et de réédifier immédiatement les chambres des moines, conformément au plan général présenté et déjà agréé par l'abbé de Pontigny.

---

(1) Procès-verbal du 10 mai 1746, (Arch. Dép^{les}), Cercamp, liasse 22.

Toutefois, il ne fut accordé à l'abbaye aucune permission d'emprunt, et les travaux durent être proportionnés au montant annuel des ressources dont la communauté pouvait disposer.

Religieux contemporains :

D. Louis-Augustin Duplessis, élevé à Nanterre près Paris, prieur de 1739 à 1743, — D. Charles Baillotz de Courtelon, prieur de 1745 à 1764, — D. Grégoire, prieur en 1765, — D. Alexis Petit, sous-prieur en 1739, — D. Caron, sous-prieur en 1751, — D. Joseph Bracquart, cellerier en 1739, procureur et receveur en 1744, — D. Jean Besselle, président et dépensier, — D. Coquerel, procureur en 1768, — D. Fusilier, — D. Creteau, — D. Delahaye, — D. Fontaine, — D. Vaast, — D. Lobel, — D. Beghin, — D. Lambot, — D. de Seyssel, — D. Jean-Baptiste Behague, — D. Trouvain, — D. Delecroix, — D. Guilluy, — D. Lehoucq, — D. Fernagut, — D. J. Arnaud, — D. Chretien Descamps, — D. Pierre Buccelin, bachelier de Sorbonne, — D. Henri Hebert, curé, — D. Simonot, cellerier, — D. Roussel, — D. Tramecourt, — D. Letombe, — D. Dusart, — D. Citerne, — D. Mouquet.

LE CARDINAL DE COLONA SCIARRA, 52° abbé.

(1761-1765.)

Le 4 février 1761, le prieur de Cercamp D. Grégoire s'empressait d'informer le procureur du conseil d'Artois de la mort de l'abbé de Canillac. M. Bataille en fit part à la Cour le 7 du même mois, et le conseiller Desmarest dut se rendre le 9 à Cercamp pour s'emparer de tous les biens du monastère au nom du roi. Il constata, à son arrivée, la présence des religieux D. Grégoire de Béthune, — D. Goyon, profès de Pontigny, et originaire d'Abbeville, — D. Feyssel Belley, — D. Descamps, de Nœux près Béthune, — D. Creteau, de Béthune, — D. Delacroix, de Saint-Omer, — D. Jean-Baptiste Petit d'Arras. Etaient absents : D. Philippe Coquerel, d'Hersin Coupigny, en voyage pour les affaires de la maison; — D. Nicolas Caron, originaire des environs d'Abbeville, — D. Jean-Baptiste Behague de Saint-Omer, — D. Jean Delahaye de la même ville, — D. Aimé Fontaine, d'Averdoingt. — D. Charles Lebel, d'Amiens, — D. André le Houcq, de Bas-Warneton. Les scellés ne furent levés qu'à la nomination du cardinal de Colonna Sciarra, protecteur des églises de France à Rome, qui fut pourvu de l'abbaye de Cercamp en vertu de bulles du pape en date du 6 mai 1761, et de brevet et lettres-patente, du roi de France du 22 du même mois.

Trois jours après la nomination du cardinal de Colona à l'abbaye de Cercamp, par le roi Louis XV, 22 mai 1761, l'abbé de Frischmann, de Rosemberg, abbé commendataire de Longpont, céda en son nom aux religieux, à titre de bail à vie, *la jouissance pendant la vie abbatiale de mondit seigneur cardinal Colona Sciarra, de tous les revenus temporels de la manse abbatiale de la dite abbaye de Cercamp en quoi qu'ils puissent consister, soit fixes ou casuels, et généralement de tous les fruits et profits appartenant à mon dit seigneur cardinal en sa qualité d'abbé commendataire de la dite abbaye de Cercamp, en conséquence du partage fait entre feu M. l'abbé de Canillac précédent titulaire de l'abbaye et les dits Sieurs prieur et religieux, etc, etc*, moyennant la somme de 35,000 francs. Le cardinal se réservait le droit de patronnage, collation et nomination de bénéfices, les droits honorifiques, la nomination et la destitution des officiers ; tous les frais d'entretien et de réparations retombaient à la charge des religieux. Le cardinal de Colona Sciarra mourut au commencement de mai 1765.

LE CARDINAL (Charles-Antoine) DE LA-ROCHE-AYMON, 53ᵉ abbé.

(1765-1777.)

A la mort du cardinal Prospert de Colona Sciarra, en vertu d'une commission datée du 17 mai 1765, le conseiller d'Artois, Charles-Guislain Becquet, dut se rendre le lendemain 18 à Cercamp, accompagné du greffier Delys pour prendre possession du monastère au nom du roi. Vu l'heure avancée du samedi, la réunion générale des religieux fut remise au lundi 20. L'assemblée ayant été constituée dans la salle du chapitre, le conseiller Becquet donna lecture des pouvoirs dont il était investi et promulgua au nom du roi la défense faite à la communauté de procéder à aucune élection d'abbé, avant d'en avoir obtenu la permission de Sa Majesté. Puis il déclara saisir et mettre sous la main du souverain pour la conservation de ses droits et de ceux du futur abbé, tous les biens meubles et immeubles de la maison, et fit mettre sous les scellés tous les meubles, titres et papiers, après en avoir fait l'inventaire (1).

Les religieux présents se soumirent à ses ordres, c'étaient : D. Grégoire de Béthune, — Don de Seysselle, — D. Creteau, — D. de la Croix, — D. Delahaye, — D. Pierre Lebel, — D. André Le Houcq, — D. Jean-Baptiste Petit, — D. Aimé Fontaine, — D. Fernagut, d'Herlin-le-Sec.

Charles-Antoine de la Roche-Aymon, cardinal et arche-

---

(1) Arch. du Conseil d'Artois, B. 732, pièces nᵒˢ 1 à 4.

vêque de Reims, joignait à ces dignités la charge de grand aumônier de France et le ministère de la feuille des bénéfices. Né le 17 février 1692 à Mainsac, diocèse de Limoges, il fut destiné à l'église et nommé évêque au sortir de sa licence. L'évêque de Limoges, M. de Gennetines, le demanda pour son suffragant, et l'abbé de la Roche-Aymon fut sacré, le 25 août 1725, sous le titre d'évêque de Sarepta (*in part. inf.*) M. de Gennetines ayant donné, en 1729, sa démission de son siége, l'évêque de Sarepta fut nommé, la même année, à l'évêché de Tarbes, d'où il passa, en 1740, à l'archevêché de Toulouse et à celui de Narbonne en 1752. Dans les disputes qui agitèrent l'église de son temps, il montra un zèle modéré et parut se plier aux vues du règlement. Membre des assemblées du clergé en 1735, en 1740, en 1745 et 1748, il y parla plusieurs fois pour les intérêts de l'église et du clergé, et il les présida depuis 1760. Son caractère conciliant l'avait fait juger propre à diriger ces assemblées selon les désirs de la cour ; aussi le roi le nomma-t-il grand aumônier en 1740 et archevêque de Reims en 1762. Ce prélat était de plus Commandeur de l'Ordre du Saint-Esprit et abbé de Beaulieu, de Citeaux et de Fécamp, lorsque Louis XV ajouta à tous ces bénéfices l'abbaye de Cercamp.

Le 23 décembre 1766, il constitua son procureur général et spécial Dom Philippe Coquerel religieux et procureur du monastère.

En 1770, la reconstruction de l'abbaye de Cercamp était à peine achevée, la maçonnerie, la charpente, la couverture et le clocher de l'église étaient seuls terminés, et déjà la dépense s'élevait à 573,000 livres, d'après un état estimatif dressé par deux des principaux architectes de la province.

Les religieux à force d'économie et en utilisant toutes leurs ressources étaient parvenus à acquitter une somme de 530,000 livres environ, et se trouvaient par conséquent en déficit de plus de 40,000 livres. Ainsi endettés envers les entrepreneurs et les ouvriers et ne pouvant laisser leur église dans un état complet d'inachèvement, ils firent dresser par leurs architectes un état estimatif des travaux qui restaient à exécuter pour terminer l'église et la partie du cloître qui devait y aboutir, et pour construire un bâtiment spécial pour le noviciat. Le montant approximatif des dépenses présumées s'éleva à 80,000 fr. : cette somme excédait de beaucoup les ressources du monastère dont le revenu annuel, toutes charges payées, s'élevait à peine à 20,000 fr. Ils consultèrent alors l'abbé de Pontigny D. Nicolas Chanlatte, leur supérieur immédiat, et en reçurent par lettre du 25 février 1770, l'autorisation demandée, à condition toutefois qu'après le paiement des travaux, la communauté emploierait ses premières économies au remboursement. Les religieux prirent la résolution en assemblée générale tenue le 3 mars suivant, d'emprunter a *constitution de rente* et aux conditions les plus avantageuses une somme de 80,000 livres spécialement destinée à l'achèvement de leur église et des bâtiments projetés. Ils donnèrent pouvoir à M° Belima, avocat au conseil du roi, de présenter en leur nom une requête à Sa Majesté et aux membres du Conseil, pour obtenir les lettres-patentes qui leur étaient nécessaires pour être autorisés à contracter cet emprunt. Ils s'adressèrent en même temps à l'abbé général de Citeaux, D. François Trouvé, qui s'empressa de leur envoyer son consentement, le 12 du même mois.

Un arrêt du Parlement de Paris ordonna qu'avant d'enregistrer les lettres-patentes, la visite des bâtiments en construction serait faite par un expert nommé d'office. Adrien

Gillet, professeur de mathématiques, demeurant à Arras, en fut chargé et procéda à l'expertise le 17 juillet.

Dès que les religieux furent en possession de ces lettres-patentes, 22 mai 1770 (1), ils s'empressèrent de réaliser leur

---

(1) LOUIS *par la grâce de Dieu*, roy de France et de Navarre a nos amez et feaux conseillers, les gens tenant notre cour de Parlement à Paris, SALUT. Nos chers et bien amés les Prieur et religieux de l'abbaye de Notre-Dame de Cercamp, ordre de Citeaux en Artois, Nous ont fait exposer que l'état de caducité dans lequel se trouvaient les bâtiments de leur maison et abbaye ainsi que ceux de leur église, les ont forcés en mil sept cent quarante-deux d'en entreprendre la reconstruction et que depuis cette époque et jusqu'à présent, les ouvriers y ont été employés en sorte que leur maison est aujourd'hui totalement reconstruite ; mais qu'à l'égard de leur église, il n'a été fait que la maçonnerie, la charpente, le clocher, etc., les vitraux, les autels, stalles, pavés, portes, orgues, sacristie et généralement toutes les décorations et généralement les choses nécessaires pour la célébration du service divin et en outre une partie de cloître pour conduire à la dite église et donner à la maison sa pleine perfection ; que les ouvrages déjà faits forment un objet de cinq cent soixante-treize mille livres, suivant l'état qui m'a été fait par les experts, et que ceux qui restent à faire se montent à la somme de soixante-mille livres, suivant l'estimation des experts, indépendamment de la construction d'un noviciat pour le logement des novices que les supérieurs de l'ordre ont établi dans leur maison et où ils en ont déjà envoyé plusieurs, laquelle pourra coûter dix mille livres suivant leur estimation ; que par leur économie sur leurs revenus et les ressources qu'ils ont épuisées ils ont déjà payé en différents temps la somme de cinq cent trente mille livres ou environ, quoiqu'ils jouissent à peine, toutes déductions faites des impositions et charges réelles et non des réparations, de vingt mille livres de rentes ; mais qu'ils doivent encore sur les arrérages faits environ quarante mille livres aux architectes entrepreneurs, maçons et autres ouvriers qu'ils ont employés aux dittes constructions, somme qu'ils sont cependant hors d'état d'acquitter quant à présent, à cause des efforts qu'ils ont faits, ce qui va les exposer à des poursuittes et saisies de leurs revenus de la part de ces ouvriers, qui leur occasionneront des frais considérables et que d'un autre costé ils ne peuvent subvenir à la dépense de soixante dix mille livres qui reste à

emprunt. En vertu d'un contrat passé à Cambrai le 21 juille
de la même année, les administrateurs des biens de la fondation

---

faire pour la perfection de leur église que l'on ne peut laisser imparfaite
dans un abbaye telle que Cercamp et qu'ils ne peuvent faire cesser sans
perdre tout le fruit des grandes dépenses qu'ils ont déjà faites, puisque la
cessation opéreroit des dégradations fort considérables ; que dans une
pareille position, ils ont besoin de recourir à un emprunt qu'ils ne peuvent
parvenir à faire qu'avec notre autorisation ; que pour remplir cet objet, ils
se sont assemblés capitulairement le trois mars dernier et ont unanimement
délibéré d'emprunter avec notre permission, a constitution de rente une
somme de quatre vingt mille livres au denier le plus avantageux, de tous
particuliers et de toutes communautés séculières et régulières pour servir
tant à l'acquit de ce qui reste dû aux ouvriers par rapport aux ouvrages
déjà faits qu'au payement de ceux qui restent à faire à leur église, que leur
leur projet d'emprunt a été approuvé tant par l'abbé de Pontigny, premier
père de l'ordre de Citeaux et supérieur immédiat de l'abbaye de Cercamp,
que par l'abbé général de Citeaux ; qu'ils se proposent au surplus de rem-
bourser en vingt années et en différents termes dont le prieur commencera
deux ans après la perfection desd. ouvrages, que sur la requeste des exposants et sur les informations que nous en avons fait prendre, nous avons
rendu arrest en notre conseil d'Etat le premier mai de la présente année,
par lequel nous avons entr'autres choses ordonné que toutes lettres-patentes
nécessaires seroient expédiées, lesquelles les exposans nous ont très-humblement fait suplier de leur accorder a *ces causes*, confirmant entant que
de besoin le dit arrrest de notre conseil du premier mai mil sept cent
soixante-dix, ci attaché sous le contre scel de notre chancellerie. Nous
avons de nôtre grace spéciale pleine puissance et autorité royale autorisé et
autorisons par ces présentes signées de notre main les exposans à emprunter
a constitution de rente au denier le plus avantageux que faire se pourra par
un ou plusieurs contracts jusqu'à la concurreuce de la somme de quatre
vingt mille livres de tous particuliers même de toute communautés séculiers et régulières de l'un et l'autre sexe, dérogeant à cet égard seulement et
sans tirer à conséquence à l'Edit du mois d'août mil sept cent quarante
neuf, pour estre la ditte somme employée sans aucun divertissement, tant au
payement de quarante mille livres qu'ils doivent pour restant des ouvrages
faits jusqu'à présent pour la reconstruction de leur maison et de leur église

des filles de sainte Agnès de cette ville, leur prêtèrent une somme de 60,000 livres moyennant une rente annuelle de 2100 livres, exempte de toute espèce de charges ou impôts. Les moines de Cercamp, pour garantie de leur emprunt, affectèrent en hypothèque tous les biens de la manse conventuelle et spécialement les deux fermes situées à Beauvoir. Ils dressèrent à cet effet un état de déclaration de tous les biens composant cette manse conventuelle ainsi que des charges qui y étaient afférentes. Nous relaterons en entier ce document comme le plus exact et le plus complet de tous ceux que nous avons retrouvés concernant les revenus de l'abbaye de Cercamp.

---

qu'à celui des ouvrages qui restent à faire pour la perfection de la ditte église, à la charge néanmoins que la ditte somme de quatre vingt mille livres sera remboursée des premiers deniers que la ditte abbaye pourra ménager après la construction parfaite de la ditte église, *sy vous mandons* que ces présentes vous ayez à faire registrer et de leur contenu faire jouir et user les exposans pleinement et paisiblement cessant et faisant cesser tous troubles et empeschemens contraires. Car tel est notre plaisir. Donné à Versailles le vingt-deuxième jour de May l'an de grâce mil sept cent soixante et dix et de notre règne le cinquante-cinquième.

Signé : LOUIS
Par le Roy
LE DUC DE CHOISEUL.

ÉTAT ET DÉCLARATION DES BIENS

DE LA MENSE CONVENTUELLE DE L'ABBAYE DE NOTRE-DAME DE CERCAMP.

Ordre de Citeaux en Artois.

1° Une ferme située au lieu nommé *Beauvoir* dans la province d'Artois, qui consiste en maison, granges, étables et autres édifices et trois cent mesures de terre labourable, ladite ferme occupée par Joseph Asselin en vertu de bail passé pardevant notaires roïaux, le 28 aoust 1766, moïennant païer chacun an pour fermage en argent deux mille quatre cent livres, ci . . . . 2,400[1]

2° Une ferme située audit lieu nommé Beauvoir dans lad. province d'Artois, qui consiste en maison, granges, étables et autres édiffices et trois cent dix mesures de terre labourable, ladite ferme occupée par Michel Pierre Denoës en vertu de bail passé pardevant notaires roïaux le 15 may 1766, moïennant païer chacun an pour fermage en argent deux mille quatre cent livres, ci 2,400

3° Une ferme située au lieu nommé le Mont-Renaud dans la province de Picardie, qui consiste en maison, granges, étables et autres édiffices en six cent trente trois mesures de terre labourable et un petit bois, ladite ferme

TOTAL. . . . . 4,800[1]

De l'autre part. . . . 4,800¹

occupée par Louis Delaire en vertu de bail passé pardevant notaires roïaux le 15 octobre 1767, moïennant païer chacun an pour fermage en argent quatre mille sept cent livres, ci. 4,700

4° Deux cent dix huit mesures de terre labourable situées dans l'étendue du territoire de la paroisse de Boucquemaison, province de Picardie, occupés par Philippe Dusevel, Pierre Louis et Pierre François Blocquet, en vertu de bail passé par devant notaires roïaux le 25 février 1765, moïennant payer chacun an pour fermage en argent huit cent livres, ci. 800

Plus ils rendent chacun an soixante et dix septiers de bled et dix septiers d'avoine, mesure de saint Pol, évalués annuellement neuf cent vingt livres, ci 920

5° Cinquante et une mesures de terre labourables situées dans l'étendue du territoire dud. Boucquemaison, province de Picardie, occupées par Jean-Baptiste Blocquet en vertu de bail passé pardevant notaires roïaux le 25 février 1765, moïennant païer chacun an pour fermage en argent, cent soixante quatre livres, ci 164

Plus il rend chacun an quinze septiers de bled, mesure de saint Pol, évalués annuellement cent quatre vingt livres, ci 180

TOTAL. 11,564¹

De l'autre part. . . . 11,564¹ » »

6° Une dixme et champart qui se lève et perçoit sur une partie de territoire dudit Boucquemaison, occupée par le sieur Cressent curé dudit Boucquemaison en vertu de bail passé pardevant notaires roïaux le 7 novembre 1764, moïennant païer chacun an pour fermage en argent cinq cent livres, ci . . . . 500 » »

7° Un moulin à eau situé à Cercamp occupé par Eustache Duplouy en vertu de bail passé par devant notaires roïaux le 30 mars 1764, moïennant païer chacun an pour fermage en argent cinq cent livres, ci . . . . . . 500 » »

8° Quarante mesures de terre labourable situées au lieu nommé Montplaisirt, erritoire de Cercamp, dans la province d'Artois, occupées par ledit Eustache Duplouy, en vertu de bail passé par devant notaires roïaux le 6 avril 1767, moïennant païer chacun an pour fermage en argent trois cent six livres dix sols, ci . . . . 306 10 »

9° Trente mesures de terre labourable situées audit lieu nommé Montplaisir, occupées par Barthélemi Furne en vertu de bail passé par devant notaires roïaux le 28 novembre 1767, moïennant païer chacun an pour fermage en argent deux cent quarante deux livres cinq sols six deniers, ci 242 5 6

TOTAL. 13,112¹ 15ˢ 6ᵈ

De l'autre part. . . . 13,112¹ 15ˢ 6ᵈ

10° Soixante mesures de terre labourable situées audit lieu nommé Montplaisir, occupées par Théodore Herpin, en vertu de bail passé pardevant notaires roïaux le 28 novembre 1767, moïennant païer chacun an pour fermage en argent quatre cent cinquante livres, ci . . 450 » »

11° Soixante mesures de terre labourable situées audit lieu nommé Montplaisir occupées par Marie-Anne Fauconnier en vertu de bail passé pardevant notaires roïaux le 30 mars 1764, moïennant païer chacun an pour fermage en argent trois cent soixante et onze livres cinq sols, ci 371 5

12° Trente quatre mesures et demie de terre labourable situées audit lieu nommé Montplaisir, occupées par Marie-Marguerite Bonvarlet, en vertu de bail passé par devant notaires roïaux le 30 mars 1764, moïennant païer chacun an pour fermage en argent deux cent cinquante huit livres quinze sols, ci. 258 15 »

13° Trois mesures de terre labourable situées audit lieu nommé Montplaisir, occupées par Mathieu Steyne, en vertu de bail passé par devant notaires roïaux le 6 avril 1767, moïennant païer chacun an pour fermage en argent, vingt et une livres, ci . . . . . 21 » »

14° Dix-sept mesures vingt cinq verges de terre labourable situées au lieu nommé la

TOTAL. 14,212¹ 35ˢ 6ᵈ

De l'autre part. . . .	14,212¹ 35ˢ 6ᵈ

forêt, territoire de Beauvoir, occupées par Jean-Baptiste Caron et Jean Charles Dantoy, en vertu de bail passé par devant notaires roïaux, le 6 avril 1767, moïennant païer chacun an pour fermage en argent deux cent quarante et une livre dix sols, ci . . . .   241 10 »

15° Trois mesures seize verges de terre labourable situés aud. lieu nommé la forêt, occupés par Jacques Bonvarlet et Dominique Senepart, en vertu du bail passé pardevant notaires roïaux le 6 avril 1767, moïennant païer chacun an pour fermage en argent trente six livres, ci . . . .   36 » »

16° Trois mesures de terre labourable situées audit lieu nommé la forêt, occupées par Jean Dauphin, en vertu de bail passé par devant notaires roïaux, le 6 avril 1767, moïennant païer chacun an pour fermage en argent quarante deux livres, ci . . . .   42 » »

17° Six mesures de terre labourable situées audit lieu nommé la forêt, occupées par Jean-Baptiste Beaumont, en vertu de bail passé par devant notaires roïaux, moïennant païer chacun an pour fermage en argent soixante et dix huit livres, ci . . . .   78 » »

18° Trois mesures et demie de terre labourable situées audit lieu nommé la forêt, occupé par Jean-Jacques Asselin, en vertu de

Total.	14,609¹ 45ˢ 6ᵈ

De l'autre part. . . . 14,609¹ 45ˢ 6ᵈ

bail passé par devant notaires roïaux le 6 avril 1767, moïennant païer chacun an pour fermage en argent, quarante deux livres, ci .   42 » »

19° Cinq mesures de terre labourable situées audit lieu nommé la forêt, occupées par Joseph Obé et Antoine brasseur, en vertu de bail passé par devant notaires royaux le 6 avril 1767, moïennant paier chacun an pour fermage en argent soixante et dix livres, ci . .   70 » »

20° Huit mesures vingt-cinq verges de terre labourable situées audit lieu nommé la forêt, occupées par Frédéric Citerne et Jean-Baptiste Vasseur, en vertu de bail passé pardevant notaires roïaux le 6 avril 1767, moïennant païer chacun an pour fermage en argent quatre vingt seize livres, ci . . . . . .   96 » »

21° Seize mesures de terre labourable situées au dit lieu nommé la forêt, occupées par Jean Jeacques Delaforge, en vertu de bail passé par devant notaires roïaux le 6 avril 1767, moïennant païer chacun an pour fermage en argent deux cent vingt quatre livres, ci . . . .   224 » »

22° Dix-huit mesures de terre labourable situées au lieu nommé le maraleau, territoire de Beauvoir, dans la province d'Artois, occupées par Adrien Deslaviers, en vertu de bail passé pardevant notaires roïaux le 23 avril

Total. 15,041¹ 45ˢ 6ᵈ

De l'autre part. . . . 15,041¹ 45ˢ 6ᵈ

1767, moïennant païer chacun an pour fermage en argent, cent quarante-quatre livres, ci. .   144 » »

23° Une dixme qui s'élève et perçoit sur une partie du territoire d'Heuzecourt, dans la province de Picardie, occupée par Joseph Dournel, en vertu de bail passé pardevant notaires roïaux le 30 mars 1764, moïennant païer chacun an pour fermage en argent, cent livres, ci. . . . .   100 » »

24° Une dixme qui se lève et perçoit sur une partie du territoire de Frevent, dans la province d'Artois, occupée par Jean-Baptiste Caüet, en vertu de bail passé pardevant notaires roïaux le 30 mars 1764, moïennant païer chacun an pour fermage en argent quatre-vingt dix livres, ci . . . . . .   90 » »

25° Une dixme qui se lève et perçoit sur une partie du territoire d'Houvigneul, dans la province d'Artois, occupée par Georges Vicogne, en vertu de bail passé pardevant notaires roïaux le may 1765, moïennant païer chacun an pour fermage en argent deux cent livres, ci . . . .   200 » »

26° Deux mesures et demie de preries situées au village de Bourret, dans la province d'Artois, occupées par Jean Carton, en vertu de bail passé pardevant notaires roïaux le

TOTAL. 15,575¹ 45ˢ 6ᵈ

De l'autre part. 15,575¹ 45ˢ 6ᵈ

30 mars 1764, moïennant païer chacun an pour fermage en argent soixante et dix livres, ci . . . . 70 » »

27° Neuf mesures de terre labourable situées audit village de Bourret, occupées par Jean François Dessemet, en vertu de bail passé pardevant notaires roïaux le 9 décembre 1767, moïennant païer chacun an pour fermage en argent soixante livres, ci. 60 » »

28° Une blanchisserie située audit Cercamp occupée par Marie-Madeleine Planchon, en vertu de bail passé pardevant notaire roïaux le 5 septembre 1769, moïennant païer chacun an pour fermage en argent cent cinquante livres, ci . . . . 150 » »

29° Les religieux de Cercamp perçoivent annuellement sur le comté de Saint-Pol quatre vingt dix-sept livres, pour quatre obits qu'ils acquittent et déchargent chacun an pour les comtes de Saint-Pol, ci. . . . 97 » »

30° Les bois de Cercamp, Maraleau, Montplaisir produisent année commune suivant les adjudications la somme de deux mille cinq cent livres, lesquels bois sont situés dans la province d'Artois, ci . . . . . 2,500 » »

31° Soixante et dix mesures de preries situées dans le territoire dudit Cercamp pro-

Total. 18,452¹ 45ˢ 6ᵈ

De l'autre part. 18,452ˡ 45ˢ 6ᵈ

duisent année commune, suivant les adjudications, deux mille livres, ci . . . . 2,000 » »

32° Deux cent mesures de terre labourable situées dans l'étendue du territoire dudit Cercamp que les religieux font valoir par leurs mains, évaluées annuellement quinze cent livres, ci. . . . . 1,500 » »

Finallement les censives rentes et droits seigneuriaux qu'ils perçoivent annuellement à Boucquemaison et à Beauvoir, évaluées huit cent livres, ci. . . . . 800 » »

TOTAL. 22,752ˡ 45ˢ 6ᵈ

CHARGES RÉELLES

DE LA MENSE CONVENTUELLE DE L'ABBAYE
DE NOTRE-DAME DE CERCAMP.

Il est dû annuellement au s^r curé de la paroisse de Saint-Hilaire en Frévent pour les deux tiers de sa portion congrüe trois cent trente-trois livres sept sols . . . . 333^l 7^s » ^{d}

Plus au s^r vicaire de ladite paroisse de Saint-Hilaire pour les deux tiers de sa portion vicarialle cent trente trois livres six sols six deniers, ci. 133 6 6

Plus au s^r curé d'Houvigneuil pour le sixième de sa portion congrüe quatre-vingt-trois livres six sols huit deniers, ci . . . 83 6 8

Les religieux paient pour vingtièmes et centimes des biens qu'ils font valoir et qui sont situés en Artois, sept cent vingt livres, ci. 720 » »

Plus ils paient pour décimes des biens situés en Picardie, sept cent soixante-six livres, ci . . . . 766 » »

Plus ils paient quatre cent quarante-cinq livres, dix-huit sols neuf deniers pour le tiers de deux parties de rente constituée au profit du s^r de Wailly demeurant à Montreuil, les deux autres tiers étant à la charge de la mense abbatiale 445 18 9

Plus au s^r vicaire de Boucquemaison pour les quatre cinquième de sa portion vicarialle, cent soixante livres, ci. . . . . . . 160 » »

TOTAL. . . . . 2,640^l 38^s 11^d

En vertu de lettres patentes du roi du mois de juin 1773, les abbayes de Cercamp et d'Arrouaise furent autorisées à vendre leurs refuges contigus et situés rue de Baudimont à Arras, à l'évêque Hilaire de Conzié, pour l'agrandissement du séminaire et de la maison dite la *Providence*. La vente eut lieu en 1774 moyennant *une rente annuelle, perpétuelle et non rachetable de cent livres, exempte de toute retenue.*

Le prélat de la Roche-Aymon prit part aux actes du clergé en 1765, devint ministre de la feuille après la disgrâce de M. de Jarente, en 1771, et cardinal la même année. Ce fut lui qui administra les sacrements à Louis XV mourant ; et il dit tout haut, avant de faire la cérémonie que le roi l'avait chargé de déclarer qu'il *était très faché d'avoir donné du scandale.* On remarqua comme une singularité que ce fut lui qui suppléa les cérémonies du baptême au jeune duc de Berry, depuis Louis XVI ; qui maria ce prince en 1770 et qui le sacra en 1775. Aussi disait-il, après avoir rempli cette dernière fonction, qu'il ne lui restait plus qu'à dire son *nunc dimittis*. Il mourut en effet le 27 octobre 1777, étant le doyen des évêques et revêtu de toutes les dignités auxquelles un prélat pouvait aspirer (1).

Les religieux présents à l'assemblée générale du 3 mars 1770, étaient : D. Fuzilier, prieur, — D. Coquerel sous-prieur et procureur, — D. de Seyssel, — D. Caron, — D. Petit, — D. Guilluy, — D. Creteau, — D. Vast, — D. Lambert, — D. Delahaye, — D. Fontaine. Nous y ajouterons comme contemporains le religieux D. Trogneux.

---

(1) Biographie universelle, tom. XXXVI.

ALEXANDRE-ANGÉLIQUE DE TALLEYRAND PÉRIGORD, 54ᵉ abbé.

(1777-1789).

Nous sommes arrivés au 54ᵉ et dernier abbé de Cercamp. Alexandre-Angélique de Talleyrand-Périgord, archevêque, duc de Reims, premier pair de France, légat né du Saint-Siége apostolique, primat de la Gaule, Belgique, fut abbé commendataire de Saint-Quentin en L'Isle et de Cercamp. Après avoir fait ses études au collège de la Flèche, il passa au séminaire de Saint-Sulpice, où il fit sa théologie sous la direction de l'abbé Bourlier, devenu évêque d'Evreux en 1802. Dès qu'il eût reçu la prêtrise, il devint l'un des aumôniers du roi, puis vicaire-général de Verdun, et en 1762 abbé du Gard (diocèse d'Amiens). Il n'avait pas trente ans lorsque, choisi pour coadjuteur par M. de La Roche-Aymon, archevêque, duc de Reims, il fut préconisé à Rome, le 26 septembre 1766, sous le titre d'archevêque de Trajanople *in partibus*. Pourvu en 1769 de l'abbaye de Hautvilliers (diocèse de Reims), il fut admis, en mars 1770, à suppléer M. de La Roche-Aymon dans ses fonctions de président de l'assemblée du clergé. A la mort de ce prélat (27 octobre 1777), il lui succéda de plein droit, et reçut en échange de ses deux abbayes celle de Saint-Quentin-en-l'Ile et celle de Cercamp. Il eût pour procureur à l'abbaye le religieux D. Vast.

L'archevêque de Reims n'assista point aux dernières séances de la constituante, déjà il avait émigré à Aix-la-

Chapelle, d'où il envoya son adhésion aux dernières protestations du côté droit. Il résida ensuite à Bruxelles, à Weimar et à Brunswick. En 1801 il fut du nombre des évêques émigrés qui refusèrent de donner leur démission, et envoya, conjointement avec le cardinal de Montmorency-Laval, une réponse dilatoire au bref du pape, à laquelle adhérèrent plus de 30 prélats ; il signa également les réclamations du 6 avril 1803. La même année, Louis XVIII l'appela à Varsovie, et l'admit dans son conseil. Il suivit ce prince à Mittau puis en Angleterre, et devint son grand aumônier après la mort du cardinal de Montmorency (1808). De retour en France, il fut, le 4 juin 1814, nommé membre de la chambre des pairs, et pendant les cent-jours, accompagna le roi à Gand. Jouissant de l'entière confiance de Louis XVIII, il exerça dès lors une grande influence sur les affaires ecclésiastiques. Comme grand aumônier de France, il bénit le mariage du duc de Berri et baptisa dans sa cathédrale le duc de Bordeaux. En décembre 1816, il réorganisa le chapitre de Saint-Denis. Il mourut à quatre-vingt ans d'un abcès à la joue, auquel vint se joindre un catharre (20 octobre 1821).

A la longue et en s'enrichissant des donations continuelles de ses donateurs, l'abbaye de Cercamp s'était éloigné de sa régularité première et avait réellement perdu toute espèce de raison d'être. En effet, ce monastère n'a produit ni historien ni sujet remarquable en aucun genre ; et nous oserons même ajouter que ces religieux contribuèrent dans une trop large part à la cruelle persécution que les maisons religieuses durent subir a la révolution française. Le relâchement de la discipline intérieure, les tiraillements continuels auxquels donnait lieu la collation des bénéfices et des fonctions abbatiales, les conflits perpétuels occasionnés par l'introduction d'office des abbés commendataires, les abus de tous genres d'abord tolérés puis véritablement approuvés, amenèrent la ruine des ordres monastiques.

« *En fait d'histoire, il faut dire le bien et le mal ou ne pas* » *écrire : Les actions historiques et les fautes commises peuvent* » *également servir de leçon.* » L'institution des abbés commendataires porta une atteinte profonde et capitale au monastère de Cercamp. Privé de son chef naturel et exploité par les favoris des rois ou par des ministres qui n'avaient d'ecclésiastique que la robe, il dégénera insensiblement de la ferveur qui animait autrefois les maisons de l'ordre de Citeaux. La régularité, qui est aux corps religieux ce que l'âme est au corps humain, n'était généralement plus observée, c'est ce que constate une lettre du prieur, datée de 1732, dans laquelle il avoua « *n'avoir rien négligé pour remettre en vigueur à Cercamp la règle qui ne se rétablira qu'au moyen des abbés réguliers.* »

Grâce au maintien de la commende par le gouvernement, le mal alla toujours en s'aggravant. Le seigneur pouvait prononcer contre cette abbaye cette formidable sentence *nomen habet quod vivas, et mortuus es*. Ne soyons donc point surpris de voir les religieux de Cercamp se laisser emporter si facilement par le torrent révolutionnaire, après avoir perdu l'esprit de prière et de pénitence qui est un esprit de force et de liberté. Non seulement ils eurent la faiblesse de prêter serment à la constitution civile du clergé, cet assemblage monstrueux d'hérésie et d'impiété, mais ils ajoutèrent aux douleurs de la religion en foulant aux pieds leurs vœux solennels. Le prieur abjura et devint maire de Frévent.

Tous les biens du clergé ayant été mis à la disposition de la nation par une de ces lois injustes qui ouvrent la porte au socialisme en consacrant le vol, les officiers municipaux de Saint-Pol se transportèrent, en 1792, à Cercamp, pour faire l'inventaire de ce qui appartenait aux religieux. Ainsi que nous l'avons dit en commençant, ce monastère avait 1,200 mesures de terre en culture, 2,000 de pâturages et 1,000 arpens de bois.

Vers le milieu du XVIII° siècle les gothiques constructions du monastère de Cercamp avaient été rasées, et à leur place s'étaient élevés des bâtiments d'architecture moderne. Ils étaient à peine terminés, quand éclata la révolution de 1789. L'abbaye ayant été supprimée, les Théophobes de 1792, au nom de la liberté, contraignirent les religieux d'abandonner leur paisible retraite, et les bâtiments furent vendus comme domaine national par adjudication publique au district de Saint-Pol, pour la somme de 70,000 fr. Comme l'acquéreur ne pouvait payer, elle fut mise de nouveau en adjudication.

Une première mise en vente eut lieu le 25 floréal an III, (16 mai 1794); aucune surenchère n'ayant été mise, l'adjudication fut remise au 11 prairial.

Voici le procès-verbal de la vente que nous avons extrait des archives :

« Le 11 prairial an III une et indivisible, dix heures du matin, nous, administrateurs du district de Saint-Pol, accompagnés du procureur Syndic, nous étant rendus dans la salle des séances, nous avons annoncé qu'il allait être procédé à l'adjudication définitive de 32 arpents de terrain amazé d'une maison ci-devant à usage de monastère et nommée abbaye de Cercamp.

1° Cette maison se trouve renfermée d'une muraille du côté du midi et du levant, de 295 toises de longueur sur une toise et trois pieds de hauteur et sur un pied et demi d'épaisseur, construite en pierre de taille avec une ou deux assises de grès par le bas.

2° Son entrée se présente du côté du couchant par un bâtiment en forme de fer à cheval de la longueur de 44 toises sur 4 toises de largeur, construit en pierre de taille et en briques avec une gresserie bien piquée par le bas et couvert d'ardoises ; la porte d'entrée est à deux battants avec guichet, construite en bois de chêne, etc, etc.

Nous avons fait allumer un premier feu pendant la durée duquel lesdits domaines ont été enchéris par le citoyen Charles Servais, de Frévent à 140,000 livres.

« Pendant la durée du second feu, par le dit Servais, à 240,000 livres.

» Pendant la durée du troisième feu, par le dit Servais à 260,000 livres.

» Pendant la durée du quatrième feu, par le dit Servais à 280,000 livres.

» Pendant la durée du cinquième feu, le citoyen Théodore Thélu à 290,000 livres.

» Pendant la durée du sixième feu, par le dit Servais à 294,000 livres.

» Pendant la durée du septième feu, par Thélu à 300,000 liv.

» Pendant la durée du huitième feu lequel s'est éteint sans enchères.

» Nous membres du district de Saint-Pol, ouï le procureur Syndic, avons déclaré Théodore Thélu dernier enchérisseur et adjudicataire définitif des dits domaines moyennant le prix et somme de 300,000, lequel a déclaré acquérir tant pour lui que pour Joseph et Alexandre Thélu (1) ses frères et Henri Mather, domiciliés en la commune de Dunkerque. »

---

(1) MM. Thélu propriétaires demeuraient à Hames-Boucres près Guines.

Les acquéreurs ne tardèrent pas à démolir la majeure partie de l'abbaye, et à faire leur profit des matériaux ; ils ne conservèrent que le corps de logis appelé le quartier des étrangers et les bâtiments en forme de fer à cheval de chaque côté de la porte d'entrée ; le reste de l'abbaye tomba sous le marteau des modernes vandales. Parmi les ruines dont la terre était jonchée, on apercevait encore, en 1845, des murailles assez épaisses en grès de deux mètres de hauteur sur lesquelles étaient construits les cloîtres et les appartements des religieux. De l'église abbatiale où était la sépulture des comtes de Saint-Pol, on ne voit plus que les ruines du portail, simple arcade flanquée de ses pilastres.

Tel était l'état des bâtiments de la ci-devant abbaye de Cercamp, lorsque le 15 mars 1823, M. le baron de Fourment en fit l'acquisition ainsi que du terrain qui en dépendait, contenant environ 12 hectares en jardin, prairies, etc. Cet honorable industriel y établit l'une des plus importantes filatures de laine du nord de la France, dont les produits sont devenus européens. De nouveaux bâtiments furent ajoutés aux anciens, d'abord dans les superbes bergeries de la basse-cour, dont le sol fut, à cet effet, baissé de plus d'un mètre afin de gagner un étage entre le rez-de-chaussée et le grenier ; mais ensuite, comme cet établissement grandissait chaque jour, M. de Fourment fit bientôt construire un édifice sur la Canche, à quatre ou cinq mètres au nord de l'ancien monastère et contigu aux bergeries dont nous venons de parler. Il fut achevé en 1830. Cette usine, l'une des plus belles du département, avait pour moteur une roue hydraulique de la force de quarante chevaux.

Il y a quelques années, on pratiqua dans ce nouveau bâtiment un ingénieux appareil contre l'incendie, consistant en un réservoir qui, au moyen d'une pompe, pouvait en quelques minutes distribuer l'eau dans tous les étages, depuis le sol jusqu'au plafond. Puis, par un tuyau placé au sommet du pignon, l'on inondait les appartements de l'abbaye. De là en suivant des conduits souterrains, l'eau était amenée dans les bâtiments dits le *fer à cheval*, où se trouve l'entrée principale (1).

Malgré toutes ces précautions, ce magnifique édifice devint la proie des flammes dans la nuit du 22 au 23 mars 1871.

M. le baron A. de Fourment, continuant les traditions de son père, s'empressa de faire réédifier une nouvelle filature sur un terrain situé de l'autre côté de la route d'Arras, près du pont situé sur la Canche. Ce grand industriel, ancien député de la Somme et du Pas-de-Calais, membre du Conseil général de notre département, a su toujours joindre une active sollicitude pour le bien-être moral et physique de ses 1,200 ouvriers, au respect le plus intelligent pour les admirables ruines qui sont en sa possession.

---

(1) Le Puits artésien. année 1837, page 640.

DESCRIPTION ARCHÉOLOGIQUE

DE

L'ABBAYE DE CERCAMP

ABBAYE DE CERCAMP

Ancien logement Abbatial — Château actuel de Mr le Baron de FOURMENT

Les documents de l'histoire de l'abbaye de Cercamp sont rares et bien pauvres; ils fournissent à peine quelques dates à l'archéologue. Les traditions populaires, quelques rares dessins et d'anciens plans sont les seules notions qui ont pu nous guider dans notre étude sur l'état monumental de l'ancien monastère.

Nous avons vu, au commencement de cette histoire, comment l'abbaye de Cercamp fut fondée en 1137 par Hugues de Campdavesnes, dans le pays même où le farouche comte de St.-Pol portait jadis la désolation et la terreur; son empressement à exécuter la sentence prononcée contre lui par les évêques qui composaient la commission d'enquête nommée au Concile de Reims par le Souverain Pontife Innocent II, fut telle que les bâtiments étaient terminés en 1141, et que les moines de Pontigny purent s'y installer.

Quelles étaient l'importance et les dispositions de cette première construction? Quel en était le style?...... Hélas ! nous n'avons trouvé nulle part, malgré nos plus minutieuses investigations, ni plan, ni dessin, ni description qui ait pu nous donner la moindre idée sur l'ensemble de ces bâtiments, ni même sur l'un d'eux en particulier. Tout ce que nous avons pu recueillir à ce sujet, c'est que *Hugues de Campdavesne construisit logement et église pour les moines, qu'il répandit dans tout ce monastère la magnificence; des bâtiments vastes, extérieurement beaux, riches à l'intérieur, attirant les regards dans le grand monde des hauts personnages et excitant en eux le désir de dormir d'un sommeil éternel sous ce monument superbe.*

Toutefois, l'église de l'abbaye de Cercamp ne fut commencée que vers 1150 sous la prélature de Hugues Ier, 11e abbé. Les travaux, un moment interrompus, furent repris avec une grande activité par l'abbé Robert Ier vers l'année 1205, et furent enfin terminés par Williart, 16e abbé. La dédicace eut lieu en 1262 et la consécration fut faite par les évêques d'Arras et de Thérouanne, en présence de Robert, comte de Flandre et de Guilbert, abbé de St.-Bertin.

L'église de Cercamp était à peine terminée que l'abbé Gérard l'enrichit de nombreuses reliques, qu'il renferma dans de précieux reliquaires. En 1415, le passage de l'armée anglaise fut fatale au monastère; il fut complètement ravagé et eut à subir de nombreuses détériorations.

Soit faute de ressources, soit par suite des maux continuels de la guerre, l'église de l'abbaye n'avait point de clocher qui fût en rapport avec l'importance de cet édifice. Le 32e abbé, Jean IX, en fit construire un très-élevé dont la flèche aiguë, de forme gothique, était découpée avec une admirable délicatesse. Toutes les pierres étaient sculptées et suivant la chronique du monastère, dans le style de la renaissance. La foudre frappa ce monument et endommagea le toit de l'église en 1558.

Les premiers moines de Cercamp uniquement occupés de la prière et de la culture de la terre, ne craignaient pas de remuer la bêche et le hoyau de leurs mains sanctifiées. Grâce à leurs travaux, cette partie de la province de Picardie avait dépouillé sa stérilité. Aussi l'abbé Enguerrand fit-il construire une basse-cour très-vaste entourée de granges et d'écuries. Ce même prélat apporta tous ses soins à mettre en bon état les fermes qui dépendaient du monastère, et fit exécuter de grands travaux d'assainissement à Ricquemainil, autre dépendance de l'abbaye.

Sous l'administration de Jean X, le sanctuaire s'enrichit d'un magnifique sépulcre et une grande croix fut élevée au-dessus de l'entrée principale ; on y lisait le chronogramme suivant : sVm SIC aVXIIIs LefranC eX sCVLpta JoannIs. Son successeur, Pierre de Bachimont, doit être considéré à juste titre, comme l'un des principaux restaurateurs de l'église et de l'abbaye de Cercamp. Un des religieux de ce monastère a rappelé dans des vers du style de l'époque, les œuvres de ce prélat qui consacra toute son administration à embellir, restaurer et agrandir la maison à la tête de laquelle il avait été placé. Nous parcourrons les immenses travaux dus à sa sage administration.

Avant de rien entreprendre et soucieux d'assurer les revenus de la maison en faisant respecter les droits et prérogatives, il avait rétabli le tribunal de justice pour arrêter les déprédations continuelles auxquelles la maison était exposée.

Notre gibet je fis dresser,
Car le vice ne vallait guères.

Puis il fit entourer les jardins de murailles élevées et garnies de portes solides. Elles furent renversées lors de la la guerre des alliés en 1710. Il fit ensuite installer dans les jardins des cabinets avec galeries et ornés de jolies peintures qui devaient servir aux moines de lieux de récréation pendant l'été.

De cabinet et galleries
Sy fust paré le dict jardin,
Et de paintures bien jolyes,
Pour, en esté, boire bon vin.

Ces cabinets furent l'objet de nombreuses critiques de la part des prélats qui visitèrent l'abbaye de Cercamp ; ils ne furent pourtant pas tous supprimés, car nous en avons retrouvé plusieurs dans le magnifique parc de M. le baron de Fourment, ils servent de faisanderie et les jardins sont à usage de potagers.

La commodité et le bien-être de ses religieux furent ensuite l'objet de ses préoccupations. Les plafonds des dortoirs furent relevés. Après avoir fait rehausser le grand réfectoire de trois pieds environ, il le fit paver en marbre ; les murs furent couverts de magnifiques lambris de chêne : il fit de plus renouveler les bancs. Le petit réfectoire fut orné de belles peintures, représentant la passion de Notre-Seigneur, et on y construisit une chaire dans laquelle on devait lire les leçons pendant les repas. L'ornementation en fut confiée à un artiste de Doullens nommé Jehan Ha et à un peintre du village, Valentin Hurtan. De nombreuses peintures furent placées dans les divers appartements. Nous citerons principalement les tableaux représentant l'Immaculée-Conception, l'adoration des rois Mages, l'image du Christ sur la croix, et enfin un *Ecce homo* de grandeur naturelle, don du duc de Vendôme. Les cloîtres reçurent de nombreuses améliorations : le pavage en fut renouvelé, et les murs garnis de bancs et ornés d'un chemin de croix en peinture. Le parloir reçut aussi une restauration complète.

Ami des lettres qui avaient refleuri sous les auspices du roi de France, François Ier, l'abbé Pierre de Bachimont fit construire une nouvelle bibliothèque toute lambrissée et garnie de siéges en bois de chêne artistement sculptée ; par ses soins elle fut enrichie d'un grand nombre d'ouvrages. Toutes ces magnificences et le grand confortable que réunissait cette habitation devait la faire choisir, en 1558, pour le lieu des réunions des conférences qui précédèrent la paix de Cateau-Cambrésis. Là ne se bornèrent point le zèle et l'activité de Pierre de Bachimont. A tous ces embellissements vint se joindre celui de l'église. Afin d'éclairer le chœur, il fit établir au-dessus de l'autel, dans la partie supérieure du vaisseau, trois belles verrières, et grâce à la libéralité de sa famille, il put en subterposer trois autres d'égale valeur. Après avoir fait dorer en or fin la table du grand autel, Pierre de Bachimont fit démonter les orgues qui furent complètement restaurées grâce aux largesses du seigneur de Berlette. Enfin, un ouvrier de renom, Servars, fut chargé de couvrir en ardoises la grande nef du sanctuaire.

Malheureusement toutes ces constructions entraînèrent de grandes dépenses auxquelles les revenus de l'abbaye, déjà amoindris par les malheurs de la guerre, ne purent suffire. Il fallut emprunter, et, malgré toutes les louanges dues à la mémoire de Pierre de Bachimont, nous sommes forcés de reconnaître que ce prélat inaugura cet état de dettes qui devait être si préjudiciable au monastère de Cercamp.

Pour comble de malheur, l'église et le clocher furent brulés par la foudre en 1558 ; il fallut donc se remettre à l'œuvre, et Philippe de Saulty signala son administration par leur reconstruction. Les travaux marchèrent rapidement, car avant la fin de sa prélature, qui dura à peine cinq ans, le nouvel édifice était déjà arrivé à la hauteur du toit ; et, suivant la chronique du monastère, il fut recouvert en ardoises.

La rivalité entre la France et l'Espagne ramena le théâtre de la guerre dans les provinces d'Artois et de Picardie. De 1635 à 1637, l'abbaye de Cercamp et ses environs devinrent le théâtre continuel du combat. En 1638, les français établirent leur camp dans le monastère. Les religieux durent prendre la fuite et se réfugier dans leur maison d'Arras. En 1640, le désastre était à son comble : tour à tour au pouvoir des français et des espagnols, l'abbaye avait eu plusieurs siéges à soutenir. C'est à peine si l'on pouvait retrouver quelques vestiges des bâtiments et de l'église; les cloîtres, le chapitre, le réfectoire étaient transformés en écuries, les cloîtres étaient un hôpital abandonné où 120 lits avaient été entassés. Toutes les cloisons en planches avaient disparu, les boiseries du Chapitre, celles du réfectoire enlevées, avaient servi de bois de chauffage; le plomb des toitures était arraché, les tonneaux enfoncés dans les caves, les fenêtres brisées, les fourrages et les grains avaient servi à la nourriture de l'ennemi.

A la suite de tous ces désastres, l'exil des religieux se prolongea jusqu'en 1663. Les abbés Antoine Géry et Louis Le Lièvre résidèrent à Clairmarais, autre fille de l'ordre de Cîteaux. Les visites annuelles et les Chapitres généraux furent suspendus et les moines, dispersés dans les villes et les châteaux, oublièrent la règle et tombèrent dans le plus coupable relâchement. En 1661, on dressa l'état des pertes occasionnées et le montant des sommes dues par le monastère; mais le décès du cardinal Mazarin, alors abbé commendataire, survint avant qu'on ait pu faire les réparations nécessaires et acquitter les dettes.

L'administration de l'abbé de Lyonne fit entendre aux religieux réclamant avec instance la reconstruction de leur monastère, qu'ils devaient y contribuer dans une large part. A cet effet, on leur proposa de réduire leur pension de manière à employer le plus de revenu possible aux reconstructions et au remboursement des dettes reconnues.

Entraînés par le pieux désir de voir se relever leur maison, les moines signèrent, le 9 mars 1664, une transaction par laquelle ils se contentaient d'un revenu de 6,400 livres par an jusqu'à ce que tout fût terminé. Tout semblait donc arrangé : la mauvaise foi des intendants de l'abbé De Lyonne vint mettre entrave à ces projets. Pas une pierre ne fut touchée, pas une dette ne fut remboursée. Loin de là, pendant vingt ans, les dégradations s'accumulèrent dans une telle proportion, que les religieux voulant empêcher la ruine totale de leur maison, appelèrent leur abbé devant le Conseil d'Artois pour lui faire rendre compte des revenus qu'il avait touchés. Ils demandèrent en outre le partage en trois lots de ces revenus, insistant pour que le tiers en fut exclusivement réservé aux réparations des cloîtres et de l'église : cette dernière était du reste dans un tel état de délabrement, que depuis plusieurs années on ne pouvait plus y célébrer l'office divin. Les réclamations des religieux furent écoutées et l'abbé De Lyonne dut se soumettre à la vérification de ses comptes et au partage demandé. Victimes une seconde fois des fausses interprétations et des insinuations de tout genre de la part des hommes d'affaires de l'abbé de Lyonne, ils furent ballotés de transaction en transaction jusqu'en 1680.

Les moines de Cercamp avaient enfin quitté leur refuge d'Arras pour rentrer au monastère. A peine étaient-ils de retour, que l'intendant, Jean Dechasteau, requit les religieux de se rendre à Frévent pour assister à l'adjudication des travaux de reconstruction de leur abbaye, qui devait avoir lieu le 31 mars à une heure de l'après-dîner. Des affiches avaient été préalablement distribuées dans les villes d'Amiens, Abbeville, Arras, St-Pol, Hesdin, Frévent, Doullens, etc.

Déjà les travaux de démolition avaient été entrepris. L'ancien chœur de l'église ayant été abattu en 1678, les tombeaux des comtes de St.-Pol furent mis à découvert. Informée de ce fait, la duchesse de Longueville, au nom de son jeune fils, héritier des seigneurs de cette puissante maison, porta plainte au Conseil d'Artois, le 22 janvier de cette année. Sa requête ayant été prise en considération, le Conseil somma les religieux et les officiers de Frévent d'assister à l'ouverture de ces tombeaux; puis il fut décidé que les restes des illustres fondateurs de l'abbaye de Cercamp seraient renfermés dans de nouveaux cercueils de plomb que l'on déposerait dans un caveau construit dans une chapelle latérale, et au-dessus duquel on éleverait un mausolée (30 juin 1684).

La visite de l'abbé de Pontigny, Finet de Brianville, amena quelques modifications dans la disposition des bâtiments. Le visiteur général de l'abbaye prescrivit de clore de murailles le grand enclos du côté de la porte principale donnant accès au logement des hôtes. On devait aussi y élever un petit logement pour le religieux qui y était établi en qualité de portier. Il fit accélérer les travaux de restauration du bâtiment de l'infirmerie qui menaçait ruine. Ce fut aussi à sa recommandation que la bibliothèque fut complètement réparée. Toutefois la bonne entente des religieux et de leur abbé ne put jamais s'établir sur le chapitre des réparations. Ils se renvoyaient mutuellement cette charge, ce qui occasionna des lenteurs continuelles dans leur exécution. Malgré toutes ces entraves nous voyons le visiteur général, Georges de Maillard, féliciter le prieur du zèle avec lequel il avait poussé les travaux et les embellissements qu'il avait fait exécuter dans l'église où il avait fait installer un magnifique buffet d'orgues (décembre 1707).

Lors de l'occupation du monastère en 1710 par l'armée impériale, et ensuite par les troupes françaises commandées par le maréchal d'Harcourt, l'abbaye éprouva de grands dégâts; les religieux durent prendre la fuite et naturellement les travaux furent de nouveau interrompus. En 1714, ils furent repris sous l'administration du prieur Finet de Brianville, qui fit amasser un grand nombre de matériaux dans le but de l'achèvement de la reconstruction. Ce religieux, jaloux des intérêts de sa maison fit, en 1717, un accord avec l'abbé de Lyonne au sujet de la réédification du clocher qui avait été victime d'un nouvel incendie.

Dom Georges Maillard constata dans sa nouvelle visite à l'abbaye du 6 février 1724, que le prieur D. Barthelemi de la Guette avait continué avec un zèle intelligent la reconstruction des bâtiments et les travaux de restauration de l'église. Il constata qu'elle avait été entièrement reblanchie et qu'on y avait installé de très-belles formes avec un grillage en fer dans le fond du chœur. Le trésor avait été enrichi d'un ornement très-beau et très-complet. L'année suivante, 27 février 1725, en présence de Jean-Jacques Thelu, bailly de l'abbaye de Cercamp; de Louis Denisot, agent d'affaires de l'abbé Louis de Bourbon ; de Messire Charles Pruvost, prêtre-curé de la paroisse de Saint-Waast à Frévent, comme fondé de pouvoir des héritiers du cardinal Dubois, récemment décédé, les experts Philippe Sacleux, maître charpentier, Nicolas Collet, maître maçon et Louis Sacleux, couvreur en tuiles, tous demeurant à Frévent, firent la reconnaissance de toutes les réparations faites et à faire dans le monastère. L'abbé Théodore de Potocky ayant cédé la manse abbatiale à titre de bail aux religieux de Cercamp, ces derniers prirent alors à leur charge tous les travaux.

Malgré les nombreux dissentiments entre l'abbé de Canillac et les religieux, d'où résultaient des procès continuels, suivis de transactions, la plupart du temps défavorables pour les moines, la reconstruction des bâtiments avançait rapidement. L'abbatiale avait été construite entre la rivière de la Canche et la maison conventuelle. Elle se composait d'un rez-de-chaussée surmonté d'un premier étage ; la façade principale donnant sur la cour était flanquée à l'angle du bâtiment presque contigu à la cour conventuelle, d'une tourelle pentagonale mesurant, du sol à l'entablement, une hauteur de 24 pieds ; l'autre façade avait vue sur le jardin et le parterre des religieux. Pour aller de ce logement à l'église, il fallait traverser tous les bâtiments conventuels et les cloîtres qui y communiquaient. La situation peu commode de cette abbatiale, et l'état de détérioration dans lequel elle se trouvait, firent songer à sa réédification dans un endroit plus convenable. L'architecte Raoul Caigniart, demeurant à l'abbaye de Valloire, et Jean-François Collet, maître maçon, demeurant à Frévent, furent choisis pour experts, le premier par l'abbé de Canillac, le second par les religieux. A la suite d'une expertise qui dura du 9 au 20 décembre 1740, ils choisirent pour nouvel emplacement, un enclos situé au bout du jardin potager près de l'ancienne porte d'entrée. Ce terrain avait l'avantage d'être élevé ; la position était plus saine et à proximité de l'entrée principale de l'église. Le plan et les devis furent acceptés et la reconstruction ordonnée par arrêt du grand Conseil en date du 8 juillet 1741.

Les religieux de Cercamp, désireux de voir enfin achever les bâtiments de leur monastère, adressèrent de nombreuses et pressantes sollicitations à leur prieur D. Baillot de Courtelon. Ce dernier ne voulut toutefois rien entreprendre avant d'avoir consulté le visiteur général. Dom Antoine Bernard Conneau vint à Cercamp, le 13 mai 1746. Après une visite minutieuse des lieux et de nombreux pourparlers avec l'architecte et le cellerier Dom Braquart, il fut décidé qu'on abattrait entièrement l'ancien vaisseau comprenant le dortoir et le Chapitre et qu'on élèverait immédiatement de nouvelles constructions, conformément au plan général agréé par l'abbé de Pontigny.

En 1770, les travaux étaient loin d'être terminés ; l'église était à peine couverte et il restait à construire entièrement la partie du cloître qui devait y aboutir et le bâtiment spécial qui devait être affecté au noviciat. La dépense s'élevait alors à 573,000 livres, dont les religieux avaient pu acquitter 530,000. Restait donc un déficit de 43,000 livres sur les travaux exécutés et une dépense présumée d'une somme pareille pour leur entier achèvement. Autorisés par l'abbé général de Citeaux, et par leur supérieur immédiat celui de Pontigny, ils obtinrent, après une inspection des bâtiments en construction faite par Adrien Gillet, professeur de mathématiques à Arras, désigné par le Conseil d'Artois, des lettres patentes de Louis XVI, qui les autorisèrent à contracter un emprunt de 80,000 livres. Après avoir promptement réalisé cette somme, on se mit à l'œuvre avec une nouvelle ardeur.

Les premiers jours de 1137 avaient vu naître Cercamp et six cent-cinquante-sept ans s'étaient écoulés. Maintes fois renversée, tant par le fer et le feu des armées que par la foudre et l'inclémence du temps, toujours réédifiée grâce aux libéralités des donateurs, l'abbaye de Cercamp venait enfin d'être nouvellement reconstruite dans des proportions magnifiques, lorsque le 11 prairial, an III (30 mai 1795), les bâtiments du monastère furent vendus avec toutes les dépendances immédiates d'une contenance environ de 32 arpens.

Avant de parcourir les phases différentes et les démolitions successives que cette abbaye eut à subir, après sa vente comme domaine national, nous allons essayer de retracer cet ensemble de constructions pour lesquelles on avait enfoui tant de trésors et accumulé tant de patients travaux (1).

Une magnifique avenue, qui existe encore de nos jours, donnait accès de la route d'Arras à Frévent, à la porte d'entrée principale du monastère. Avant de pénétrer dans la demeure des religieux, le visiteur était attiré par une autre construction qui se trouvait sur la droite dans un terrain élevé et non loin des murs qui longeaient la route d'Arras : c'était le quartier abbatial. Reconstruit, comme nous l'avons dit plus haut, en 1741, ce bâtiment tout en briques, se composait d'un vaste rez-de-chaussée surmonté de mansardes destinées au logement des domestiques ; le faîte de l'édifice se terminait en pavillon dit « *à la française.* » Situé entre cour et jardin, il était entouré de murs. De chaque côté de la porte s'élevaient deux pavillons où se trouvaient les remises et les écuries. Le prélat n'avait qu'une place à traverser pour aller à l'église.

La grande porte d'entrée principale du monastère, avec fronton double et pilastres d'ordre dorique, était encadrée de deux bâtiments à étage disposés en fer à cheval. Au fond d'une vaste cour qui n'avait pas moins de 92 pieds de large, s'élevait un magnifique corps-de-logis de 19 arcades, surmonté d'un étage avec trois frontispices de trois arcades superposées ; tous les arcs reposaient sur des pilastres

---

(1) Nous avons consulté pour ce travail le magnifique plan de l'abbaye, déposé aux archives du département, et dont nous avons fait prendre une copie, et le procès-verbal de visite rédigé le 17 juillet 1770 par l'architecte Adrien Gillet.

doriques ; à l'intérieur se trouvait un cloître d'ordre Ionique : c'était le quartier des étrangers. Trois autres corps de bâtiments semblables et formant un parallélogramme, se déroulaient autour d'une cour intérieure, au milieu de laquelle jaillissait une fontaine, qui de nos jours a été recouverte d'une voûte et procure une eau fraîche et limpide aux habitants du château. Le côté nord, donnant sur la basse-cour et le bâtiment parallèle au quartier des étrangers et donnant sur le jardin étaient réservé aux religieux. On compléta toutes ces constructions en 1775, en achevant le quatrième côté du cloître au-dessus duquel on établit le noviciat en ménageant une communication du cloître à l'église : on ferma ainsi le côté du parallélogramme vers le midi. A gauche en entrant dans la grande cour, et par conséquent vers le nord, on arrivait aux bâtiments de ferme, dont la dimension était en rapport avec l'exploitation des religieux.

L'église de l'abbaye de Cercamp n'avait qu'une seule nef, mais elle était parfaitement orientée ; elle avait 185 pieds de long et 33 de large, formant une croix latine dont les bras avaient chacun, non compris la nef, 24 pieds. Son élévation sous la clef de voûte était de 66 pieds. De chaque côté de la nef se trouvait deux chapelles (1), la porte d'entrée se trouvait non loin du quartier des étrangers.

---

(1) Le chœur de l'église de Notre-Dame de Doullens était décoré avec magnificence, car alors les familles les plus opulentes habitaient les rues voisines de Notre-Dame, et se faisaient un devoir d'offrir à cette église d'innombrables présents, tantôt en étoffes précieuses pour parer ses autels, tantôt en argent pour acheter les beaux vases et les lustres dont elle était ornée ; de superbes lambris, provenant de l'abbaye de Cercamp, couvraient les murs du sanctuaire. Le grand autel, acheté à la même abbaye, et dont on admirait la devanture en cuir doré, fixait également la vue.
(*La Picardie*, t. IV, page 435).

Nous avons retrouvé dans le procès-verbal de l'architecte Gillet du 10 juillet 1770, un document très-curieux que nous sommes heureux de pouvoir reproduire. C'est l'estimation partielle de chacun des bâtiments dont se composait l'abbaye.

Le logement abbatial, ayant jardin, cour, remises et écuries, estimé.	15,000 fr.
Les murs renfermant le clos de l'abbaye. .	6,000
Le bâtiment du fer à cheval contenant les écuries et les remises au rez-de-chaussée, et au premier étage, le logement de l'organiste, du portier et des domestiques, surmonté d'un grenier où sont renfermées les graines, le tout couvert en ardoises. . . . . . . , .	18,000
La basse-cour où sont les étables, bergeries granges, brasserie, colombier, etc., avec les logements des domestiques de ferme, estimé,	25,000
La partie du cloître avec le logement des religieux et celui des étrangers	290,000
L'église et son clocher.	234,500
L'autel principal, les chapelles, les grilles, les stalles, les orgues, la sacristie	34,000
Les vitraux de l'église	5,000
Le logement affecté au noviciat et le complément des cloîtres avec communication à l'église	24,000
	651,500 fr.

Les moines n'avaient rien épargné pour embellir leur délicieux séjour. Les eaux de la Canche qui baignaient au nord les murs du monastère, furent, au moyen d'un canal percé de main d'homme, amenées dans le jardin de l'abbaye. Après avoir coulé parallèlement aux bâtiments faisant face au levant, le canal allait, par une ligne courbe, joindre la partie du monastère située au sud ; mais, en cet endroit l'eau était stagnante, n'ayant point d'issue, en sorte que le jardin se trouvait dans une sorte de presqu'île. En outre, chaque moine avait son jardin particulier dans lequel se trouvait un cabinet. Ces cabinets avaient été construits, ainsi que nous l'avons dit plus haut, par l'abbé Pierre de Bachimont.

L'église abbatiale tomba la première sous le marteau des démolisseurs. Ce n'était plus qu'un amas de ruines en 1837; il ne restait à cette époque que la partie inférieure du portail. Sur le grés du milieu du cintre de la porte apparaissait en relief la date de 1766 (1). La forme du vaisseau était très-bien conservée par la gresserie, s'élevant de trois à quatre pieds au-dessus du sol. Dans l'intérieur, on voyait de distance en distance, et des deux côtés, les bases des colonnes en saillie, adossées contre la muraille. Les ruines, étaient en partie couvertes de mousse et de gazon ; en face du portail étaient les débris des murailles du quartier de l'abbé.

Le silence des tombeaux ne fut même pas respecté. Nous aurions voulu retrouver quelques restes de ces vénérables abbés, et surtout quelques débris des sépultures des hauts et puissants comtes de St.-Pol. La tourmente révolutionnaire a arraché, emporté, détruit ces tombes de marbre et de bronze, couvertes de statues et d'insignes féodaux, et ornées de titres pompeux. Des mains profanes ont tout anéanti, et un gazon touffu a remplacé les dalles du temple: c'est à peine si deux

---

(1) La même date se trouve aussi sur un pigeonnier dans la basse-cour, à gauche en entrant.

pilastres en ruines nous indiquent l'ancienne entrée du tebernacle du Très-Haut.

Vendue en 1822, au baron de Fourment, l'ancienne abbaye de Cercamp fut convertie en manufacture. Le futur membre du Sénat, trouva cette ancienne et splendide maison dans le plus grand état de délabrement. Voici le tableau qu'en fait M. Labourt dans sa brochure intitulée : *La Bête canteraine* (1) :

« La révolution de 1793 y avait porté la dévastation ;
» l'église était complètement détruite, il n'en restait plus que
» les ruines qui se voient encore aujourd'hui ; le seul des
» trois grands bâtiments formant l'habitation qui restait
» debout, était aussi presque en ruines ; les appartements, qui
» sont d'admirables pièces d'un aspect vraiment grandiose,
» servaient de granges, d'écuries ou d'étables ; les parquets
» étaient partout défoncés, les croisées démolies, et les
» oiseaux de proie s'étaient installés dans les greniers.

» M. de Fourment eut bientôt transformé la situation de
» cette belle habitation et rendu le mouvement et l'activité là
» où il n'y avait plus que silence et désolation. Utilisant les
» eaux de la Canche, qui prend sa source à quelques lieues de
» Cercamp et passe à ses pieds, il établit une filature de
» laines peignées, en y installant ses métiers dans les pièces
» principales de l'ancienne abbaye ; mais peu d'années après,
» de 1828 à 1830, pour donner à son établissement une ex-
» tension réclamée par le succès, il fit construire sur les fon-
» dations de l'ancienne grange de l'abbaye dont les murs
» n'avaient pas moins de cinq pieds d'épaisseur, un immense
» bâtiment à quatre étages, d'une longueur de 100 mètres,
» où il concentra sa filature. A partir de cette époque, le bâti-

---

(1) Biblioth. Picarde. *La Bête canteraine*. Note N, p. 93.

» ment principal de Cercamp fut rendu à sa première destina-
» tion, c'est-à-dire qu'il fut restauré de manière à être exclusi-
» vement consacré à l'habitation de son nouveau propriétaire. »

L'incendie qui dévora la filature dans les premiers jours de janvier 1871, a respecté l'habitation de M. de Fourment. Placé au fond d'une vaste cour, en face de la principale entrée, ce corps-de-logis, qui a conservé sa désignation de *Quartier des Étrangers*, présente un aspect majestueux ; nous en avons décrit plus haut le style d'architecture. Nous nous contenterons de dire que c'est avec un sentiment de muette admiration que nous avons parcouru ces vastes appartements, ornés de superbes lambris de chêne, ces galeries, anciens cloîtres, carrelées de marbre noir et blanc, ces caves artistement voûtées et enfin ces immenses jardins, tracés par des célébrités de notre époque, et qui font de Cercamp la plus vaste et la plus belle résidence des environs de St.-Pol.

En terminant, nous signalerons les bienfaits immenses de l'établissement de Cercamp, dont le propriétaire, M. le baron Auguste de Fourment, grâce à sa généreuse et infatigable activité, a ramené l'aisance et le bien-être dans une région où la misère exerçait ses funestes ravages depuis la destruction de l'abbaye.

TABLE DES MATIÈRES.

	Pages
Avant-propos	5
Origine de l'abbaye de Cercamp	11
Intérieur du monastère	27
Catalogue des Abbés qui ont gouverné l'abbaye de Cercamp, de 1140 à 1789	57
Jourdain, Ier abbé, de 1140 à 1141	65
Hugues Ier, 2e abbé, de 1142 à 1154	70
Urbain Ier, 3e abbé, de 1154 à 1166	73
Hesselin, 4e abbé, de 1166 à 1172	76
Alban, 5e abbé, de 1172 à 1173	77
Pierre Ier, 6e abbé, de 1173 à 1179	78
Artaud, 7e abbé, de 1179 à 1189	80
Hugues II, 8e abbé, de 1189 à 1203	83
Urbain II, 9e abbé, de 1203 à 1204	86
Robert Ier, 10e abbé, de 1204 à 1209	87
Alard ou Arnould, 11e abbé, de 1209 à 1223	88
Adam, 12e abbé, 1223	91
Robert II, 13e abbé, de 1224 à 1240	92
Vaast, 14e abbé, 1240	98
Jean Ier, 15e abbé, de 1240 à 1264	99
Willard, 16e abbé, de 1264 à 1280	102
Gérard, 17e abbé, de 1280 à 1287	107
Martin, 18e abbé, de 1287 à 1289	109
Jean II, 19e abbé, de 1289 à 1303	111
Nicolas, 20e abbé, 1303	112
Jean III, 21e abbé, de 1303 à 1312	113
Jean IV, 22e abbé, de 1312 à 1318	114
Guillaume, 23e abbé, de 1318 à 1319	116
Enguerrand Ier, 24e abbé, de 1319 à 1335	117

	Pages
Jean V, 25e abbé, de 1335 à 1339	119
Robert III, 26e abbé, de 1339 à 1350	120
Alban ou Thomas, 27e abbé, 1350-1359	122
Jean VI, 28e abbé, de 1359 à 1369	123
Jean VII, 29e abbé, de 1369-1372	125
Jean VIII, 30e abbé, 1372 à 1416	126
Robert IV, 31e abbé, de 1446 à 1447	131
Jean IX, 32e abbé, de 1417 à 1456	153
Enguerrand de Créquy, 33e abbé, de 1456 à 1484	134
Jean X, 34e abbé, de 1484 à 1503	136
Louis Vignon, 35e abbé, de 1503 à 1512	141
Pierre de Bachimont, 36e abbé, de 1512 à 1550	146
Jean Rouget, 37e abbé, de 1550 à 1569	152
Philippe de Saulty, 38e abbé, de 1567 à 1575	159
Germain Pecqueur, 39e abbé, de 1575 à 1578	161
Eustache de Bayart, 40e abbé, de 1578 à 1613	163
Philippe Delahaye, 41e abbé, de 1613 à 1618	165
François Monchiet, 42e abbé, de 1618 à 1626	166
Jacques Lemaire, 43e abbé, de 1626 à 1649	168
Antoine Géry, 44e abbé, de 1650 à 1658	173
Louis Lelièvre, 45e abbé, 1658	177
Le Cardinal Mazarin, 46e abbé, de 1659 à 1664	181
De Lyonne (Jude-Paul), 47e abbé, de 1665 à 1721	183
Le Cardinal Dubois, 48e abbé, de 1721 à 1723	210
Louis de Bourbon, 49e abbé, de 1723 à 1738	221
Théodore de Potocki, 50e abbé, 1738	227
Claude-Roger-François de Montboissier-Beaufort de Canillac, 51e abbé, de 1739 à 1761	229
Le Cardinal de Colona Sciarra, 52e abbé, de 1764 à 1765	237
Le Cardinal Charles-Antoine de la Roche-Aymon, 53e abbé, de 1765 à 1777	239
Alexandre-Angélique de Talleyrand-Périgord, 54e abbé, de 1777 à 1789	256
Description archéologique de l'ancienne abbaye de Cercamp	265

www.ingramcontent.com/pod-product-compliance
Lightning Source LLC
Chambersburg PA
CBHW070822170426
43200CB00007B/870